A Espada e a Balança

Jason Tércio

A Espada e a Balança

Crime e política no banco dos réus

Jorge Zahar Editor
Rio de Janeiro

Jorge Zahar Editor Ltda.
rua México 31 sobreloja
20031-144 Rio de Janeiro, RJ
tel.: (21) 2240-0226 / fax: (21) 2262-5123
e-mail: jze@zahar.com.br
site: www.zahar.com.br

Capa: Sérgio Campante

CIP-Brasil. Catalogação-na-fonte
Sindicato Nacional dos Editores de Livros, RJ.

Tércio, Jason, 1949-

T293e A espada e a balança: crime e política no banco dos réus / Jason Tércio. – Rio de Janeiro: Jorge Zahar Ed., 2002

Inclui bibliografia
ISBN 85-7110-656-8

1. Crime e criminosos – Rio de Janeiro (Estado) – História. 2. Moraes Filho, Evaristo de, 1914-1997. 3. Tavares, George. I. Título. II. Título: Crime e política no banco dos réus.

CDD 364.1
02-0747 CDU 343.9

para
Clarice, minha obra-prima, e
Joanyr de Oliveira, poeta sólido e solidário

Jamais dois homens julgaram igualmente a mesma coisa;
é impossível verem-se duas opiniões exatamente iguais,
não somente em homens diferentes
mas no mesmo homem em horas diferentes.

MONTAIGNE, *Ensaios*

SUMÁRIO

APRESENTAÇÃO

Este livro apresenta uma visão histórica e jurídica de alguns dos mais célebres homicídios, crimes políticos e crimes financeiros que ocorreram no Rio de Janeiro entre as décadas de 50 e 90, tendo como protagonistas centrais dois notáveis advogados, Antônio Evaristo de Moraes Filho e George Tavares.

Nesses quase 40 anos, tanto a criminalidade quanto a Justiça assumiram no Brasil feições diversas, transformando-se de acordo com o próprio país: dos homicídios passionais que predominaram nos (nem tanto) dourados anos 50 ao crime político dos que se opunham à ditadura militar, do consumo de drogas pesadas nos desencantados anos 70/80 à corrupção das elites político-econômicas nos globalizados anos 90, e entremeando tudo isso o popular e eterno jogo do bicho com suas sangrentas disputas de poder. Esse é o universo aqui radiografado.

Embora atuando em escritórios separados, George e Evaristo formaram uma das bancas de advocacia mais conceituadas do país e talvez a de maior duração no Rio de Janeiro. Atuaram em Tribunais do Júri e Tribunais Superiores travando memoráveis embates forenses de repercussão nacional e internacional, como o caso do ex-líder nazista Franz Stangl.

Nas décadas de 60 e 70 a dupla integrou um grupo de advogados que se empenhou na defesa de brasileiros perseguidos pela ditadura militar. Essa elite da advocacia, apesar de heterogênea nas posições ideológicas — reunia conservadores, liberais, comunistas e simpatizantes da esquerda —, trabalhou harmonicamente na defesa dos direitos humanos, em duros confrontos com o Estado autoritário, correndo todos os riscos. Muitos deles foram presos, inclusive Evaristo e George.

Os dois defenderam cerca de mil acusados de crimes políticos, entre eles Juscelino Kubitschek, Fernando Gabeira, Nelson Werneck Sodré, Hélio Fernandes, Carlos Heitor Cony, Nelson Lott, Flávio Tavares, militares, estudantes, jornalistas e guerrilheiros. A maioria das causas, aqui detalhadas pela primeira vez, ilustra a tensa relação entre o governo e o sistema judicial, entre a liberdade e o poder discricionário.

Além de processos políticos, Evaristo e George participaram de júris de grande impacto e visibilidade: o misterioso desaparecimento de Dana de Teffé, uma intriga de política internacional e escroqueria; as tragédias de Claudia Lessin, Ângela Diniz, Mônica Granuzzo e Daniela Perez; a bomba militar no Riocentro, que acelererou a agonia da ditadura; o naufrágio do *Bateau Mouche*; a guerra dos bicheiros cariocas etc.

Essa múltipla experiência nos tribunais deixou uma série de ricas lições, tanto do ponto de vista do Direito Penal (técnica e tática de defesa, por exemplo) quanto sobre os costumes e valores do povo brasileiro. A Justiça, na defesa ou na acusação, satisfazendo ou não a opinião pública, reflete o grau de evolução (ou retrocesso) de uma sociedade. O mesmo se pode dizer da violência dos indivíduos e do Estado — é um indicador mais eloqüente que estatísticas econômicas. Quanto mais desenvolvido e justo for um país, no sentido social, institucional e ético, menos violenta será sua sociedade.

Os fatos aqui reconstituídos foram baseados em pesquisa bibliográfica, autos de processos judiciais e depoimentos de advogados e seus clientes. Salvo indicação em contrário, as declarações reproduzidas ao longo do livro provêm de entrevistas a mim concedidas. Quero agradecer a todos os entrevistados que são personagens deste livro, às demais pessoas que contribuíram de diferentes formas para o resultado final, com informações e sugestões — Eduardo de Moraes, Laurez Cerqueira, Carlos de Araújo, Lígia Mendonça, Paulo Vanuchi, Rita Silveira, Esdras do Nascimento e Roberto Cardieri Ferreira —, ao Arquivo Público do Estado do Rio de Janeiro e à Biblioteca Nacional. Um agradecimento especial a George Tavares, que disponibilizou seus preciosos arquivos e não poupou tempo para falar sobre o trabalho em parceria com o saudoso Evaristo.

J.T.

1
A Escalada

Numa tarde de domingo, um homem de meia-idade é enterrado em silêncio no Cemitério da Consolação, em São Paulo, diante da viúva, um filho e alguns policiais. O cadáver dentro do caixão simples, fornecido pelo Serviço Funerário Municipal, tem contusões no tórax, ferimentos no supercílio e nas mãos, equimoses no braço direito. Chamava-se Joaquim Câmara Ferreira, um dos mais combativos líderes políticos do país e que passou a metade dos seus 37 anos de militância na clandestinidade ou nos presídios.

É 25 de outubro de 1970. À noite, no Rio de Janeiro, centenas de pessoas lotam o ginásio do Maracanãzinho para o show de encerramento do V Festival Internacional da Canção. Quando o maestro e cantor Erlon Chaves adentra o palco a platéia fica perplexa. Destoando dos bem-comportados músicos que o antecederam, ele aparece de sarongue em volta dos quadris, acompanhado de 40 músicos da Banda Veneno e sensuais dançarinas com suas pernas expostas. Suingando no palco, Erlon canta "Eu também quero mocotó", de Jorge Ben. Letra medíocre, um interminável refrão "eu quero mocotó", mas o ritmo tem um balanço bem jorgiano, apimentado pela coreografia performática. As dançarinas trocam beijos com Erlon, uma despe sua camisa, ele interrompe o refrão e dirige-se à platéia: "Em cada beijo que vou dar nelas, estarei beijando todas as mulheres do Maracanãzinho", propondo um erótico jogo de celebração da liberdade e do amor. Mas quando ele começa a beijar uma por uma das dançarinas a platéia explode numa estrepitosa vaia. Dois anos antes, tal espetáculo dionisíaco-tropicalista provocaria êxtase entre os estudantes libertários.

Mas estamos no limiar de uma década ultraconservadora no Brasil. A juventude organizada que enchia as ruas protestando contra o governo fragmentou-se, restando-lhe três caminhos: exílio, guerrilha e drogas. Vive-se entre o LSD e a LSN — a temida Lei de Segurança Nacional. A vaia do Maracanãzinho dirige-se menos à música do que à atitude do maestro que desafia o moralismo da classe média conformista. Ou estarão vaiando o negro que ousa beijar e ser beijado por brancas em público?

Segunda-feira Erlon é chamado ao SOPS (Serviço de Ordem Política e Social) para justificar seu comportamento "obsceno".

Quatro dias depois, sexta-feira, o presidente da República, general Garrastazu Médici, ocupa a rede de rádio e TV durante 20 minutos para comemorar um ano de governo com um discurso transmitido diretamente do Palácio das Laranjeiras, no Rio de Janeiro. Sentado à cabeceira de uma mesa grande ocupada pelos ministros, todos em sinistros ternos escuros, Médici faz um balanço do regime militar estabelecido em março de 1964. Como todo discurso presidencial à nação, em qualquer época e lugar, esse também é recheado de clichês, sofismas e demagogia, mas adicionando as ameaças típicas do autoritarismo, que também é coisa nossa, até em fases democráticas. Com sua voz cavernosa e uma expressão tranqüila, mas severa, Médici adverte a população brasileira:

— Não se desviará o terceiro governo da Revolução do dever que lhe compete de reprimir, na salvaguarda de nossas instituições livres e cristãs, as tentativas de minar ou subverter o regime. Responderão assim pelos seus atos, na forma da lei, sem qualquer discriminação ou privilégios, todos quantos investirem contra nossa ordem social e jurídica ou violarem, por qualquer modo, os princípios da probidade administrativa.

E garante, sem piscar os olhos, que todos os candidatos às eleições legislativas de 15 de novembro fazem campanha "em clima de ampla liberdade".[1]

No dia seguinte, os cariocas percebem o significado da advertência do presidente. Cerca de 20 mil policiais da Polícia Militar, Polícia Civil e de todos os órgãos de segurança ficam de prontidão, armados até os dentes. Está sendo lançada a maior operação repressiva conjunta no Rio de Janeiro desde a tomada do poder pelos militares. Nos próximos dias eles se espalharão em locais estratégicos: aeroportos Santos Dumont e Galeão, terminais rodoviários, estações ferroviárias Leopoldina e Central do Brasil, cais do porto, estação das barcas Rio-Niterói na praça XV. Barreiras fazem vigilância ostensiva nas rodovias de acesso à cidade. As principais ruas, praças e avenidas são patrulhadas, residências invadidas. São presos estudantes, trabalhadores, políticos de oposição, artistas, escritores, padres e até advogados.

NA GELADEIRA

Dois homens em manga de camisa — um moreno alto e forte, outro louro de olhos verdes — apertam a campainha do apartamento de Heleno Fragoso à 1h da madrugada de domingo. Após alguns minutos o advogado aparece na porta ajeitando os óculos diante dos sonolentos olhos, e os homens o cumprimentam friamente, mostrando identidades da Polícia Federal. Um deles, identificado depois como Juvenal de Lira Magafa, pede a Fragoso que os acompanhe para prestar esclarecimentos. Ordem do dr. Abelha. O advogado estranha. Tem defendido muitos presos políticos e feito contato pessoal ou telefônico com autoridades policiais, mas nunca ouviu falar no dr. Abelha. Acreditando estar sendo chamado para esclarecer a situação de algum cliente, Fragoso diz aos policiais que vai telefonar para o Departamento Federal de Segurança Pública (DFSP), pois o delegado Costa Sena, seu conhecido, poderá informar do que se trata. Os policiais não permitem. Fragoso percebe que está sendo preso.

Teria esse jurista de prestígio internacional, vice-presidente da Ordem dos Advogados do Brasil (OAB) e autor de vários livros de Direito, atacado a ordem social e política do país? Ele coloca numa maleta alguns objetos de uso pessoal — remédios, livros, escova e pasta de dentes —, entra com os policiais num Corcel amarelo e senta-se no banco de trás, ao lado de um terceiro homem.

Depois que o carro vai embora, o filho Fernando Fragoso, também advogado, telefona para um colega, George Tavares, que imediatamente sai para encontrá-lo e os dois percorrem várias delegacias das polícias federal e estadual.

Enquanto isso o Corcel está passando pela Praia do Flamengo. Fragoso é algemado, os policiais enfiam-lhe um capuz preto na cabeça e o mandam ficar abaixado. Depois de rodar 40 minutos o carro pára. Fragoso sente um pouco de frio, caminha alguns minutos num ambiente silencioso, o capuz é retirado e ele se vê num corredor de celas mal iluminado por uma lâmpada. Os policiais o colocam numa delas, grande, mas sem janela nem colchão, só um sanitário "turco" e uma cadeira. O chão de cimento deixa a temperatura mais fria. Os policiais levam seus óculos e apagam a luz.

Depois de infrutíferas buscas, Fernando e George voltam para seus respectivos apartamentos, preocupados.

Às 6h da manhã, Augusto Sussekind de Moraes Rego, defensor de ofício da 2ª Auditoria da Marinha, 70 anos, quase 40 de advocacia, membro do Conselho Federal da OAB, é acordado em casa por um homem moreno baixo e outro mulato forte e alto. Dizem ser policiais e levam Sussekind para o mesmo Corcel, onde há dois outros homens no banco de trás. Seguem na direção de São Conrado. Na Estrada das Canoas colocam-lhe capuz e encostam um revólver nas suas costas.

Uma hora depois o telefone toca novamente no apartamento de George. É seu colega Alcione Barreto.

— Prenderam o Sussekind, e me avisaram que vão te prender também.

— Obrigado, vou ver o que faço.

George permanece em casa. Não vê motivo para se esconder, embora saiba que sua atuação nos tribunais militares vem sendo há muito tempo acompanhada pela polícia. Aos 35 anos de idade, robusto, é um dos principais advogados de presos políticos do país, com uma voz de timbre forte e eloqüência arrebatada. Já defendeu estudantes radicais, liberais democratas, guerrilheiros que vêem na luta armada a única forma de derrubar a ditadura, jornalistas que desafiam a censura. Há pouco mais de um ano passou três dias preso no quartel do Regimento de Cavalaria Marechal Caetano de Farias.

O telefone toca de novo. A empregada atende. Um homem indaga se o dr. George está em casa. Ela confirma. O homem desliga sem falar mais nada. Pouco depois chegam dois homens, os mesmos que prenderam Fragoso e Sussekind. O louro mostra a George uma carteira dizendo ser da Polícia Federal e pede ao advogado que o acompanhe. Ordem do dr. Sena. George entra no seu quarto para vestir um terno e o louro vai atrás, para vigiá-lo. George fica irritado.

— Faça o favor de sair. Homem nenhum entra no meu quarto sem minha autorização. Eu estou desarmado.

Dentro do Corcel amarelo os policiais o obrigam a se deitar no banco de trás com a cabeça coberta por um capuz. Após quase meia hora o carro pára, um dos policiais diz uma senha ("Tereza saiu") e um portão se abre. George é conduzido para o mesmo corredor de celas. Simulam que vão espancá-lo, só para assustar, tiram-lhe o capuz, paletó, gravata, cinto e os sapatos.

Cela fria, sem janela, chão de cimento, apenas uma cadeira e um fétido sanitário "turco". No corredor circula o carcereiro, um mulato armado de metralhadora, tendo no pescoço um cordão dourado com o número 13 pendurado.

Às 17h chega outro encapuzado, o maestro Erlon Chaves, escoltado por policiais com metralhadoras. Foi preso no estúdio da TV Tupi quando ia participar do programa de auditório comandado pôr Flávio Cavalcanti, o mais conhecido animador de televisão do país. Dois agentes deram uma chave-de-braço no músico e o levaram. Seu crime? Atentado à moral e aos bons costumes, por sua apresentação no Festival Internacional da Canção.

Todos os quatro ficam em celas individuais, mas contíguas. Quando Sussekind fala algo com o carcereiro, George reconhece sua voz e pouco depois começam a conversar, baixinho. Na outra cela, Heleno Fragoso também reconhece a voz de George. Nenhum deles consegue se ver. O som das vozes atrai a atenção do carcereiro, que manda todos calarem a boca.

No fim da tarde um homem que os policiais tratam de "doutor" entra na cela de Sussekind. Metade do rosto oculta por um lenço, olhos azuis e pele avermelhada, faz perguntas ridículas, por exemplo se Sussekind tem amantes, se gosta de homem.

Um sino badala numa capela próxima. É a hora do Angelus. George consegue ler na parede do corredor: "Geladeira, D/4ª SSV". Deduz estar na 4ª Subseção de Vigilância, no Alto da Boa Vista, onde ele veio muitas vezes no início da carreira para dar assistência a acusados de crimes comuns. O nome do local se justifica: as celas são muito frias, reservadas para punir detidos.

Após várias reclamações de sede, os advogados e o músico recebem um jarro de plástico com água, sem copo, além de pratos de papelão com salsichas, biscoitos e mariolas. Apesar de estarem o dia todo sem alimento, ninguém sente fome nessa situação tensa e depressiva. Tentam dormir, sentados no gelado chão de cimento. Mas o carcereiro de vez em quando aparece para xingá-los e fazer barulho passando o cano da metralhadora nas grades. Lá fora, no pátio, um cachorro late.

Nessa mesma noite um grupo de policiais invade a redação do semanário *O Pasquim*, na rua Clarice Índio do Brasil, em Botafogo. É o único jornal oposicionista de circulação nacional, com uma linha de sátira escrachada e artigos escritos por alguns dos melhores jornalistas da cidade. Os policiais reviram gavetas e arquivos, levam fotos, cópias de textos, um caderno de endereços e prendem um por um os responsáveis pelo jornal: Paulo Francis, Luiz Carlos Maciel, Jaguar, Ziraldo, Martha Alencar, Sérgio Cabral, Flávio Rangel, José Grossi, Paulo Garcez (editor de fotografia), Tarso de Castro e sua mulher, Bárbara Oppenheimer. Todos levados para a Vila Militar.

Segunda-feira de manhã, feriado de Finados, Sussekind é acometido de uma crise de labirintite. George coloca as mãos nas grades e grita chamando o carcereiro, que vem com cara enfezada.

— Pára de berrar aí, porra!

— Meu colega está passando mal. É defensor público da Marinha, homem idoso, precisa de socorro médico.

O carcereiro não se comove:

— Não quero saber quem ele é. Sai daí e encosta na parede. Tu tá parecendo uma puta na porta do rendez-vous.

George insiste em pedir médico. Após alguns minutos, entra na cela de Sussekind um homem que se diz médico e aplica-lhe uma injeção.

À tarde, um negro de meia-idade passa no corredor e reconhece George. É um policial acusado na década de 50 de achacar casais na Barra da Tijuca. Defendido por George e absolvido, perdeu sua função de investigador e está trabalhando em serviço burocrático nessa delegacia. Coloca-se à disposição para o que puder fazer por eles. George pede um jornal. O ex-policial traz *O Dia* da véspera, com uma ressalva:

— Se alguém perguntar, diga que é jornal velho que eu trouxe para você proteger seus pés.

Na primeira página, nenhuma manchete de interesse. Mas numa página interna a atenção de George se fixa na longa reportagem intitulada "Toledo ia comandar uma onda de terror no país". Diz o texto que nos últimos dias em São Paulo a polícia apreendeu importantes documentos numa casa na Vila Mariana, onde se refugiava Joaquim Câmara Ferreira, o "Toledo", sucessor de Carlos Marighella na liderança da principal organização guerrilheira do país, a Ação Libertadora Nacional. Na casa foram encontradas fartas anotações, uma carta de um militante enviada de Cuba e outros documentos revelando, segundo a notícia, que guerrilheiros estavam planejando uma série de ações de grande repercussão durante a denominada "Quinzena Marighella", para lembrar o primeiro aniversário do seu assassinato, ocorrido no dia 4 de novembro de 1969. Haveria seqüestros para libertação de presos políticos, divulgação de um manifesto de 200 linhas, atentados a bomba, pichações de muros em vários locais de São Paulo, panfletos jogados de avião sobre a cidade, campanha pelo voto nulo nas eleições do dia 15, manifestações em Cuba, Roma e Paris contra a ditadura brasileira, artigos no *Le Monde* e outras publicações francesas. A reportagem não diz que "Toledo" morreu de ataque cardíaco durante uma sessão de tortura no sítio do delegado Sérgio Fleury, o ferrabrás do Departamento Estadual de Ordem Política e Social.

O final da reportagem parece ter sido escrito por um policial: "Depois da recente morte de Toledo houve uma verdadeira debandada de terroristas, que abandonaram o território nacional, principalmente no último fim de semana. ... A hipótese de viverem daqui em diante escondidos é impraticável: com as seguidas defecções em suas fileiras, com o ódio que o povo lhes bota, com as constantes delações de seus comparsas, serão facilmente encontrados e presos."[2]

Outros jornais publicam notícia semelhante, sem a linguagem policialesca e acrescentando alguns detalhes. As ações da "Quinzena Marighella" teriam sido planejadas pelos remanescentes da ALN e de mais três organizações; os seqüestros atingiriam um embaixador estrangeiro, um grande empresário brasileiro e um ministro do governo. A notícia contém informações parafraseadas, sem nenhuma citação literal de trechos dos documentos que relataram o plano. Pode-se deduzir que a imprensa não teve acesso aos tais documentos, apenas reproduziu o que os policiais disseram ou escreveram em notas oficiais.

Descontado o exagero da polícia, é verdade que havia um audacioso plano para homenagear Marighella com várias ações conjuntas, conforme relatos não só dos jornais como também de ex-militantes.[3]

Essas ações foram abortadas pela megaoperação das forças de segurança do governo em vários estados, mas concentrada principalmente no Rio de Janeiro.

Em sessão permanente, a OAB decide enviar representantes à sede do I Exército para falar com o comandante, general Sizeno Sarmento, sobre a prisão dos três advogados. Um Relações Públicas os recebe e informa que o general viajou, mas antes designou três equipes para localizar os advogados.

— Se realmente estiverem presos, serão libertados, diz o Relações Públicas, sem dar muita esperança.

A OAB também remete ao presidente Médici um ofício expressando inquietação com as prisões dos colegas e pedindo sua libertação. "... Em flagrante desobediência ao artigo 153, parágrafo 13 da Emenda Constitucional nº 1, tais prisões não ocorreram em flagrante delito, nem por ordem da autoridade competente."[4]

No final da tarde aparece na "Geladeira" um capitão, Zaíro de Pontes. Foi enviado para inspecionar o local onde estão alguns detidos importantes. Ao ver George, o capitão fica surpreso:

— "Coveiro"! Você aqui?!

Entra na cela e o cumprimenta. Foram colegas de turma no Colégio Militar.

— O que aconteceu?

George também gostaria de saber. Pede um colchão. Zaíro promete mandar para ele e para os outros três. E mais: irá tentar libertá-los. Os colchões são entregues depois pelo carcereiro, mas sem cobertor nem lençol.

À noite George se deita, mas não consegue dormir. Jamais pensou reencontrar nessas circunstâncias um ex-colega do Colégio Militar, onde viveu as experiências mais marcantes da adolescência. Sete anos de muito estudo, camaradagem, brincadeiras e... intolerância. Lá conheceu a fundo os valores e costumes militares, dos quais se tornou agora mais uma vítima. A própria cela recorda-lhe a "sala de presos" que havia no colégio.

Sim, a prisão dos três advogados é bastante simbólica desse período em que se tentou transformar o Brasil num imenso quartel ou colégio interno. Uma militarização com raízes na Guerra Fria, deflagrada exatamente no ano em que George iniciava seus estudos no Colégio Militar.

1947

Deslumbrado e orgulhoso, o garoto de 13 anos atravessou o largo portão de ferro que o introduzia na alameda de palmeiras imperiais. Amplos espaços verdejantes, muitas árvores e gramados, ar puro de montanha num Rio de

Janeiro com bem menos carros, especialmente na Tijuca. O endereço do colégio nunca mudou desde que foi fundado, em 6 de maio de 1889, para atender aos órfãos dos combatentes da Guerra do Paraguai: rua São Francisco Xavier 267, esquina com a Barão de Mesquita.

O Pavilhão Central, imponente e austero palacete, abrigava a administração, a secretaria e o gabinete do comandante. Outros pavilhões menores com as salas de aula se enfileiravam ao pé da gigantesca Pedra da Babilônia.

No mesmo ano em que George ingressou no colégio, este recebeu um novo comandante, coronel Jair Dantas Ribeiro (futuro ministro da Guerra do presidente João Goulart). Uma de suas primeiras inovações foi introduzir o serviço militar para alunos do Científico (equivalente ao ensino médio hoje) e criar a Bateria de Artilharia, cujo grande momento aconteceu no dia 1º de setembro, ainda de 1947, ao saudar com uma salva de 21 tiros o presidente dos Estados Unidos, Harry Truman, que se despedia do Brasil.

Truman viera participar da Conferência Interamericana de Manutenção da Paz e Segurança, com representantes de todos os países do continente americano, durante a qual assinara o Tratado de Assistência Recíproca, prevendo a intervenção militar norte-americana em países onde a "paz e a segurança" estivessem ameaçadas. Era a aplicação da Doutrina Truman, apresentada por ele seis meses antes em discurso ao Congresso de seu país, estabelecendo as diretrizes ideológicas da política externa norte-americana, com a finalidade de garantir a hegemonia dos EUA diante do surgimento da Rússia como potência comunista.

A Doutrina Truman oficializou a divisão maniqueísta do cenário político internacional em "mundo livre" (Ocidente capitalista) e "Cortina de Ferro", expressão cunhada por Winston Churchill num discurso pronunciado em Fulton, Estados Unidos, em março de 1946 ("do Báltico ao Adriático, uma Cortina de Ferro baixou sobre o continente"), referindo-se à ascensão da União Soviética.

Na América Latina o principal efeito da Guerra Fria foi o aumento da influência política e militar norte-americana. Soldados brasileiros haviam lutado na Europa contra o nazi-fascismo. Mas os aliados de ontem, os russos, eram agora inimigos dos EUA. Por isso a nossa democracia liberal nasceu já com um inimigo declarado, a Rússia comunista. No governo do general Eurico Gaspar Dutra, eleito presidente da República por voto direto após 15 anos de getulismo, oito dos quais sob a ditadura do Estado Novo, continuou a perseguição ao movimento operário, a intervenção em sindicatos, e o Partido Comunista Brasileiro (PCB) foi banido em 1947, depois de apenas dois anos na legalidade.

Mas os militares ainda não estavam envolvidos diretamente na repressão política e representavam no imaginário popular os heróis patriotas. Tinham grande prestígio, figurando entre as profissões mais procuradas pela classe média, ao lado dos médicos, advogados e engenheiros. Com uma vantagem: o militar tinha carreira estável desde o início.

Sua formação começava necessariamente no Colégio Militar, modelo de excelência de educação humanista, cívica, moral e desportista. Bem equipado, com refeitório, alojamentos para os alunos internos, serviço médico e enfermaria, oferecia cursos do Ginásio (equivalentes ao ensino fundamental) ao Científico em regime de internato, externato e semi-internato, com instrução militar a partir do 3º ano ginasial. Em 1947 havia no colégio dois mil alunos, todos homens.*

George também queria seguir a carreira militar quando entrou no colégio. Talvez fantasia de garoto encantado com a farda, numa época em que uniforme tinha um certo charme e era usado por diversos profissionais, dando aparência respeitável a condutores de bonde, leiteiros, motoristas de ônibus e de táxi etc. No colégio havia três tipos de farda, conforme a ocasião. Para as aulas, dólmã, gorro e calça cáqui com friso vermelho. Para os passeios, dólmã cáqui e calça garance, vermelha com friso azul. Para as cerimônias oficiais, traje de gala, com túnica branca e calça garance.

Administrado por oficiais da ativa, o colégio tinha uma disciplina rigidamente militar. Um dos deveres prescritos no manual do aluno era "não freqüentar lugares incompatíveis com o decoro da farda (botequim, casa de jogo etc.)". Os professores eram militares que haviam ingressado no magistério por concurso e passado à reserva, ou civis com honras militares. O aluno não tinha nome. Professores, militares e funcionários o chamavam pelo seu número de matrícula, escrito na carteira das salas de aula. George era o nº 1.406. O cabelo cortado no estilo cadete, raspado acima das orelhas, não podia crescer mais de meio centímetro — um capitão-ajudante (chefe dos inspetores) verificava o comprimento com a ponta dos dedos. E todos os alunos batiam continência ao falar ou cruzar com os oficiais.

Proibido fumar. Os mais afoitos davam rápidas tragadas atrás das árvores ou no banheiro, atentos aos inspetores que percorriam todas as dependências. Uma das piores infrações era faltar à aula estando no colégio. Caso para punição máxima: a "sala de presos", onde se podia ficar retido depois da aula durante algumas horas, uma tarde inteira ou, conforme a gravidade, até um fim de semana. Quem chegasse atrasado à aula recebia uma advertência na primeira vez; reincidindo, sala de presos. Se persistisse nos atrasos, suspensão ou até expulsão, se o aluno fosse um rebelde contumaz. Outra penalidade para infrações graves era passar um domingo no colégio, de 7h às 18h.

As aulas eram de manhã. À tarde havia instruções militares e desfile, recreação (futebol, bilhar, xadrez) ou estudos na biblioteca. A partir do Cientí-

---

* Só a partir de 1989 o colégio admitiu mulheres no corpo discente.

fico os alunos se dividiam em esquadrão de Cavalaria, bateria de Artilharia e companhia de Infantaria, correspondendo ao serviço militar.

George não seguia fielmente a disciplina castrense. Sofria punições por deixar o cabelo crescer além do permitido, usar sapatos em vez de botinas, brincar fora do recreio, usar a farda sem os padrões exigidos. Um dia ele caminhava no pátio quando o comandante Jair o viu a alguns metros de distância, detectou sua farda desabotoada na manga e o chamou:

— 1.406!

George se aproximou, bateu continência e o comandante foi direto ao assunto:

— O senhor está nu na minha frente. Recolha-se à sala de presos.

Alguns alunos purgavam as dolorosas regras em poemas bem-humorados, como este, parodiando Olavo Bilac: "Ora, dirás, ouvir estrilos. Certo/ Não é normal. E eu te direi então/ que para ouvi-los basta ao mais esperto/ esquecer-se da gola ou de um botão./ E sempre os ouvirás de peito aberto/ enquanto hóspede fores da mansão/ que nos abriga. E ainda mais de perto/ quando envergares o teu azulão./ Dirás agora: pobre, pobre amigo/ o teu caminho já não mais eu sigo,/ a tua sorte não invejo./ E eu te direi com toda a força d'alma:/ quando os ouvires usa a tua calma,/ p'ra garantir a estada no Colégio."[5]

Outra punição de George foi por apelidar o inspetor Araripe de Araruta. Colocar apelidos engraçados, um hábito bem carioca, era uma das principais diversões dos alunos. Entre si eles se chamavam Monstro, Baleia, Ratinho, Soneca, Babão, Jeca, Lacraia, Filósofo, Caganeira, Pancinha, Anão, Xisto, Égua-Vaporina, Boca de Bagre, Golias (o poeta acima), Jacaré. Nem o comandante escapou. Pelas costas era o Jajá.

George também ganhou seu apelido. O aluno 1.412 (Durval dos Santos Vieira) matou um sabiá-laranjeira com um estilingue. Matar passarinho era uma brincadeira normal da molecada naqueles tempos. Não para George, que estava perto e protestou. Achava um absurdo alguém matar ou mesmo engaiolar pássaros. Em casa costumava brigar com o irmão Hélio por causa disso e uma vez soltara os passarinhos dele. Repreendeu Durval e exigiu que pelo menos enterrasse o sabiá-laranjeira. Baixo e franzino, Durval obedeceu, considerando ridículo o que estava fazendo. Os colegas que assistiaram à cena encontraram um apelido perfeito para George: "Coveiro".

Da farda para a tribuna

Todas essas regras e rígidos limites impostos aos alunos podiam ser assimilados sem grandes traumas, num tempo em que a educação nas escolas e nas famílias em geral era pautada por uma disciplina bem severa em relação aos padrões de hoje. Pior era agüentar os trotes, tradição de brincadeiras que no Colégio Militar tinha características violentíssimas. Alunos do primeiro ano, chamados "bichos", sofriam nas mãos dos "calouros", do segundo ano, e principalmente dos "veteranos", alunos do terceiro ano em diante. O "bicho" levava aperto no nariz com o gorro (as "tabacadas"), era obrigado a dançar agachado imitando canguru, a subir no armário do alojamento e pular descalço no chão, entrar na roda do "tasca"— no alojamento os veteranos pegavam toalhas, fronhas e lençóis, faziam um nó bem duro na ponta, cercavam dissimuladamente o "bicho" e o surpreendiam com uma saraivada de golpes, aos gritos de "tasca!, "tasca!".

Ai de quem reagisse. George tentou, e ganhou umas tabacadas que deixaram roxo seu nariz. Sua sorte foi conhecer um aluno veterano, de quem se tornou amigo e que impediu alguns excessos. Chamava-se Antonio Evaristo de Moraes Filho, o 1.151, rosto sério mas simpático, inteligente, e respeitado no colégio. Era filho caçula do maior advogado criminalista das primeiras décadas do século XX, Evaristo de Moraes, falecido em 1939. Mas embora o pai tivesse sido advogado de grande renome, não deixara nenhum patrimônio material. Evaristinho, como era conhecido, morava num pequeno apartamento térreo no Flamengo, no qual a mãe, Dora Slenska, judia de ascendência polonesa, montara um salão de beleza para sustentar a família. O ingresso no Colégio Militar fora possibilitado por uma bolsa de estudos que a mãe conseguira através da mulher do presidente Dutra.

George também experimentara o lado desconfortável da vida, nascido em família de operários e pequenos comerciantes do Engenho de Dentro, Zona Norte do Rio. O pai, Francisco Tavares, era chapeleiro da tradicional "A Radiante", na rua Sete de Setembro 137. Com vitrines de madeira e cristal, uma velha caixa registradora alemã, a loja ficara famosa vendendo chapéus femininos de estilo francês. Depois da Segunda Guerra Mundial essa moda diminuíra bastante no Brasil e a loja passara a vender bijuterias, bolsas e grinaldas de noivas.*

Os dois alunos começaram assim uma consistente amizade, a exemplo de muitas outras que surgiram no colégio como um dos efeitos positivos da convivência diária, executando as mesmas tarefas, sob um ambiente disciplinar que criava entre eles uma cumplicidade. Como escreveu um ex-aluno, o historiador Nelson Werneck Sodré, "para enfrentar o sólido e rigoroso aparelho de repressão, os alunos desenvolviam um espírito de camaradagem e

* Francisco foi dono da loja até falecer, em 1998, aos 85 anos. O prédio foi tombado em 2000.

unidade realmente impressionante, permanecendo, ao longo da existência de todos nós, como gratíssima lembrança".[6]

A amizade entre Evaristo e George se fortaleceu ainda mais porque ambos já sentiam atração pela advocacia. O primeiro por herança genética paterna, e George porque, ao contrário, não tinha a vocação comercial do pai. Era extrovertido e desde criança gostava de discursar, em festinha de aniversário, em centro espírita no dia de Cosme e Damião, nas solenidades escolares. Seu grande momento ocorrera aos 10 anos, ao discursar diante do então presidente da República Getúlio Vargas.

Era 1944 e George morava na rua Dr. Padilha, perto da rua das Oficinas, onde se fazia a manutenção dos trens suburbanos da Central do Brasil. Getúlio foi inaugurar um conjunto de blocos de apartamentos construídos para os operários (seriam habitados mais pelos "pelegos", líderes sindicais burocratas). O presidente chegou acompanhado de autoridades civis, militares e eclesiásticas — general Mendonça Lima, ministro da Viação, major Alencastro Guimarães e dom Jaime Câmara, cardeal-arcebispo do Rio de Janeiro.* Na solenidade de entrega das chaves para um representante dos futuros moradores, o cardeal procedeu à bênção e depois George se apresentou a Getúlio, trajando o uniforme branco da Escola República do Peru. Saudou o presidente, qualificando-o "unificador do Brasil", e transmitiu a gratidão das crianças pelo seu trabalho em favor da educação. Getúlio sorriu e aplaudiu o garoto.

Em casa, quando ele contou, sua mãe, Odilla Dinorah, não acreditou. Onde já se viu, discursar para o presidente da República? Colocou o filho de castigo por mentir. Mas no dia seguinte a prova estava no *Correio da Manhã*, um dos principais jornais da cidade: George numa foto ao lado de Getúlio, e a notícia de seu discurso.

Esse talento oratório e o espírito humanista o conduziam para a advocacia, e ele já tinha certeza disso ao conhecer por dentro o I Tribunal do Júri, num pequeno prédio construído em 1927 na rua Dom Manuel, Centro. Foi lá acompanhando seu colega de colégio, Humberto Manes, o Jacaré, que ia falar com a mãe, Isabel, escrivã do cartório. Ao entrarem os dois na sala de sessões, George ficou deslumbrado:

— Você ainda vai me ver subindo nessa tribuna. É daqui que eu vou falar um dia.

---

* Era comum a presença de lideranças do clero em qualquer solenidade pública do governo, denotando que o catolicismo mantinha resquícios de religião oficial. Essa relação simbiótica entre a Igreja e o Estado brasileiro perdurou até o início dos anos 60.

No Colégio Militar os alunos recebiam um grande incentivo para desenvolver a arte da oratória na Sociedade Literária, um centro de debates, conferências e estudos literários que também editava uma vez por ano a revista *A Aspiração*. Para participar dos debates, o aluno estudava um tema e o apresentava no auditório como palestra ou discurso, escrito ou de improviso. De vez em quando havia concursos de oratória.

Evaristo também se destacou como um dos melhores oradores, revelando um talento à altura do pai. Embora tivesse convivido com ele apenas os primeiros seis anos de vida, conhecia sua história através da mãe, que guardava recortes de jornais com artigos de sua autoria, notícias e reportagens sobre seus júris famosos, os mais de dez livros que escrevera, como *Criminalidade passional*, além de fotos e objetos pessoais. Estreara no júri aos 23 anos como rábula (só aos 45 se formara), e tinha um estilo gesticulativo, teatral. Fora um dos fundadores da Associação Brasileira de Imprensa e do Partido Socialista, em 1920, presidente da Sociedade Brasileira de Criminologia e professor de Direito.

Também o irmão mais velho de Evaristo, seu homônimo, contava muitas histórias sobre o pai, que, aliás, não queria os filhos na advocacia. Nos últimos anos de vida ele estava muito desencantado com a profissão, porque no seu entender "é das que raramente dão honra, e, se fornecem pão, este chega por tal forma endurecido e minguado que, às vezes, mais parece esmola".[7] Naquela época advocacia de júri era mal remunerada, porque a maioria dos clientes dos criminalistas vinha da classe baixa e eles cobravam honorários módicos. Se ganhassem prestígio em processos célebres, podiam ter de vez em quando um cliente rico ou de classe média.

Contrariando a vontade do pai, em 1951 Evaristo ingressou na Faculdade de Direito do Rio de Janeiro (atual Universidade do Estado do Rio de Janeiro), num antigo casarão do Catete. Logo projetou-se no Centro Acadêmico Luís Carpenter, sendo escolhido diretor do jornalzinho da entidade, *O Século*. Gostou tanto de ser jornalista que já no segundo semestre daquele ano resolveu trabalhar na *Última Hora*, vespertino recém-criado por Samuel Wainer para apoiar o governo de Getúlio Vargas e que se tornava um dos mais importantes jornais do Rio. Evaristo foi ser repórter forense e redator, além de assinar com o pseudônimo Florian a coluna "O Foro Íntimo", de crônicas envolvendo a Justiça.

O jornal publicava uma mistura híbrida de assuntos de interesse da emergente classe média e do povão. Na segunda categoria, a inovação era o grande destaque dado às notícias policiais na primeira página. Isso permitiu ao repórter Evaristo freqüentar o Tribunal do Júri, porém mais preocupado em compreender o processo do que em apenas redigir notícia sobre uma ocorrência transitória.

Uma de suas principais reportagens foi sobre um célebre julgamento de uma mulher de classe média. Zulmira Galvão Bueno em 1950 matara o marido,

Stélio Galvão Bueno, respeitado criminalista carioca. O julgamento, em novembro de 1951, atraiu grande interesse popular e durou 18 horas. Evandro Lins e Silva, já considerado um dos expoentes do júri brasileiro, argumentou a tese da legítima defesa putativa e Zulmira foi condenada a apenas dois anos de detenção, por excesso culposo, com direito a sursis. No dia seguinte estava livre, sendo entrevistada por Evaristo. Ele escreveria mais uma reportagem sobre o caso, discutindo se o divórcio, um tema que começava a ser debatido no Brasil, poderia evitar o crime passional, ao permitir a separação legal de casais com problema de incompatibilidade.

George também gostava de escrever, principalmente poemas de crítica às injustiças sociais. Escreveu uma série sobre o cotidiano dos favelados, embora nunca tivesse subido num morro, e os publicaria em livro, intitulado *Telhados de zinco*.

Sua eloqüência foi definitivamente reconhecida no último ano de colégio, 1953. Em agosto tirou o primeiro lugar no "Concurso de Oratória a Caxias", e na cerimônia de formatura foi orador da turma.

Num longo discurso, George louvou a importância do colégio na sociedade brasileira ("O preparo de jovens moral e intelectualmente sadios, prontos para enfrentar as intempéries do momento") e transmitiu todo o patriotismo e espírito de irmandade gerados nos sete anos que passara ali, difíceis mas cheios de fundamentais lições de vida ("Quando a juventude perde as esperanças, o país pode dizer-se em decadência"). Também fez uma referência sutil à crise política que colocava o presidente Getúlio sob crescente pressão da direita civil e militar: "... e se preciso for, morrer em praça pública defendendo a liberdade e a democracia."[8]

O ministro da Justiça, Tancredo Neves, estava presente e ao discursar em seguida afirmou meio brincalhão que não haveria necessidade de morrer em praça pública, porque os estudantes e o povo estavam unidos em torno do presidente. Mas o jovem formando havia intuído a tragédia que se aproximava.

Evaristo estreou na advocacia criminal naquele mesmo ano, ainda estudante de Direito e repórter da *Última Hora*. Como auxiliar de Evandro Lins e Silva ele compareceu ao I Tribunal do Júri em 19 de junho de 1953 para defender um réu de crime passional, que foi condenado a 14 anos. Mas Evandro, que estreara no júri como assistente do pai de Evaristo, transmitiu ao jovem estreante segurança suficiente para mantê-lo na trilha que escolhera.

Política estudantil

Desde a entrada na universidade Evaristo e George se alinharam com a esquerda democrática. O primeiro participava do grupo Trabalho e Cultura, não-comunista, mas com quadros do PCB. E George, que se autodefinia como socialista cristão e espírita, trocou Allan Kardec por Marx ao entrar para a Faculdade Nacional de Direito da Universidade do Brasil (atual Universidade Federal do Rio de Janeiro), onde enturmou-se com o Movimento de Reforma, que congregava socialistas, nacionalistas e comunistas. O prédio construído no século XIX no início da rua Moncorvo Filho, Praça da República, sempre teve a política impregnada em seu ambiente. Durante o Império ali era o Senado, e a tradição se manteve nos anos 50 através do Centro Acadêmico Cândido de Oliveira (CACO), entidade dos alunos que funcionava em quatro saletas, para uso da diretoria, com um salão para as festas e reuniões, ambas ruidosas. Os grupos de direita se organizavam na ALA (Ação Libertadora Acadêmica).

A conjuntura nacional contribuía para incutir nos jovens a paixão política. O governo nacionalista de Getúlio Vargas enfrentava uma crescente oposição de grupos empresariais (inclusive estrangeiros), oficiais militares, latifundiários, imprensa e do partido conservador União Democrática Nacional (UDN), os quais promoviam uma campanha de desestabilização, cujo auge ocorreu em 1954.

No início de fevereiro, 80 coronéis do Exército, antigetulistas, lançaram um manifesto protestando contra os baixos salários e a "inegável crise de autoridade no Exército". Em maio, o salário mínimo teria um aumento de 100%, o que irritou os empresários e provocou a queda do ministro do Trabalho, João Goulart. Os jornais conservadores não paravam de publicar denúncias de corrupção, feitas pelo principal líder da oposição udenista, o agressivo deputado Carlos Lacerda.

Na madrugada de 5 de agosto um desastrado grupo tentou matar Lacerda quando ele entrava em seu prédio, na rua Toneleros, Copacabana. Só conseguiram acertar-lhe um tiro no pé, mas, supremo azar, mataram um oficial da Aeronáutica que acompanhava o deputado, major Rubens Vaz.

A mistura de política e crime é sempre fascinante para a opinião pública, e o Brasil não difere de nenhum país nesse aspecto. Os estudantes de Direito acompanharam com especial avidez o inquérito dos acusados: Gregório Fortunato, guarda-costas de Getúlio e chefe da guarda presidencial; Climério Eurides de Almeida, membro da guarda; José Antonio Soares; o pistoleiro João Alcino do Nascimento, autor do tiro que matou o major; e Nelson Raimundo de Sousa, motorista de táxi que prestava serviços à guarda presidencial e transportara o grupo.

Já no dia seguinte Nelson apresentara-se à polícia e confessara sua participação, involuntária, alegando ter sido contratado por Climério para levar um grupo que iria dar uma surra num sujeito. Deixara-os perto do prédio de

Eloqüência e empolgação: Evaristo no histórico júri do processo Toneleros.

Lacerda sem saber do que se tratava. Evaristo, que cursava o penúltimo ano da faculdade, auxiliou o advogado Gastão Menescal Carneiro na defesa do motorista e também cobriu o caso para a *Última Hora*.

Getúlio não resistiu às pressões e no mesmo mês do atentado suicidou-se com um tiro no coração. Multidões saíram às ruas apedrejando prédios onde funcionavam os jornais de oposição (especialmente a *Tribuna da Imprensa*, de Lacerda) e a embaixada dos Estados Unidos.

Três meses depois, em novembro, começou o julgamento dos acusados. Gastão e Evaristo negaram a co-autoria do motorista Nelson, argumentando que ele teria dirigido o táxi casualmente, ignorava os propósitos de seus ocupantes e ao saber do que acontecera havia procurado as autoridades. Mas o processo era absolutamente político — a imprensa, líderes militares e políticos influentes exigiam punição rigorosa dos envolvidos. Todos foram condenados. Nelson recebeu a pena mais leve, 11 anos.

A participação nesse caso, embora sem vitória, elevou a reputação de Evaristo na faculdade. Ao se formar, em dezembro de 1955, foi o orador da turma e recebeu o Prêmio Revista Brasileira de Criminologia e Direito Penal, concedido ao aluno de Direito Penal com a média mais alta. Naquele ano foi criado no Rio de Janeiro o II Tribunal do Júri, no mesmo prédio do I Tribunal.*

No ano seguinte Evaristo abriu um escritório com seu ex-colega de curso, Ricardo Pereira Lira. Pequena sala no Centro, rua Almirante Barroso 9, mobiliário comprado à prestação. A eles juntou-se Luiz Felipe Machado Duarte. A sociedade se restringia às despesas, porque só Evaristo era criminalista. Os demais praticavam advocacia cível.

A profissão ainda não se ramificara muito. O foro penal era o que mais projetava os bons advogados, mesmo quando não conseguiam a absolvição dos acusados. Os honorários eram modestos, mas compensados pela repercussão das causas, especialmente crimes passionais. Se réu e/ou vítima fossem da classe média para cima ou celebridades, a comoção era nacional, como acontece até hoje.

TEATRO DA VIDA

Cursando o terceiro ano da faculdade, George também estava fascinado por Direito Penal, pelo Tribunal do Júri, que julga o pior dos crimes — homicídio, o crime contra a vida, a mais grave infração do Código Penal. Também aborto e indução ao suicídio são julgados nesse tribunal.

Por lidar com o fundo do poço da natureza humana, a advocacia criminal sempre foi a vertente mais dolorosa da profissão, cheia de pressões várias e personagens estigmatizadas. O passo inicial costuma ser numa delegacia de polícia, onde o advogado ouve as alegações do acusado. George sentiu as pernas tremerem ao acompanhar pela primeira vez numa delegacia o depoimento de um homem indiciado em inquérito.

Superado o mal-estar inicial, acostumou-se. Estagiava no escritório do criminalista José Bonifácio Diniz de Andrada, que atuara com Romeiro Neto na defesa do tenente Bandeira, envolvido no célebre Crime do Sacopã.** George acompanhava o advogado às delegacias e ao Fórum, observava os procedimentos necessários num processo e assistia aos julgamentos, verdadeiros duelos verbais e intelectuais pelo passado, presente e futuro de uma pessoa.

O rito do júri se dividia em duas fases. Na primeira, o juiz interrogava o indiciado e as testemunhas em audiência pública, mandava realizar novas

* Hoje o Rio de Janeiro tem quatro Tribunais do Júri.

** Em abril de 1952 o tenente-aviador Alberto Jorge Franco Bandeira foi acusado de assassinar um homem encontrado dentro de um carro na Ladeira do Sacopã, por causa de uma amante em comum.

diligências, se fossem requisitadas pela promotoria ou pela defesa, e decidia se aceitava ou rejeitava a acusação. Aceitando, o processo entrava na segunda fase, a do julgamento propriamente dito, por um júri popular.

O julgamento é um autêntico teatro da vida, no qual se desenrolam grandes dramas sociais e humanos. Tem cenário fixo e personagens que desempenham papéis bem definidos: o juiz, o advogado e o promotor com suas togas pretas, o réu e os jurados nos respectivos lugares, a platéia, que até se manifesta de vez em quando, e os jornalistas, que influem na opinião pública amplificando o caso e suas implicações, conforme as características do crime, as singularidades do criminoso e da vítima, seu status social. A imprensa influencia e é influenciada pela *vox populi*, potencializa o crime, geralmente condenando antecipadamente um réu, mas às vezes também o transforma em herói (ou anti-herói) popular, em ícone de uma rebeldia romântica, como aconteceu durante o auge do gangsterismo norte-americano, nas décadas de 20 e 30.

O sensacionalismo, em maior ou menor grau, é inerente à imprensa, porque esta sempre procura num fato qualquer o ângulo que possa causar maior impacto emocional ou significado político, algo que estimule a imaginação do público, trazendo sensações fortes para suas vidas rotineiras. O comportamento desviante de um criminoso é servido como um tipo de entretenimento para a maioria do público que pertence à sociedade "normal". Ou seja, um assassino mata sua vítima e o tédio do povo. Por isso o tema da violência sempre foi sucesso garantido, desde as tragédias gregas até a imprensa popular, da literatura ao cinema e à televisão.

E foi exatamente para julgar os supostos excessos da imprensa que se criou no Brasil o Tribunal do Júri, em 18 de junho de 1822. Só dois anos depois, pela Constituição do Império, o júri passou a integrar o Poder Judiciário para decidir também sobre crimes de morte.

O mérito maior do júri foi ter trazido a participação popular ao Poder Judiciário. Entretanto, sempre dividiu opiniões. No meio forense seus adversários afirmam que só o juiz togado tem conhecimento especializado e discernimento crítico para julgar alguém, não os jurados leigos, que seriam movidos por um sentimento moral passageiro, sujeito a manipulação, e isso contribuiria mais para a impunidade — que no Brasil, entre outras causas estruturais, deve-se à cultura burocrática (país de carimbos e processos perdidos nos escaninhos), ao elitismo da Justiça e ao baixo nível de consciência política da maioria da sociedade.

Os sete jurados que compõem o Conselho de Sentença não têm formação jurídica (advogados ou estudantes de Direito geralmente não integram a lista de jurados), tampouco precisam conhecer o Código Penal; decidem mais com o coração do que com critérios jurídicos objetivos, assinalando nas cédulas "sim" ou "não" para uma seqüência de quesitos, sem necessidade de justificar as respostas.

Dois renomados juristas brasileiros, Nelson Hungria e Heleno Fragoso, eram contra o júri. Heleno o considerou "defeituoso e precário", a começar pela condenação ou absolvição por maioria simples. Mas não via grande diferença entre juízes leigos e juízes togados, pois estes "apresentam muitas vezes mentalidade conservadora e altamente repressiva. Aferrados à técnica do Direito, são muitas vezes insensíveis aos problemas humanos que o processo criminal sempre acarreta."[9]

Nelson Hungria era favorável a julgamentos decididos por jurados técnicos, não leigos. "O famigerado Tribunal do Júri, osso de megatério que persiste em ligar repressão penal e regime democrático, redundou, pela sua incompetência e frouxidão, em fator indireto de criminalidade."[10]

Os defensores da instituição do júri alegam ser um direito do cidadão julgar seus semelhantes; é a sociedade participando, humanizando a lei. Outro que prefere o júri popular à magistratura togada é Evandro Lins e Silva, para quem o júri "não tem compromisso com as doutrinas, com a teoria do Direito Penal. Julga pelo bom-senso, pelo equilíbrio de cada um, que se manifesta através da resposta aos quesitos".[11]

O escritor Lima Barreto, jurado várias vezes, conhecia bem a mentalidade dos leigos e dos juízes togados: "... não vi entre ambos uma diferença essencial de mentalidade, caráter e coração".[12]

Seja como for, o processo penal deve seguir os três princípios básicos estabelecidos por Nelson Hungria: "O réu é coisa sagrada. Ninguém é obrigado a depor contra si mesmo. É preferível deixar impune um culpado a condenar um inocente."[13] Princípios que se conjugam com a lição transmitida pelo advogado francês Charles-Alexandre Lachaud e reafirmada por Rui Barbosa: o advogado tem um compromisso com a legalidade. Se a legalidade for a absolvição, luta-se pela absolvição; se for a condenação, luta-se por uma pena justa.

Estréia empolgada

Com esses ensinamentos em mente, George estreou na Tribuna de Defesa do II Tribunal do Júri no dia 20 de junho de 1956. Seu cliente, José da Costa Soares, era acusado de matar a tiros o soldado Miraldes Dias, da Polícia Militar do Distrito Federal, durante assalto a uma farmácia.

Após a leitura do sumário de culpa pelo promotor, George foi à tribuna e, com uma verve empolgada, afirmou que a confissão fora obtida mediante violência física, atribuiu os tiros a um marginal conhecido como "Inglesinho", conforme indícios no inquérito policial, e negou a autoria do crime.

George no começo da carreira.

O estreante caprichou na voz impostada e usou citações literárias, mas não convenceu o júri, que condenou o réu por 4 x 3, e o juiz Bandeira Stampa o sentenciou à pena mínima para homicídio simples naquela época, seis anos de prisão. George ficou desapontado — queria a absolvição, claro. Por uns minutos pareceu-lhe que todo o seu esforço tinha sido inútil. Mas nem teve tempo de se sentir derrotado. O juiz, impressionado com a eloqüência do jovem acadêmico, fugiu ao protocolo e fez-lhe um elogio, que virou notícia no dia seguinte: "Inúmeros estudantes, após o *veredictum* dos jurados, têm mudado de profissão, enquanto para muitos o sucesso da estréia constituiu o ponto de partida de uma vitoriosa jornada. Anteontem houve nova estréia no júri, a do quartemista (sic) da Faculdade Nacional de Direito, George Tavares. Embora o

Conselho de Sentença tivesse condenado o réu, por 4 x 3 votos, o acadêmico voltou triunfante à Faculdade. É que o juiz presidente do Tribunal, quebrando a praxe mantida nos julgamentos mais controvertidos, após a leitura da sentença teve palavra de incentivo para com o estreante, enaltecendo o seu desempenho..."[14]

George ficou envaidecido, mas consciente do longo caminho a percorrer. Afinal, não basta conhecer as leis para ser um bom advogado. É preciso conhecer bem tanto o acusado (seu caráter e antecedentes) quanto os jurados, suas peculiaridades profissionais, religiosas e sociais, observar-lhes as reações no julgamento, pois são fatores que influem no momento em que decidem o veredito.

Além de conhecimentos jurídicos e psicológicos, um advogado precisa ter coragem e altivez, para não se curvar diante do Tribunal, mas também habilidade para engolir sapos.

Novelas da vida real

Depois de trabalhar com outros experientes advogados — Amaury de Lacerda e Humberto Telles —, George passou a auxiliar Wilson Lopes dos Santos, bom de júri, apesar de orador modesto. Seu escritório na rua São José era movimentado. Entre os clientes havia diversos bicheiros, e futuramente Wilson seria advogado de grandes banqueiros do jogo, como Castor de Andrade e Arlindo Pimenta.

Um duro teste para o jovem estudante foi o caso de Odeto Siqueira da Silva, que matara com uma machadinha seu vizinho Antonio Carlos dos Santos. O acusado alegou que a vítima tentara estuprar sua mulher. Em maio de 1957 ele foi julgado no I Tribunal do Júri e Wilson deixou George fazer a defesa. Havia pouca chance de absolvição.

Ao lado da sala de audiências do tribunal havia uma sala sem nenhuma mesa ou cadeira, onde advogados e promotores se reuniam para refletir e rever detalhes da argumentação, antes e durante os julgamentos. Chamava-se Salão dos Passos Perdidos, denominação tradicional e internacional.

Após alguns momentos ali, George saiu para defender Odeto: depois de beber num bar com Antonio Carlos, foi para casa meio bêbado. Os dois entraram em casa abraçados, mas lá dentro Antonio Carlos entrou no quarto e tentou agarrar a mulher de Odeto, que pegou a machadinha e o matou.

George apresentou essa versão do réu, seus antecedentes como um homem de bem, trabalhador, pobre e comprovadamente honesto, qualidades corroboradas por testemunhas. Alegou legítima defesa da honra, tese amparada pela jurisprudência, mas nunca expressa no Código Penal. Este prevê os crimes contra a honra (calúnia, injúria, difamação) e a legítima defesa, a qual ocorre com algumas precondições: agressão injusta, atual ou iminente por parte da vítima e uma reação moderada no uso dos meios necessários à defesa. O mais difícil foi esclarecer por que Odeto matara Antonio, já que os dois haviam entrado na casa abraçados. Mas outra testemunha garantiu que Antonio dera uma "gravata" no acusado e George demonstrou que sua reação fora compatível com a situação. Odeto foi absolvido.

Outro caso interessante em que ele atuou nesse período foi um crime passional, comum na década de 50, quando os brasileiros (e brasileiras) ainda matavam muito por ciúme. A moral conservadora, o machismo e uma legislação arcaica ditavam as normas do relacionamento entre os sexos. A mulher não podia sequer trabalhar fora de casa sem autorização do marido (isso seria abolido só em 1962); ele podia trair, mas se fosse traído sentia-se no dever de puni-la com agressão ou morte. Adultério era crime estabelecido no Código Penal, favorecendo a absolvição. A partir de meados da década de 60 a alforria sexual da mulher e a liberação dos costumes reduziriam a incidência de crimes passionais.

As mulheres, e não poucas, também matavam por amor. Ou tentavam. Era o caso que George tinha nas mãos em 1957. No dia 31 de março do ano anterior a bela Ivonilde da Rocha Menezes dera um tiro no noivo Altair de Oliveira Menezes. Ele queria desistir do casamento depois de ter "feito mal" à moça, como escrevera um jornal reproduzindo o eufemismo popular que significava seduzir uma virgem.

Para o jurista italiano Enrico Ferri, pioneiro no estudo do crime passional, esse tipo de criminoso age sob um impulso momentâneo de desespero, motivado por paixão e ciúme exacerbados, causadores de uma "tempestade psíquica" que ofusca temporariamente a razão. Não costuma reincidir, pois não é criminoso profissional nem amador, não mata por interesse financeiro ou cupidez. O Código Penal brasileiro de 1890 já previa exclusão de culpabilidade para autores de crimes cometidos sob perturbação dos sentidos e da inteligência. O Código de 1940, ainda em vigor, admite, no artigo 121, §1º, circunstância atenuante especial da pena quando um homicídio é cometido "sob a influência de violenta emoção, provocada por ato injusto da vítima", o que beneficia a defesa.

Mas crime passional é uma das categorias mais controvertidas de delito. O jurista Nelson Hungria e o promotor Roberto Lyra, entre outros, rejeitaram com veemência o próprio conceito de homicídio passional, porque "quando, em nome dele, alguém se desmanda até o crime, o amor foi preterido pelo ódio", escreveu Hungria.[15] Pode-se contra-argumentar que o ódio também é paixão, apenas um outro lado da mesma moeda. Roberto Lyra afirmou que se os criminosos passionais são emocionalmente desequilibrados, devem receber assistência psiquiátrica e não ser absolvidos.[16]

No processo de Ivonilde havia duas fortes atenuantes: a sobrevivência da vítima e o seu perdão. Eis a história: Altair era soldado do Exército e seduziu a moça alguns meses antes da data marcada para o casamento. Depois mudou de idéia. Foi à casa dela, tirou a aliança do dedo, rompeu o noivado sem nenhuma explicação concreta. Num espaço de minutos, Ivonilde ficou perplexa, magoada, nervosa e finalmente desesperada. Aproximou-se de Altair, puxou rapidamente seu revólver da cintura, apontou para sua cabeça e disparou, uma vez. Foi presa em flagrante.

Felizmente para ambos, ela nunca havia pego numa arma antes, a bala atingiu apenas de raspão a cabeça do ex-noivo e ele sobreviveu para se arrepender da besteira. Deve ter percebido que uma mulher valente como aquela, capaz de fazer tudo por amor, merecia respeito e admiração. Ou não quis piorar mais sua situação com a família dela. Perdoou Ivonilde, decidiu se casar e escreveu ao juiz dizendo que o tiro havia sido acidental. Ivonilde, em prisão preventiva, obteve licença temporária, casou-se com Altair e voltou para o presídio — fato inédito nos anais cariocas até então. A carta foi anexada aos autos do processo. Em 10 de julho de 1957 ela foi a julgamento no II Tribunal do Júri por tentativa de homicídio. Altair estava na platéia, ansioso.

Por esses antecedentes melodramáticos, o julgamento repercutiu bastante na imprensa. O povo acompanhou tudo como uma emocionante novela da rádio Nacional.

A defesa, feita por George com Amaury de Lacerda e Vasconcelos Galvão, explorou os aspectos sociais e humanos que o episódio oferecia, sustentando legítima defesa da honra — a ré agira por impulso irrefletido, sem premeditar, sem intenção de matar. E por estarem Ivonilde e Altair já casados, os jurados se comoveram, não desejando separá-los. Ela abriu o maior sorriso de felicidade dos seus últimos 14 meses ao ouvir o veredito de absolvição por unanimidade. Correu para Altair e os dois se abraçaram. Só faltou a música de *...E o vento levou*.

O bom desempenho de George nesse julgamento rendeu-lhe outro elogio na imprensa: "Devemos destacar também a atuação do jovem acadêmico George Tavares, o qual vem demonstrando rara sagacidade e invulgar capacidade oratória."[17]

Com idealismo, ele criou os mandamentos éticos que orientariam na sua vida: "Não ter vaidades, jamais, em tempo algum, mesmo quando liderar; não me julgar superior a ninguém; amar o meu semelhante mais que a mim; defendê-lo mais do que aos meus interesses; protegê-lo mais que a minha posição; dar mais do que receber; lutar sem esmorecimento; não esperar a gratidão pelos serviços prestados; nunca trair os meus ideais; não colocar o pão de cada dia acima de minhas convicções; ser o iniciador, liderar, sem fazer sentir aos demais que estão sendo rebocados, e que não terão outra saída, a não ser viverem, eternamente, como reboques; capacitar-me, sempre, pelo estudo, perseverança, força de vontade, trabalho, dedicação, aos movimentos do grupo a que eu pertencer, ou ao fato social no desenvolvimento histórico. Assim me realizarei plenamente: serei um Homem!"[18]

Manteve essa disposição ao se encarregar do processo de Francisca Barbosa de Sousa, uma moça que tentara matar com dois tiros o motorista de táxi Antônio Mendes de Almeida. Ela morava em Saquarema, litoral fluminense. Um dia numa festa sua mãe caiu, fraturando uma perna. Antônio se propôs a transportá-la no seu táxi para um hospital no Rio de Janeiro, onde haveria melhores condições de atendimento. Francisca aceitou e ficou hospedada na casa de conhecidos. Mas ao levá-la para visitar a mãe no hospital, Antônio estuprou-a no caminho. Francisca era virgem e não voltou mais para Saquarema. Empregou-se como doméstica em Copacabana, guardando segredo de sua desonra. Passado algum tempo, conheceu um rapaz, Walter Torquato, honesto e trabalhador. Começaram a namorar, ficaram noivos. Cerca de um ano depois, quando conversavam sobre a data do casamento, Francisca resolveu contar sua história. Estupefato, o noivo não acreditou que tinha sido estupro, ficou irritado e rompeu o noivado no mesmo instante. Típico da moral brasileira até os anos 50.

Deprimida, Francisca pensou em suicidar-se. Depois a depressão transformou-se em ódio. Telefonou para Antônio, que ficou surpreso e alegre, pois haviam se passado dois anos. No dia 13 de abril de 1957 marcaram um encontro em frente ao Mercadinho Azul, em Copacabana. Francisca saiu com um revólver dentro da bolsa. Sentou-se no banco de trás do táxi e antes da partida disparou dois tiros nas costas de Antônio. Foi presa em flagrante. A vítima sobreviveu e o processo teve acompanhamento da Defensoria Pública.

Quando se aproximava a data do julgamento, George entrou no caso. Trabalhou vários dias nas alegações finais do processo. Seu argumento era legítima defesa da honra, mas percebeu um grande problema jurídico que poderia prejudicar sua tese: Francisca havia demorado dois anos para reagir contra o estuprador. Portanto, o tiro não fora disparado para se defender de uma agressão atual ou iminente.

Enquanto refletia sobre essas questões, George foi assistir a um importante julgamento onde atuaria seu amigo Evaristo, mas na acusação, como assistente da promotoria. Caso de grande repercussão, envolvendo disputa de quadrilhas de contrabandistas de uísque, cigarros americanos e perfume francês, um tipo de crime muito disseminado naquele tempo. Armando Fernandes Gonçalves

Bastos, o "Fernandinho", mandara matar "Zica da Praça Mauá". Muitos amigos e conhecidos do acusado tinham mudado para o lado do grupo da vítima.

Na defesa, um ex-parceiro de George, Wilson Lopes dos Santos, e um futuro parceiro em alguns processos, Mário de Figueiredo.

George gostou do desempenho do promotor Marcelo Domingues. Tanto ele quanto Evaristo estavam num grande dia. Mas observando criticamente, George não deixou de reparar algumas falhas no conjunto. Sentiu falta de eloqüência, de boas frases, metáforas de efeito. As argumentações não tinham alma. Wilson falava para dentro, Mário demonstrava excessiva convicção e Evaristo, pouca, talvez por estar na acusação, que não seria sua especialidade. Mário era bom orador, mas George achou que ele não sabia dosar a emoção, pois exaltava-se em momentos inadequados, lacrimejava o tempo todo e esbravejava curvado na tribuna, como se quisesse voar para cima do público. Ao vê-lo, George lembrou-se de um personagem de Dostoievsky em *Os irmãos Karamazov*, Fetyukovich, advogado do parricida Mitya e que é assim descrito no romance: "Apenas uma coisa nele desagradou um pouco às senhoras: seu dorso ondulava quando ele falava, como se o orador quisesse se atirar, voar para o auditório; dir-se-ia que aquele dorso comprido e espigado tinha dobradiças no meio, pois conseguia quebrar-se, quase em um ângulo reto." Mas o mesmo Fetyukovich, dirigindo-se ao júri, disse: "O tribunal russo não existe apenas para punir, e sim também para salvar o criminoso."[19]

A semelhança ocorreu também no veredito. "Fernandinho" foi absolvido, por 6 x 1. A excessiva confiança da defesa teve seu mérito.

Um mês depois, no dia 10 de abril de 1958, Francisca Barbosa de Souza foi julgada no II Tribunal do Júri, defendida por José de Castro Freire e George. Na platéia estava o ex-noivo, Walter Torquato.

O promotor Henrique Miranda Rosa, na leitura do sumário de culpa, reconheceu que a jovem agira movida por violenta emoção, mas nem por isso deveria ser eximida de culpa. George alegou legítima defesa da honra, sustentando que existia atualidade sempre quando houvesse o perigo de lesão ao bem jurídico tutelado pelo Estado. A perda da virgindade antes do casamento, conseqüência de estupro, tornara Francisca alvo de discriminação social. A agressão à sua honra fora permanente. Ao receber de volta a aliança do noivo, rejeitada por ele como impura, ela fora agredida novamente, e isso era resultado da primeira agressão. Além disso, a defesa apresentou provas de que o motorista de táxi era um estuprador reincidente.

Absolvida por unanimidade, Francisca correu para Walter e o abraçou chorando de alegria. Ele já a perdoara, estava decidido a se casar.

É ou não é um teatro da vida?

Juventude transviada

Nessa época emergia um novo personagem nas grandes cidades brasileiras: o jovem rebelde sem causa, problemático, transgressor. Um arquétipo milenar, mas que se multiplicou a partir da sociedade de consumo. Eram filhos da classe média que adotavam um comportamento estereotipado, sob influência da cultura norte-americana — ouviam rock'n'roll, usavam calça jeans, penteavam topetes à Elvis Presley, tomavam anfetaminas, andavam de lambreta mas preferiam apostar corridas de carro como James Dean e currar adolescentes em festinhas de embalo na Barra da Tijuca. Faziam ponto nos bares da badalada avenida Atlântica, palco de um dos casos mais agitados da crônica policial brasileira, envolvendo dois desses transviados, como eram chamados.

Na noite de 14 de julho de 1958 uma bem-comportada garota de 18 anos estava vindo do curso de datilografia com uma amiga quando foi paquerada por um rapaz. Poucas horas depois Aída Cury jazia estatelada na calçada da avenida, em frente ao edifício Rio Nobre. A primeira hipótese foi de suicídio, como publicaram os jornais no dia seguinte. Mas o corpo tinha sinais de estupro ou tentativa, e a polícia deduziu que a garota caíra ou fora jogada.

O crime provocou uma comoção nacional e durante os meses seguintes o país só falava de Aída, Ronaldo Guilherme de Sousa Castro, 19 anos (principal acusado), Cássio Murilo Ferreira da Silva, 17, e do porteiro do prédio, Antonio João de Sousa. O processo se arrastou por um ano e meio, com lances mirabolantes.

Em janeiro de 1960, às vésperas do julgamento, o promotor Maurílio Bruno vetou um dos nomes da lista que seria sorteada para compor o júri — Zózimo Gastão Barroso do Amaral já fora acusado de homicídio, embora absolvido. Durante a controvérsia, Maurílio retirou-se do caso e o juiz Sousa Neto nomeou George como promotor, para atuar numa sessão preparatória do júri. Foi sua única, e breve, experiência na promotoria.

No julgamento, realizado no mês seguinte, Wilson Lopes dos Santos defendeu Ronaldo, condenado a 13 anos e cinco meses de prisão, sendo oito por homicídio simples e o restante por tentativa de estupro. Ganharia liberdade condicional em 1966.

Pela primeira vez George sentiu, num processo em que ele estava envolvido, o peso da imprensa como representante moderna do chamado "clamor público", expressão que remonta aos tempos romanos — gritos de populares pontuavam a perseguição ao criminoso e exigiam a punição.

Aída tinha sangue árabe, assim como o polêmico jornalista David Nasser, que pontificava na revista *O Cruzeiro*. Inconformado com o veredito, ele atacou violentamente Wilson e o juiz Sousa Neto numa série de artigos e na

Um time de craques. Na frente: Evaristo, George, João Alberto, Amauri Bitetti, Jorge Alberto Romeiro Jr., José de Castro Freire e Amauri de Lacerda. Atrás: Everardo Moreira Lima, Mário de Figueiredo, Bandeira Stampa, João Romeiro Neto, Talavera Bruce, Laércio Pellegrino e Jorge Alberto Romero.

TV Tupi. O advogado, através de George, entrou com uma queixa-crime contra Nasser por injúria, calúnia e difamação.

Predominavam o jornalismo agressivo nas redações e a oratória pomposa nos tribunais. Os advogados da velha guarda valorizavam as expressões gongóricas e citações de longos trechos em língua estrangeira. Mas um grupo de jovens desejava renovar a retórica forense — Humberto Telles, Augusto Thompson, Castro Freire, Rui Medeiros, Rui Lacerda e George. Em março de 1960 eles propuseram que os advogados de júri falassem com menos técnica e mais simplicidade, sem a erudição rebuscada que caracterizara os mestres da geração anterior, como João Romeiro Neto, ex-deputado estadual, ex-secretário do Interior e Justiça do Rio e que em 1957 defendera Gregório Fortunato, condenado a 25 anos de prisão.

Romeiro Neto era o maior símbolo vivo da velha geração, o mais eloqüente e também o mais prolixo. Gostava de enfeitar suas defesas na tribuna com citações em italiano, francês, inglês, até latim — Cícero no original! Uma vez defendeu um policial que matou um jornalista na porta de uma boate e fez um exórdio em latim. Outros importantes criminalistas, como Alfredo Tranjan, Evandro Lins e Silva, Serrano Neves e Carlos de Araújo Lima, praticavam um estilo intermediário, com alguns resquícios de classicismo.

A nova geração, coerente com as inquietações da idade, considerava ultrapassada a retórica forense tradicional, preferindo mostrar na tribuna o exame claro e objetivo das provas dos autos. Os jovens advogados propunham uma oratória sem grandes arroubos, sem voz tremida, sem o excesso de citações estrangeiras, cuja utilidade era mais para impressionar a platéia e os jurados, que não entendiam nada.

A "oratória bossa nova", assim batizada na imprensa por causa do ritmo musical da moda, não sensibilizou a maioria tradicionalista. Durante a instalação dos trabalhos do II Tribunal do Júri em 1960, o promotor Jorge Alberto Romeiro (irmão de Romeiro Neto por parte de pai) protestou exaltadíssimo, defendendo os "altos foros de cultura, elevação moral e civismo do tribunal popular". Para ele, se a oratória "bossa nova" prevalecesse, os jurados se transformariam em "desgraçados batráquios que se deixariam influenciar pela técnica de fancaria de advogados jovens e incultos".

Mas além de batalhas pela linguagem, os meios jurídicos começaram a se preocupar com entrechoques de dimensão mais ampla. A conjuntura política ficou insustentável após a renúncia do presidente Jânio Quadros, em agosto de 1961. O país ingressou no parlamentarismo, condição negociada entre as elites políticas e lideranças militares para a posse do vice João Goulart.

O primeiro-ministro, Tancredo Neves, nomeou George assistente jurídico do Ministério do Trabalho e Previdência Social. No ano anterior ele havia aberto com o amigo Humberto Manes um escritório na travessa do Ouvidor

21. A eles se juntara Wilson Saad. Pouco depois Manes, que trabalhava como advogado do Banco do Brasil, fora aprovado num concurso para juiz e saíra do escritório, seguindo uma bem-sucedida carreira.* Saad comprara uma sala e também proclamara a independência. George estava dividindo o escritório com dois assistentes, Francisco Dornelles (futuro político e ministro) e João Alfredo Portella.

A data de sua posse no Ministério do Trabalho foi adiada, em vista das incertezas daquele momento. Manteve o trabalho normal no escritório. E então surgiu sua primeira grande causa, que foi também o primeiro processo em que ele e Evaristo trabalharam juntos, mas em posições antagônicas. Uma das tragédias mais horripilantes ocorridas no Brasil em todos os tempos.

Chacina com ópera no subúrbio

Ambos muito parecidos em tudo: franzinos, baixinhos, filhos da classe média da Zona Norte, dispondo de algumas boas oportunidades de crescimento profissional. Mas instáveis no temperamento e no trabalho. Darci Monteiro de Araújo, moreno de 30 anos, 1,60m e 46kg, filho de um suboficial reformado da Marinha, era inteligente e esforçado. Depois de terminar o curso secundário passara dez anos trabalhando como office-boy, auxiliar de laboratório de análises clínicas, aprendiz de jóquei e auxiliar médico, até que decidiu retomar os estudos, sendo aprovado para uma faculdade de Odontologia em Niterói. Daí o apelido de "Doutorzinho", que ele espalhava com certa vaidade.

Em janeiro de 1962 sua vida parecia estar evoluindo para um futuro tranqüilo. Ia começar o terceiro ano da faculdade, trabalhava como auxiliar de protético e pretendia ficar noivo. Seu único desvio era de vez em quando fumar maconha com uns amigos transviados que freqüentavam a Galeria Imperator, no Méier.

O melhor amigo de Darci morava também nesse bairro da Zona Norte. Mário Kalil Gaze, o "Turquinho", 32 anos, 1,56m e 45kg, tentara seguir os passos do pai, próspero comerciante libanês do ramo de tecidos. Só que Mário nunca gostara de estudar e não tinha nenhuma meta profissional definida. Interrompendo os estudos no 2º ano ginasial (equivalente à atual 6ª série do ensino fundamental), não se adaptara aos negócios que o pai lhe facilitara. Tentou montar uma oficina de conserto de rádio e TV, gerenciar uma mercearia e uma fábrica de camisa. Então tornou-se sócio de José Bogorotty, judeu romeno que viera para o Brasil ainda adolescente.

---

* Humberto Manes tornou-se presidente do Tribunal de Justiça do Rio de Janeiro.

Em 1962 Bogorotty era um homem de 39 anos, faixa preta de judô, com maneiras bruscas e um temperamento exaltado, resultante de uma doença nervosa que o fizera aposentar-se do trabalho formal. Não raro brigava com sua mulher, Hannelore, 30 anos, alemã, que viera criança para o Brasil. O casal tinha duas bonitas filhinhas — Rosely, 4 anos, e Ivone, 2 anos — e morava na calma rua Dona Romana 230, em Lins de Vasconcelos, com uma empregada, Maria das Graças, 14 anos.

Num galpão nos fundos de sua casa Bogorotty possuía uma oficina de conserto de aparelhos eletrodomésticos; também comprava aparelhos usados para revender. Outro negócio seu era revender jóias arrematadas nos leilões da Caixa Econômica Federal — anéis de brilhante, colares de pérolas, brincos de ouro, pulseiras, broches. Mário ajudava nos dois negócios, recebendo comissão.

Mas no início de 1962 Mário atravessava uma séria crise pessoal. Havia se separado da mulher em janeiro, após sete anos de casamento, e estava morando com os pais e o irmão. Sentia-se perdido, não se alimentava direito. Sua mãe disse que ele vivia como um fantasma andando pelos cantos da casa, só falando de Marly e das duas filhinhas. Mário pediu a Bogorotty para ficar dormindo temporariamente no galpão da oficina. Bogorotty aceitou, contra a vontade de Hannelore, que detestava Mário. Ele trouxe de casa apenas roupas, sua vitrola e os discos. Adorava música clássica, inclusive ópera, um dos motivos das brigas com sua ex-mulher.

Separações conjugais sempre deixam algum ressentimento, pelo menos para um dos lados. Mário, de repente, ficou sem lar, sem família, ganhando um dinheiro irregular. Queria aumento da comissão, precisava reestruturar sua vida, alugar um apartamento ou pelo menos um quarto independente. Mas quando falava disso com Bogorotty a conversa acabava em bate-boca, e uma vez Mário foi agredido. Sentia-se explorado, enganado por Bogorotty.

Esse acúmulo de frustrações e instabilidade emocional culminou na tragédia.

No dia 7 de fevereiro, uma quarta-feira, os dois discutiam de novo, aos gritos, porque Mário sugerira a um concorrente a compra de duas máquinas de lavar usadas, desperdiçando a chance de ganharem dinheiro na revenda. Humilhado, Mário saiu furioso. Falou para Darci que Bogorotty era um canalha, mau-caráter, merecia morrer, e propôs ao amigo ajudá-lo; em troca receberia parte das jóias e o dinheiro que encontrassem na casa.

Como planejava se casar, Darci topou. Convidariam Bogorotty para uma cerveja e colocariam veneno em seu copo.

Sexta-feira, 9 de fevereiro, Bogorotty saiu de manhã dirigindo seu jipe com Mário ao lado. Foram a Copacabana buscar Darci, que estava acompanhado de uma garota de 13 anos, N.S., fugitiva do Serviço de Assistência ao Menor, instituição para infratores. Os quatro ficaram o dia todo passeando em Copacabana e à tarde voltaram para a Zona Norte. Por volta de 16h pararam numa oficina mecânica na rua Barão do Bom Retiro, Engenho Novo, dali foram para outra oficina, perto da rua Dona Romana. Bogorotty disse ao mecânico que precisava deixar o jipe em boas condições para fazer uma farra com algumas garotas à noite. Darci foi deixar N.S. num hotel na Praça Mauá, perto do cais do porto, e voltou.

No começo da noite Bogorotty entrou com Mário e Darci no galpão dos fundos de sua casa, tirou a camisa e sentou-se numa cadeira. Era uma típica noite de verão carioca. Mas sem samba. Mário colocou na vitrola um disco de árias de óperas italianas e propôs tomarem uma cerveja. O veneno estava em seu bolso. Bogorotty não estava interessado em beber, mas em sair com N.S., e mandou Mário buscá-la no hotel da praça Mauá.

— Preciso dela hoje pra me divertir.

— Seu tarado! Ela é namorada do Darci!, gritou Mário, talvez já tencionando provocar confusão, pois a namorada de seu amigo era outra.

Quando Bogorotty virou-se para falar com Darci sobre isso, Mário apanhou dissimuladamente em seu cofre uma Beretta, ficou atrás de Bogorotty e deu-lhe um tiro na nuca. Bogorotty tentou se erguer, Darci pegou uma estatueta e bateu com força na cabeça dele, o estampido assustou Hannelore que assistia a TV na sala e levantou-se correndo para os fundos da casa, mas na porta que dava para o quintal chocou-se com Mário afobado, e ao ver a pistola na mão dele assustou-se. "Mário, o que é isso? Pelo amor de Deus!" Ele disparou um tiro à queima-roupa no olho direito dela, Hannelore rodopiou, caiu na sala, a empregada Maria das Graças correu da cozinha e tentou segurar Mário, recebeu dois tiros no rosto e no pescoço, estrebuchando-se numa poça de sangue, enquanto Darci, com uma blusa de lã nas mãos, estrangulava Rosely, que reagiu pouco, e Ivone, deixando-lhe escoriações no rosto, pernas e pálpebras.

Os dois correram ao galpão e retiraram do cofre de Bogorotty o dinheiro e todas as jóias — anéis, colares de pérolas e um relógio de ouro. Tudo durou menos de meia hora.

Andando pelas ruas, um tanto alucinado, Mário pensou em suicidar-se com o veneno que tinha no bolso, mas faltou coragem. Os dois foram para a Galeria Imperator e ficaram bebendo até de madrugada.

Às 8h da manhã de sábado, três empregados da oficina chegaram para trabalhar e estranharam a casa fechada e silenciosa. Bogorotty levantava cedo e não dissera que iria viajar. Depois de baterem várias vezes na porta, resolveram girar a maçaneta. Não estava trancada. Entraram mais intrigados ainda e pararam, estarrecidos, diante dos cadáveres ensangüentados. Foram correndo avisar à polícia.

Uma multidão acompanhou a remoção dos corpos, algumas pessoas comentando que Bogorotty havia matado a família e se suicidado. Mas os investigadores da Delegacia de Segurança Pessoal e da Polícia Técnica perceberam logo que se tratava de homicídio, por causa das marcas de uma pancada na cabeça de Bogorotty e de arranhões no rosto das meninas. Não foi difícil descobrir o principal suspeito. No mesmo dia a polícia já procurava Mário. Um vizinho o vira com Bogorotty na véspera.

Repórteres da *Última Hora* o localizaram antes, no início da madrugada de segunda-feira. Mário inventou-lhes uma história: tinha sido amante de Hannelore, Bogorotty descobrira recentemente e brigara com ela. Na sexta-feira à noite, ao chegar em casa, Mário encontrara Bogorotty muito nervoso, armado com uma pistola, ordenando-lhe ver o que fizera com a própria família e que tinha chegado a vez dele. Seguiu-se uma luta, Mário tomou a arma e atirou em Bogorotty. Legítima defesa. O melhor repórter policial do jornal, e o mais conhecido do Rio, Amado Ribeiro, deu a Mário o número do telefone de um advogado, Newton Feital, que acreditou na versão e sugeriu-lhe se entregar à polícia para que fosse instaurada a defesa.

Na segunda-feira à tarde Mário apresentou-se na Delegacia de Segurança Pessoal com Newton e um advogado auxiliar, Augusto Thompson. Durante seis horas, bombardeado com perguntas dos investigadores, insistiu na sua versão de legítima defesa, mas falando pouco, sem detalhes, meio tenso, lembrando que também tinha duas filhas e ficara muito chocado com a morte das crianças.

Os policiais não se convenceram, mas decidiram aguardar os laudos médico e pericial antes de pedir a prisão preventiva de Mário. Os laudos reforçaram as suspeitas. Por exemplo: Bogorotty não tinha nas mãos nenhum vestígio de pólvora, inevitável se ele tivesse dado tiros com uma Beretta.

Os advogados prepararam a tese de que Bogorotty fora acometido de uma crise epiléptica. Para reforçar sua linha de defesa, Newton conseguiu uma cópia da certidão dos exames de saúde que lhe haviam garantido a aposentadoria prematura. Mas a polícia descobriu outras informações que complicaram mais a situação de Mário: ele possuía uma Beretta, que ficara guardada na casa dos pais até dois dias antes da chacina, e sua ex-mulher contou que ele costumava ter acessos de fúria, causa principal da separação.

Após três dias sucessivos de interrogatório, Mário não conseguiu mais sustentar sua versão. Escreveu uma carta a Newton Feital confessando que matara Bogorotty, Hannelore e a empregada e desculpando-se por não ter dito a verdade antes. O advogado desistiu do caso, justificando:

— Basicamente a advocacia é uma correspondência, uma retribuição de confiança. Fui traído na confiança que depositei em Mário, e certamente daí por diante seria trair minha própria consciência profissional se continuasse como seu patrono.[20]

Na delegacia, Mário relatou calmamente todos os escabrosos detalhes da chacina.

— Matei Bogorotty porque eu o odiava. E tive que liquidar a mulher dele também, porque ela tentou defendê-lo.

Levantou-se da cadeira, olhou para o teto e disse suplicante:

— Dona Hanne, onde quer que esteja sua alma, me perdoe por ter dito que eu era seu amante.

Ao ser indagado o que faria se Bogorotty ressuscitasse, ele respondeu:

— Eu o mataria quantas vezes ele voltasse a viver.

Darci ouviu no rádio a notícia da confissão e seu nome citado como cúmplice. Apresentou-se à polícia no mesmo dia, assumindo ter estrangulado as crianças.

Na defesa de Mário entrou Ramiro Teixeira Mota, e a família de Darci contratou George. Parentes dos Bogorotty convidaram Evaristo para ser assistente do Ministério Público.

Sincronia macabra: nos Estados Unidos estavam presos dois homens que haviam cometido chacina semelhante em 14 de novembro de 1959. Uma família rural do Kansas — pai, mãe e um casal de filhos adolescentes — fora morta a tiros por Dick e Perry, que encontraram na casa menos de 50 dólares. (O caso se transformaria, nas mãos do escritor Truman Capote, num dos melhores romances-reportagens americanos, *A sangue-frio*, matriz e paradigma do gênero.) Os dois assassinos foram condenados à forca. Após uma longa batalha judicial, seriam executados em abril de 1965. Outras semelhanças entre os dois casos: Perry era filho de uma índia cherokee e gostava de ler livros; Darci era universitário e descendente de índio. E no Lins também fora roubado bem menos do que pretendiam os assassinos.

O crime causou perplexidade e indignação, sobretudo na Zona Norte. O delegado José Marques, da Polícia Técnica, pediu a prisão preventiva de Mário e Darci, considerando que eles representavam uma ameaça à sociedade e ao mesmo tempo estavam ameaçados por ela. Se fossem soltos por habeas corpus, poderiam ser linchados. Para prevenir invasão de populares, o policiamento na delegacia foi reforçado dia e noite.

Para George, até o mais covarde dos assassinos tinha direito a defesa. Mas aquele era um caso dificílimo, e ele não esperava conseguir menos de 30 anos de reclusão para Darci. Devido à sua frieza emocional ao narrar como matara as crianças, a primeira providência de George foi pedir exame de sanidade mental, uma atitude comum de advogados quando se trata de crime muito violento. Insanidade comprovada por laudo médico que mostre reação anormal do criminoso a determinadas situações é meio caminho andado para a defesa. O advogado pode argumentar que seu cliente não teve consciência do ato que praticou, sendo inimputável. Nesse caso, pode no máximo ir para um Manicômio Judiciário.

Darci tinha ainda uma possível atenuante: desistira de sua parte das jóias. Empenhara um relógio na Caixa Econômica, entregara o dinheiro a um cunhado, dera algumas jóias para N. S. e outras para um amigo.

O exame de sanidade deu normal e George decidiu então lutar por uma "pena justa". Partiu do princípio de que o motivo principal da chacina fora roubo, não vingança. Portanto, a acusação contra seu cliente seria de latrocínio — roubo com morte. Para o advogado, o delito era um só: latrocínio, pena máxima de 30 anos; o número de mortes seria uma circunstância, conseqüência do crime.

Mas a atuação de Evaristo foi brilhante e o veredito surpreendeu a defesa. O juiz Orlando Mendonça, da 6ª Vara Criminal, condenou Mário e Darci não de acordo com o número de suas respectivas vítimas, mas multiplicando a pena de 30 anos pelo número total de vítimas, o que somou 150 anos de reclusão para cada um. Teriam que cumprir no mínimo 30 anos, sem direito a liberdade condicional. George apelou à segunda instância, o Tribunal de Justiça, que tinha um desembargador duríssimo, Roberto Medeiros. A pena dos dois foi reduzida para 30 anos e George considerou-se vitorioso.

Um dia Mário pediu que colocassem luz vermelha na sua cela. Pouco tempo depois suicidou-se, como previra sua mãe:

— Sei que ele vai se matar na prisão. Tenho certeza absoluta de que seus dias são poucos.[21]

Darci teve bom comportamento e, sendo réu primário, ganhou liberdade condicional depois de cumprir metade da pena.

A atuação de George e Evaristo na chacina do Lins, embora em lados opostos, projetou mais seus nomes nos meios forenses e principalmente reforçou a amizade dos dois, dando início efetivo à parceria profissional.

O advogado do diabo

Ao mesmo tempo em que trabalhavam no processo da chacina do Lins, eles defenderam juntos um cliente envolvido num caso complicadíssimo, que mobilizaria a atenção do país durante vários anos — o misterioso desaparecimento de Dana Edita Fischerova de Teffé, uma linda e elegante milionária tcheca com um passado aventureiro e polêmico.

Durante a Segunda Guerra Mundial, apesar de judia e com familiares em campos de concentração alemães, ela teria sido amante de um oficial fascista italiano, Ettore Mutti, e colaborado com os nazistas quando estes ocuparam a então Tchecoslováquia (hoje República Tcheca). Depois foi para a Espanha, onde se casou. Separada, mudou-se para o México e acrescentou ao seu currículo afetivo mais dois casamentos, com um mexicano e depois com um diplomata e automobilista brasileiro, Manuel de Teffé, que a trouxe para o Brasil em 1958.

Três anos depois, no dia 29 de junho de 1961, Dana de Teffé saiu do apartamento em que morava, na Praia de Botafogo, em companhia de seu advogado Leopoldo Heitor, e desapareceu. Leopoldo, também suposto amante dela, foi acusado de tê-la matado, pois era o principal beneficiário: tinha uma procuração assinada por Dana de Teffé autorizando-o a administrar os seus bens e movimentar contas bancárias em nome dela.

Leopoldo morava no Rio de Janeiro e o homicídio teria ocorrido no seu sítio em Rio Claro, sul do estado. Como cúmplice foi arrolado Hélio Soares Vinagre, que teria ajudado a matar e enterrar Dana no sítio e fora visto lá pelo caseiro, o mulato Francisco da Silva ("Chico Viola"). Mas depois de muitas escavações, nenhum cadáver foi encontrado.

Evaristo e George defenderam Hélio, acusado de homicídio, ocultação de cadáver e apropriação indébita. Heitor foi julgado pela primeira vez em Rio Claro por latrocínio, defendido por Ronaldo Machado, que atuava então no interior do estado do Rio. Em sua versão, o "advogado do diabo" (apelido dado a Leopoldo pela imprensa durante sua breve atuação inicial no Crime do Sacopã) disse que Dana de Teffé fora raptada por agentes comunistas tchecos que a tinham levado para ser julgada em seu país por espionagem a favor dos nazistas.

A história mirabolante não convenceu o juiz, que condenou Leopoldo à pena máxima, 30 anos. Pedido de habeas corpus impetrado no Supremo Tribunal Federal argumentou que o crime descrito na denúncia era homicídio qualificado seguido de apropriação indébita, mas a apropriação dos bens de Dana só ocorrera muito tempo depois do seu desaparecimento e não antes, durante ou logo depois do suposto homicídio. O STF concedeu o habeas corpus e mandou o caso a júri em Rio Claro. No segundo julgamento Leopoldo foi absolvido, por falta de provas, já que o cadáver não fora (e jamais seria) encontrado. A promotoria recorreu, Leopoldo foi condenado e o processo se alongou pelos anos seguintes, com mil peripécias, inclusive uma fuga espetacular de Leopoldo da prisão e sua recaptura.*

---

* Em maio de 1966 Leopoldo lançou um livro sobre o caso, *A cruz do advogado do diabo*. Julgado pela terceira e última vez em abril de 1969, foi absolvido. Morreu de enfarte em fevereiro de 2001. Hélio Vinagre também foi julgado em Rio Claro e absolvido por unanimidade.

Quartéis em ebulição

George ainda não havia sido empossado como assistente jurídico do Ministério do Trabalho e Previdência Social quando Tancredo Neves renunciou ao cargo de primeiro-ministro, em julho de 1962. Seu sucessor, Brochado da Rocha, ficou apenas três meses no cargo, sucedido por Hermes Lima, cujo ministro do Trabalho, João Pinheiro Neto, revogou a portaria de nomeação de George.

Derrotado o parlamentarismo num plebiscito em janeiro de 1963, o presidencialismo voltou e João Goulart, herdeiro do populismo getulista, passou a enfrentar crescentes pressões dos trabalhadores e das esquerdas em geral para avançar com as reformas sociais. Marx estava em alta na bolsa dos valores políticos e o povo era o motor da História. Greves pipocavam pelo país afora.

Em junho, um general democrata foi nomeado ministro da Guerra, equivalente hoje a ministro do Exército: Jair Dantas Ribeiro, o ex-comandante do Colégio Militar. Era de confiança e se manteria fiel a Jango até o fim. Mas a maioria dos chefes militares não suportava o presidente e começou a conspirar, principalmente depois do que aconteceu na madrugada de 12 de setembro. Cerca de 600 sargentos, sobretudo da Marinha e da Aeronáutica, se rebelaram em Brasília ocupando pontos estratégicos — o aeroporto militar, o Departamento Federal de Segurança Pública, a Central Telefônica e o Ministério da Marinha. Reivindicaram principalmente direitos políticos, porque nas eleições de outubro do ano anterior alguns deles, como Almore Zoch e Antonio Garcia Filho, haviam sido eleitos deputados estaduais, mas o Tribunal Superior Eleitoral vetara a posse.* Em poucas horas o movimento foi dominado, com saldo de dois mortos, vários feridos e mais de 500 presos, levados para o Rio de Janeiro. Os generais, almirantes e brigadeiros ficaram de cabelo em pé. A hierarquia estava sendo ostensivamente desafiada.

Um grupo de advogados chamado para defender os sargentos foi ao Ministério da Marinha: Evaristo, George, Vivaldo Vasconcelos e Alcione Barreto, advogado da Associação dos Marinheiros e Fuzileiros Navais do Brasil, criada em 1962, presidida pelo marinheiro de 1ª classe e estudante de Direito José Anselmo dos Santos (o notório "cabo" Anselmo**), mas não reconhecida

---

* A Constituição então em vigor proibia praças, suboficiais, subtenentes e sargentos de votarem e serem votados. Isso mudou na Constituição de 1988.

** Anselmo participou da guerrilha urbana nos anos 70, foi preso, fugiu e foi para Cuba. Após voltar, sumiu uns tempos e reapareceu como colaborador da repressão, causando a morte de vários militantes. Há duas versões sobre Anselmo: 1) esteve sempre a serviço da CIA, que contribuiu com dinheiro e agentes para o golpe de Estado, sua prisão foi uma farsa e ao voltar de Cuba infiltrou-se na guerrilha continuando sua missão; 2) ele era de esquerda mesmo, e depois que voltou de Cuba mudou de lado. Esta é a versão dele.

pelo Ministério da Marinha. Os advogados queriam autorização para falar com os presos. Ficaram aguardando a decisão numa sala com vários almirantes. Um deles encarou Alcione com expressão carrancuda:

— Eu acho que te conheço...

— O senhor por acaso mora na Zona Sul?, perguntou Alcione.

— Moro, respondeu o almirante.

— Então o senhor deve me conhecer do mesmo bar ou da mesma boate.

O clima se descontraiu e os dois ficaram conversando um pouco. Até que o almirante perguntou, provocativo:

— Dr., eu queria saber uma coisa: na Rússia têm advogados?

— Eu não sou especialista em assuntos soviéticos, mas outro dia li no jornal que lá tem almirante. Se tem almirante, deve ter advogado.

O almirante ficou encabulado, criou-se um ambiente constrangedor, mas os advogados receberam autorização para visitar os sargentos, que estavam presos num navio-mercante ancorado na Baía de Guanabara, o *Raul Soares*.

No começo da tarde os advogados entraram numa balsa e depois de navegarem meia hora na Baía chegaram ao navio. O comandante só permitiu o desembarque de dois. Subiram Evaristo e Alcione. Os demais foram levados de volta.

O comandante os recebeu cortês e até os convidou a almoçar com um grupo de oficiais. Após o almoço, o comandante pediu licença e se retirou. Minutos depois outro oficial fez o mesmo, e outro, e outro. Os dois advogados se viram sentados sozinhos, sem nenhuma explicação e sem decisão alguma sobre a visita aos presos. Subiram ao convés, dirigiram-se a um oficial.

— Podemos falar com os presos?, perguntou Alcione.

— Negativo, respondeu o oficial, curto e grosso.

— Os outros oficiais estão no navio?, perguntou Evaristo.

— Negativo.

— Eles foram para a terra?, perguntou Alcione.

— Positivo.[22]

E o estranho diálogo prosseguiu mais alguns instantes, com as mesmas respostas mecânicas. Então chegou um oficial, bateu continência diante dos advogados, desculpou-se e informou que a balsa estava à disposição para levá-los de volta. Alcione e Evaristo tiveram que embarcar sem falar com os presos.

Seis meses depois, enquanto as inúmeras frações da esquerda, entre trabalhadores, políticos, estudantes e intelectuais, conseguiam fazer o governo iniciar as chamadas Reformas de Base — agrária, educacional, bancária e administrativa —, outra crise militar irritou as Forças Armadas.

No dia 26 de março de 1964, Quinta-feira Santa, a Associação dos Marinheiros e Fuzileiros Navais promoveu uma tumultuada assembléia na sede do

Sindicato dos Metalúrgicos, dando continuidade a um movimento reivindicatório por melhoria da alimentação nos navios e quartéis, libertação de 40 colegas presos, permissão para casar e para não usar uniforme fora das horas de serviço. O "cabo Anselmo" fez o discurso mais inflamado:

— As autoridades reacionárias, aliadas ao antipovo, escudadas em regulamentos arcaicos e em decretos inconstitucionais, qualificam a nossa entidade de subversiva! Será subversivo manter cursos para marinheiros e fuzileiros? Será subversivo dar assistência médica e jurídica? Será subversivo visitar a Petrobrás? Será subversivo convidar o presidente da República para dialogar com o povo fardado? Quem tenta subverter a ordem não são os marinheiros, os soldados, os sargentos, os fuzileiros, os oficiais nacionalistas, como também não são os operários, os camponeses, os estudantes! Quem tenta subverter a ordem são os aliados das forças ocultas que levaram um presidente ao suicídio, outro à renúncia, e tentaram impedir a posse de Jango! Agora eles querem impedir a realização das Reformas de Base![23]

Mesmo se não considerarmos Anselmo um agente provocador (e havia muitos provocadores infiltrados pela CIA e pelo DOPS em diversos setores), naquela encruzilhada política que o país vivia a radicalização dos marinheiros constituía sem dúvida uma provocação, e significou a gota d'água que transbordou a paciência das lideranças militares.

Tropas do Exército cercaram o sindicato. Os fuzileiros decidiram não sair, passando a noite lá dentro. Na manhã seguinte foram todos presos, mas em seguida anistiados pelo governo. O ministro da Marinha, Sílvio Mota, pediu demissão. Jornais publicaram editoriais indignados, arvorando-se em porta-vozes das Forças Armadas, repudiando Jango como culpado pela quebra da hierarquia militar e da legalidade institucional. No dia 31 de março o *Correio da Manhã* publicou seu mais famoso editorial, "Fora!", violentíssimo já no título. Era o fim do breve reformismo nacionalista no Brasil.

Na tarde nublada de 31 de março as Forças Armadas usurparam o poder, derrubando um governo eleito democraticamente, a pretexto de "salvar" a nação da ameaça de uma alegada ditadura sindicalista/comunista que seria teleguiada internacionalmente pela Rússia, China e Cuba. Ruas e praças do Centro do Rio foram ocupadas por tanques e soldados em uniformes de combate empunhando fuzis e metralhadoras. Na Cinelândia populares se aglomeraram, alguns mais revoltados começaram a jogar pedras no edifício do Clube Militar e foram dispersados por soldados com cassetetes e agentes do DOPS que dispararam tiros para o alto.

No dia seguinte a cidade estava praticamente vazia, sem ônibus, sem bonde, resultado da greve geral convocada pelo Comando Geral dos Trabalhadores. Seu canto do cisne.

À noite, em casa, George recebeu um telefonema do advogado Newton Feital, amigo do delegado Cecil Borer, diretor do DOPS. Newton afirmou ter visto o nome de George e de outro advogado, Raul Lins e Silva, numa lista de pessoas que deveriam ser presas. George escondeu-se na casa de uma tia, Mary, na Tijuca. Mas o marido dela, embora se chamasse Carlos Lenine, era um anticomunista ferrenho, tanto que mudaria o sobrenome para Levino. Após alguns dias, George considerou prudente ir para o apartamento de uma ex-namorada, no Catete. O inconveniente era a falta de telefone.

Impossibilitado de se comunicar com sua esposa Fanny, grávida da terceira filha, percebendo que a situação lá fora não se acalmaria tão cedo e precisando trabalhar, decidiu parar de se esconder. Telefonou para o escritório de Evaristo, marcou um encontro e expôs sua situação ao amigo. Evaristo viu três alternativas para George: ser preso e sofrer as imprevisíveis conseqüências, asilar-se numa embaixada como estavam fazendo muitos perseguidos políticos ou ingressar na advocacia política, como o próprio Evaristo pretendia fazer. Além de combaterem o arbítrio, defendendo os presos, teriam imunidade. Teoricamente, pelo menos.

George optou pela terceira alternativa. Atuaria com Evaristo, que era agora católico praticante, freqüentava missa aos domingos e o Maracanã sempre que seu Fluminense jogava. Não era apenas tricolor doente — seria vice-presidente jurídico do clube. George não ia à igreja e tampouco ao Maracanã.

Essas não eram as únicas diferenças entre eles. Tinham personalidades completamente opostas. George impetuoso, um trovão. Evaristo discreto, sorria pouco, não distribuía elogios fáceis, só os necessários e merecidos. Tinha sido um menino tímido, mas em 1964 já era um dos melhores oradores de júri no Rio — herdara do pai também a voz tonitruante e a gesticulação expressiva. Não gostava de dar entrevista à imprensa, inclusive por tática profissional. Como ex-repórter, sabia que uma notícia se redige com trechos selecionados de entrevistas e declarações, e às vezes uma informação que o advogado considera importante para seu trabalho é omitida ou distorcida, podendo prejudicá-lo, involuntariamente ou não. George não se preocupava com isso, conversava bastante com os jornalistas que o procuravam, ia para a trincheira com sua voz retumbante — seria a infantaria, enquanto Evaristo agiria como estrategista. Naturalmente, essas funções muitas vezes iriam se mesclar durante os trabalhos.

Atuariam em escritórios separados, mantendo suas individualidades, com respeito mútuo e aceitação das divergências. Assim os dois se complementavam profissionalmente. Tinham um grande cacife para enfrentar as causas políticas: vivência de júri e de Colégio Militar. Portanto, jogo de cintura nos tribunais, domínio da defesa oral, além de conhecimento dos costumes, valores e linguagem dos militares. Essas experiências seriam muito úteis, especialmente para definir a técnica e a tática da defesa. George distinguia um militar na rua até em traje civil e corte normal de cabelo — pelo jeito de caminhar, pisando rígido com o salto dos sapatos...

Juntos, Evaristo e George formariam uma dupla de Cosme e Damião nos tribunais militares, enfrentando a truculência de um Estado inexorável que iniciou uma era de violações dos direitos humanos da população, com milhares de prisões, centenas de mortes e uma avalanche de processos judiciais ilegítimos.

2
O Direito e a Direita

Quando ocorreu o golpe militar, quatro anos depois da transferência da capital do país para Brasília, o Rio de Janeiro ainda desfrutava extra-oficialmente do status de sede do governo federal. Transformado em cidade-estado com o nome de Guanabara, mantinha toda a estrutura dos ministérios, embaixadas e tribunais superiores. O Palácio das Laranjeiras continuava sendo residência oficial do presidente da República e era lá que despachava o novo morador, marechal Castello Branco, mais do que no Palácio do Planalto.

Numa cidade que durante quase 200 anos (desde 1763) concentrara o poder central e participara de modo decisivo das lutas para se cristalizar a idéia de nação, o nível de consciência política da população era naturalmente acima da média.

Estavam sediadas no Rio as organizações, partidos e entidades que haviam se alinhado com o governo deposto: Partido Comunista Brasileiro, Partido Trabalhista Brasileiro (centro-esquerda), sindicalistas do Comando Geral dos Trabalhadores (vinculado ao Ministério do Trabalho) e do Pacto de Unidade e Ação (central sindical de marítimos, aeroviários, estivadores e ferroviários), Confederação Nacional dos Trabalhadores na Indústria, União Nacional dos Estudantes, além de militantes socialistas ou simpatizantes que trabalhavam nas empresas públicas, artistas e militares democratas. Esse amplo arco social que defendia a soberania nacional e reivindicava mudanças efetivas no país para acabar com as profundas desigualdades geradas pelo subdesenvolvimento econômico vinha ganhando espaço desde o segundo governo de Getúlio Vargas.

Muitos liberais, alguns jornalistas independentes da grande imprensa e até intelectuais sensíveis à questão social apoiaram a derrubada de Jango, imaginando ser uma medida necessária e profilática contra a alegada anarquia, para que a normalidade verdadeiramente democrática fosse restabelecida. Sobretudo acreditava-se que os militares apenas arrumariam a casa para convocar eleições gerais em curto prazo.

Foi exatamente essa a impressão transmitida pelo marechal Castello Branco, eleito presidente com votos apenas do Congresso, dominado pelos conservadores. Ele alimentou as esperanças democráticas ao garantir que dali a dois anos entregaria o governo ao sucessor, eleito pelo voto direto. E o marechal passaria para a história oficial a imagem de um legalista sincero. Entretanto, um golpe de Estado possui sua lógica própria e uma meta estratégica, que no Brasil de 1964, ainda na conjuntura internacional da Guerra Fria, era bloquear o avanço das forças socialistas e nacionalistas que ameaçavam a hegemonia dos grupos econômicos internacionais, das oligarquias rurais e da burguesia industrial, tripé civil que sustentaria os 20 anos de ditadura, tendo os militares como leões-de-chácara.

Lançando-se à tarefa prioritária de eliminar toda espécie de resistência popular, as novas elites no poder reviraram e distorceram conceitos, a começar pela semântica. Todo opositor foi rotulado de "subversivo" ou, pior ainda, "traidor da pátria", enquanto o movimento golpista se autodenominou "revolução", palavrinha que tem sido usada e abusada ao longo da História mundial para definir mudanças de várias cores ideológicas, conforme os interesses e conveniências dos grupos vencedores. Umberto Melotti resume a questão em poucas palavras: "A revolução vem de baixo, o golpe de Estado vem de cima."[1] Ou seja: a revolução autêntica surge fermentada pelo apoio popular que lhe dá sustentação antes, durante e depois da tomada do poder, impondo mudanças efetivas de caráter político, social e econômico. O que ocorreu no Brasil em 1964 foi um típico bonapartismo militarista fecundado pela Guerra Fria, patrocinado pelos grupos que temiam perder seus arraigados privilégios e que graças ao golpe continuaram hegemônicos — aliás, continuam até hoje.

O escritor e jornalista Carlos Heitor Cony entrou na lista dos subversivos ao falar em "revolução dos caranguejos", numa crônica antológica. "É uma quartelada continuada, sem nenhum pudor, sem sequer os disfarces legalistas, que outrora mascaravam os pronunciamentos militares."[2]

Mas num aspecto crucial se assemelham os que tomam o poder mediante revolução ou golpe de Estado: a intolerância. A primeira vítima são sempre os direitos humanos. Os mecanismos policialescos, tanto de revolucionários de esquerda quanto de golpistas de direita, são inevitáveis e até indispensáveis para se consolidar o novo *status quo*. Assim como numa guerra só vence quem possui maior capacidade bélica e habilidade política, os líderes de uma revolução clássica ou de um golpe precisam recorrer a punições e perseguições para enfrentar os adversários, seus simpatizantes e aliados potenciais. A alternativa é a derrota. Essa tem sido, em síntese, a natureza da luta pelo poder neste planeta, infelizmente.

Primeiro ato

Todas as pessoas que haviam tido algum vínculo com o governo Jango foram jogadas na fogueira da subversão ou da corrupção, inclusive quem tivesse ocupado cargos na burocracia civil — ministérios, autarquias e empresas estatais. Calcula-se em até dez mil o número de presos nos primeiros meses do golpe, numa caçada comandada pela Divisão de Polícia Política e Social (DPPS), Polícia Militar e Forças Armadas, que saíram em peso às ruas.* O objetivo era extirpar as oposições pela raiz, como uma erva daninha.

Evaristo e George entraram em ação no dia 8 de abril, impetrando pedido de habeas corpus na Corregedoria do Tribunal de Justiça para libertar os engenheiros Walter Múcio Aguiar, Micênio Lutter Bach e Heitor Manoel Pereira, funcionários da Petrobrás.

No dia seguinte o Comando Supremo da Revolução fuzilou as liberdades democráticas, disparando o primeiro Ato Institucional, redigido em parceria com o jurista Francisco Campos, autor de outra obra-prima do fascismo tropical: a Constituição outorgada do Estado Novo.

Embora a Constituição democrática de 1946 permanecesse em vigor, mantendo direitos e garantias do cidadão, o Ato Institucional a sobrepujou, pois concedeu ao Executivo poderes para demitir funcionários públicos, cassar mandatos legislativos, suspender direitos políticos por até dez anos, decretar estado de sítio sem aprovação do Congresso. Uma infinidade de decretos-leis e atos complementares se seguiram, formando um "sistema legal ilegítimo", como denominou a OAB, um dos principais grupos de pressão durante todo o regime militar.[3]

Com base no Ato, e na mesma reunião, o Comando suspendeu os direitos políticos de cem pessoas, lista encabeçada por Luís Carlos Prestes, secretário-geral do PCB, o ex-presidente João Goulart, o ex-governador nacionalista Miguel Arraes, o conservador ex-presidente Jânio Quadros e o político mais detestado pelos militares, Leonel Brizola, ex-deputado federal, ex-governador

---

* Mais intensamente nos estados do Rio de Janeiro, São Paulo, Minas Gerais, Rio Grande do Sul e Pernambuco, segundo levantamento feito pela OAB. (Ver também M.H.M. Alves. *Estado e oposição no Brasil*, p.60.)

do Rio Grande do Sul, influente e carismático nacionalista. Como governador ele encampara subsidiárias de empresas estrangeiras e organizara em 1961 a "rede da legalidade", integrada por 104 emissoras de rádio dos três estados do Sul que transmitiam discursos em favor da posse de Jango nos primeiros dias após a renúncia de Jânio. Como deputado lançara o Grupo dos Onze, em 1963, para defender e aprofundar as Reformas de Base. Enfim, um perigoso subversivo.

Essa lista foi apenas o prelúdio autoritário. Entre abril e junho de 1964 o governo cassou os mandatos de seis governadores de Estado, dois senadores, 63 deputados federais, mais de 300 deputados estaduais e vereadores, além dos direitos políticos de 378 cidadãos. Também foram para a reserva compulsória 77 oficiais do Exército, 14 da Marinha e 31 da Aeronáutica.[4] Entre eles dois tenentes-coronéis de Cavalaria, Kardec Leme e Marcelo Pires Cerveira, o irmão deste, major Joaquim Pires Cerveira, e o coronel de Artilharia Jefferson Cardim, todos futuros presos políticos que seriam defendidos por George e Evaristo.

Uma teia de investigações político-policiais foi tecida em todo o país. Na imprensa, a palavra mais freqüente era IPM, Inquérito Policial-Militar, figura jurídica criada pelo Código de Justiça Militar, decreto-lei 925, de 2 de dezembro de 1938. Antes de março de 64, porém, o IPM era um processo sumário, com duração máxima de 50 dias, e se destinava a apurar somente crimes praticados por militares ou envolvendo bens militares. Agora passava a enquadrar também civis.

Coordenados inicialmente pela recém-criada Comissão Geral de Investigações (CGI), que funcionava no 3º andar do então Ministério da Guerra, os primeiros IPMs atingiram sobretudo organizações políticas, órgãos públicos e empresas estatais: IAPs (institutos de aposentadoria e pensões que englobavam diversas categorias profissionais), Departamento Nacional de Endemias Rurais, Departamento de Correios e Telégrafos, Companhia Siderúrgica Nacional, Petrobrás, entre outros. Cerca de dez mil funcionários públicos foram expurgados como subversivos e/ou corruptos.[5]

Como em um inquérito policial comum, o IPM juntava todos os elementos da infração penal para compor os autos, com identificação do indiciado, apuração de sua vida pregressa, reconhecimento e reconstituição do crime, perícia, registros de apreensão de supostas provas materiais, depoimentos e acareações de testemunhas etc. Mas qualquer inquérito policial é sempre uma instrução provisória para embasar uma denúncia, jamais para condenar por antecipação, como pretendiam os IPMs, cujos dirigentes não demonstravam muita preocupação com um elemento essencial: os fundamentos da prova.

Para Heleno Fragoso, um advogado que, embora politicamente conservador, empenhou-se muito na defesa de presos políticos, "as denúncias que surgiram desses IPMs eram extremamente curiosas, constituindo, em muitos casos, exatos modelos de como não deve ser uma denúncia. Ao invés de descrever o fato delituoso, com todas as circunstâncias, indicando a participação de cada um dos réus, de forma sóbria e sem palavras supérfluas, como é próprio de uma denúncia tecnicamente bem feita, a promotoria apresentava um autêntico ensaio, volumoso, em que dava livre curso à sua vocação literária, e asas à imaginação, suprindo dessa forma a ausência de fatos penalmente relevantes".[6]

A primeira atitude dos advogados era verificar o mérito da prisão, se houvera abuso de poder (óbvio que sim), e requeriam habeas corpus, para que o acusado respondesse ao processo em liberdade. Depois pediam nulidade da ação penal alegando inépcia da acusação ou que o inquérito não era da competência da Justiça Militar. Invocavam também a falta de justa causa, tese levantada quando o fato imputado não constitui crime.

A Constituição ainda em vigor garantia aos acusados "plena defesa", uma tradição originária da República e omitida apenas na Constituição fascista de 1937. Mas havia uma grande pedra no meio do caminho: os oficiais encarregados dos IPMs não permitiam (ou dificultavam) o acesso dos advogados aos autos, fundamental para o acompanhamento dos processos.

Um dos primeiros IPMs enfrentados pela dupla Evaristo e George foi o do ISEB (Instituto Superior de Estudos Brasileiros), entidade nacionalista fundada por intelectuais em julho de 1955. Promovia palestras, seminários, pesquisas e cursos intensivos sobre a realidade brasileira, com a utópica proposta de unir as aspirações da chamada burguesia nacional com as dos setores populares. A entidade não tinha, absolutamente, um enfoque socialista. Entre seus membros havia gente de esquerda a vida toda, como Nelson Werneck Sodré, e de centro-direita, como Hélio Jaguaribe.

O governo militar extinguiu o ISEB em 13 de abril de 1964, por considerá-lo um foco de subversivos que estariam infiltrados no ensino superior e no Ministério da Educação e Cultura. Foi instaurado um IPM para investigar a publicação de uma coleção de fascículos intitulada *História nova do Brasil*, resultado de um convênio da entidade com o MEC, para alunos do nível médio. Nelson Werneck coordenara a coleção, escrita com a colaboração de professores e estudantes, como Joel Rufino dos Santos, Pedro Celso Uchôa Cavalcanti Neto e Rubem Cesar Fernandes.

O novo ministro da Educação, Flávio Suplicy de Lacerda, assinou portaria mandando apreender exemplares da coleção, e o chefe do IPM, coronel Gerson de Pina, acusou os autores de fazerem análise "sob o prisma marxista". Ironicamente, os interrogatórios eram realizados no 2º andar do edifício do próprio MEC, no Centro do Rio.

Evaristo discursando em novembro de 1964 numa homenagem a Carlos de Araújo Lima, advogado de Gregório Fortunato. À direita, de terno claro, Raul Lins e Silva.

Pedro Celso buscou asilo na embaixada da Bolívia com dois estudantes que se destacariam na vida pública — o então ex-presidente da UNE José Serra e o futuro advogado Marcelo Cerqueira. Em setembro foram presos Joel Rufino, Maurício Martins de Melo e Pedro de Alcântara Figueira. Conseguiram sair graças a um habeas corpus impetrado por George, Evaristo, Raul Lins e Silva e Modesto da Silveira. Os acusados continuaram respondendo ao processo em liberdade.

O IPM do ISEB iria ter 60 indiciados, incluindo Juscelino Kubitschek, Leonel Brizola, o editor Ênio Silveira, Hélio Jaguaribe, Darcy Ribeiro, Miguel Arraes e, pasmem, Jânio Quadros.

Aparelho repressivo

Ao contrário do que ocorreu no Legislativo, o Supremo Tribunal Federal foi poupado nas primeiras punições e até cortejado por Castello Branco. Numa amostra de suas boas intenções, o novo presidente visitou o STF dois dias depois de empossado, em 17 de abril, sendo recebido pelos onze ministros em sessão solene, trajados com suas togas. Mas o presidente do tribunal, ministro Álvaro Ribeiro da Costa, não deixou escapar a ótima oportunidade para reafirmar a soberania do Judiciário. No discurso de saudação a Castello Branco, enfatizou que esperava do governo o respeito às leis e à independência dos poderes:

— Nosso poder de independência há de manter-se impermeável às injunções do momento e acima de seus objetivos, quaisquer que se apresentem suas possibilidades de desafios às nossas resistências morais. ... Os governos livres não temem ameaças, pois se estabelecem conforme os ditames da lei e da ordem consentida.[7]

No final da cerimônia o marechal demonstrou que não tinha intenção de atingir o STF. Ao cumprimentar os ministros, um por um, começou pelos mais visados politicamente — Evandro Lins e Silva (ex-chefe da Casa Civil e ex-ministro das Relações Exteriores de Jango), Vítor Nunes Leal (ex-chefe do Gabinete Civil de Juscelino e autor do clássico *Coronelismo, enxada e voto*) e Hermes Lima, que ocupara vários cargos no governo deposto, entre eles o de ministro do Trabalho e da Previdência Social. Eles seriam punidos anos depois.

Outras instâncias do Judiciário não se livrariam de punições. Juízes e desembargadores tidos como simpatizantes da esquerda perderiam seus direitos políticos, como o desembargador Osny Duarte Pereira, ou seriam lançados na aposentadoria compulsória, como Aguiar Dias, ministro do Tribunal Federal de Recursos.

Os instrumentos jurídicos excepcionais criados pelas autoridades para neutralizar seus antagonistas foram complementados com o reforço da estrutura coerciva do Estado. O DOPS (Departamento de Ordem Política e Social) era o principal e mais antigo órgão de repressão política do país, criado em 1924 e regulamentado em 1928, responsável pelo combate sistemático de pessoas com idéias tidas como perigosas.

Órgão de inteligência militar só havia um, o Centro de Informações da Marinha (Cenimar), muito eficiente, criado em 1955 conforme o modelo do M7, o serviço secreto da Marinha inglesa. Suas funções foram ampliadas a partir de 64, deixando de se envolver apenas em assuntos militares. A Polícia do Exército tinha o feroz Pelotão de Investigações Criminais (PIC), encarregado de prender, interrogar e formar inquérito. Ainda em abril criou-se o Serviço de Inteligência das Forças Armadas, com apenas três membros, para analisar os materiais "subversivos" apreendidos.

E para coordenar todas essas atividades, o general Golbery do Couto e Silva lançou em junho o Serviço Nacional de Informações (SNI). Golbery seria o estrategista da ditadura, teórico da doutrina de Segurança Nacional gerada na Escola Superior de Guerra e que preconizava "sacrificar o bem-estar em proveito da segurança".[8] No Brasil pós-64 sacrificar o bem-estar significava ser privado do maior patrimônio do ser humano: a liberdade.

Até heróis de guera se viram arrastados pela onda de punições que atingiu militares de oposição.* O coronel Rui Barbosa Oliveira Lima, aviador do grupo de caça que participara de 95 missões da Força Expedicionária Brasileira na Segunda Guerra Mundial, foi para a reserva compulsória por ter apoiado Jango. O mesmo aconteceu com o tenente-coronel Kardec Leme, outro ex-combatente da FEB, além de diversos generais aliados do governo deposto: Ladário Pereira Telles, Osvino Ferreira Alves (comandante do I Exército e ministro do Exército de Jango, preso pelo DOPS), Assis Brasil (ex-chefe da Casa Militar), Jair Dantas Ribeiro.

Os militares em geral ficaram detidos na Fortaleza da Laje e no navio *Princesa Leopoldina*, ancorado na Baía de Guanabara. Entre eles estava o marinheiro Jairo José Stuart Gurgel, que participara da assembléia ilegal realizada no Sindicato dos Metalúrgicos cinco dias antes do golpe. Respondeu a IPM instaurado na 1ª Auditoria da Marinha. George convidou para defendê-lo um advogado seu conhecido desde quando era estudante: Antonio Carlos da Gama Barandier. George o alertou de que não se ganhava dinheiro com causas políticas, mas era uma experiência importante na profissão. Barandier aceitou o desafio e conseguiu tirar o marinheiro da prisão com habeas corpus. Embora seu cliente tenha sido condenado a cinco anos, Barandier passou a fazer parte da linha de frente dos advogados de presos políticos.

Já o sargento Régis Gonçalves do Nascimento, do Núcleo de Divisão Aeroterrestre, foi acusado de desacato e insubordinação, porque não prestara continência ao capitão Leomar Jonas Pêcego de Morais. Era a terceira vez que o capitão o processava, pelo mesmo motivo. George o defendeu, classificando o capitão de "continência-maníaco". E completou:

— Isso deixa dúvida quanto à sua capacidade de comando e de compreensão dos problemas humanos de seus comandados.

Mas o sargento foi condenado a três meses de prisão na 2ª Auditoria Militar. Por sua vez, o capitão Nelson Gomes Nogueira foi acusado de aliciar colegas para atos subversivos no Depósito Central de Motomecanização, porque tinha emprestado o livro *Um dia na vida de Brasilino* ao ex-capitão Luiz Felipe Savaget, principal indiciado, defendido por George a convite de Nelson Hungria.

---

* O total de brasileiros punidos pelo golpe de 1964 até 1979 foi de 4.805 pessoas, das quais 1.200 militares. (*Folha de S. Paulo*, 28.1.1979). Mais de 400 militares, incluindo 122 oficiais, foram cassados ou transferidos para a reserva nos primeiros anos do golpe, além de aproximadamente mil marinheiros expulsos. Na Vila Militar a maior parte dos oficiais não aderiu imediatamente ao golpe.

Durante a audiência, na 1ª Auditoria da 1ª Região Militar, George afirmou:

— O capitão Nelson está no banco dos réus por excesso de ira dos que tomaram o poder. O réu foi vítima da santa cólera daquele momento histórico. Santa porque não houve um só tiro e derramamento de sangue.

Nas alegações finais, o advogado declarou improcedente a denúncia, argumentando ser o réu um "democrata cristão, dentro dos princípios estabelecidos pelo papa João XXIII". Absolvido por unanimidade.

Um dos inúmeros militares presos, o ex-tenente-coronel de Cavalaria Marcelo Pires Cerveira, tinha sido diretor de um arsenal do Exército e partidário de Jango. No dia 31 de março ele dispensara seus subordinados favoráveis ao golpe, mas não lhes permitira levarem armas, e iniciara resistência junto com um grupo favorável ao governo. Foi cassado e acusado de praticar motim, enquadrado no artigo 131 do Código Penal Militar (decreto-lei 6.227, de 24 de janeiro de 1944): "Deixar o militar de levar ao conhecimento do superior o motim ou revolta, de cuja preparação teve notícia, ou, estando presente ao ato criminoso, não usar de todos os meios ao seu alcance para impedi-lo." Pena de três a cinco anos de cadeia.

A acusação classificava os amotinados como partidários do governo deposto. Ao defender o ex-tenente-coronel, George apontou um disparate: o motim, na verdade, tinha sido cometido pelos que agora estavam no poder. Portanto, os militares da "Revolução" é que deviam ser processados. O coronel foi absolvido. Seu irmão, o major de Cavalaria Joaquim Pires Cerveira, era socialista convicto. Em abril de 1964 ficara preso na Fortaleza de Santa Cruz, acusado de ter resistido ao golpe. Nos anos seguintes iria radicalizar sua oposição contra a ditadura.*

Grande parte dos militares punidos participara do movimento dos sargentos da Aeronáutica e da Marinha que haviam se rebelado com fuzileiros navais em Brasília, em setembro de 1963. Alguns deles se agruparam em torno de Leonel Brizola, exilado no Uruguai com o ex-almirante Aragão, o ex-coronel Dagoberto Rodrigues, o jornalista Paulo Schilling, especialista em economia agrária, o ex-deputado Neiva Moreira e o professor Bayard Demaria Boiteaux, ex-professor do Colégio Pedro II e ex-presidente do PSB.

Todos eles e o grupo de Brizola, que incluía ainda ex-membros da ala esquerda do PTB, mobilizaram-se para lançar a primeira tentativa de guerrilha contra o novo regime, o Movimento Nacionalista Revolucionário. A idéia era

---

* Fundou em 1969 a Frente de Libertação Nacional, organização guerrilheira com bases no Rio Grande do Sul e Rio de Janeiro. (Ver Arquidiocese de São Paulo, *Brasil: nunca mais*, p.110-1.)

criar focos guerrilheiros em diversos pontos do Brasil, começando por Imperatriz e Marabá, no Maranhão. Apenas um foco seria instalado, na Serra de Caparaó, divisa de Minas Gerais e Espírito Santo.

SEGUNDO ATO

A maioria das causas políticas não rendia honorários para os advogados, mas em compensação rendia muito espaço na imprensa, tornando Evaristo e George cada vez mais conhecidos e respeitados nos meios jurídicos e políticos. Até então grande parte dos seus clientes vinha da classe média para baixo. Essa tendência começou a mudar a partir de meados dos anos 60, com o avanço da industrialização no Brasil e o aumento da circulação de dinheiro dentro dos complexos mecanismos que movimentam a vida empresarial e a ambição humana.

Na medida em que os dois consolidavam suas reputações nos tribunais políticos, clientes acusados de "crime do colarinho branco" os procuravam, e pagavam bem. Dessa maneira era possível dispensar honorários em processos políticos.

A dupla defendeu acusados de falsificar letras de câmbio em nome da corretora Confiança, Crédito, Financiamento e Investimentos. Em julho de 1965 Nelson Hungria e seu filho Clemente convidaram George para auxiliá-los na defesa do diretor da Cooperativa Banco de Crédito Itabira (que sofreu intervenção do Banco Central), Valder Melo Viana.

O veterano Nelson Hungria era um dos maiores juristas do país, ex-professor de Direito Penal, ex-desembargador do Tribunal de Apelação nomeado em 1944 e ex-ministro do STF entre 1951 e 1961. Também participara da redação do Código Penal de 1940 e fora relator, em 1963, de um anteprojeto de reforma do Código Penal.

Mas, ao contrário de hoje, não era a advocacia financeira que galvanizava o ambiente jurídico, e sim a advocacia política. A "Revolução", ainda insatisfeita com as intermináveis detenções e cassações dos opositores ostensivos, potenciais ou imaginários, encarnou Saturno e começou a devorar seus próprios filhos. O primeiro a sentir a mordida foi o ex-governador carioca Carlos Lacerda, que havia liderado o golpe no Rio de Janeiro e fora o mais aguerrido combatente de Getúlio Vargas, Juscelino Kubitschek e Jango. Era um antigo sonho seu lançar-se candidato a presidente da República, e agora que seu grupo estava no poder ele tinha certeza de que chegara sua vez, nas eleições previstas para outubro de 1965.

O sonho de Lacerda e de outros pré-candidatos desmoronou no dia 27 daquele mês, com a promulgação do Ato Institucional nº 2, que, entre outras inovações, transformou as eleições presidenciais em indiretas (com votos apenas de parlamentares do Colégio Eleitoral) e extinguiu os partidos políticos, consentindo a formação de somente dois, da situação e da oposição.

O AI-2 ampliou o número de ministros do STF, de 11 para 16, contra a vontade do presidente, Ribeiro da Costa. Assim o governo pretendia "neutralizar futuros julgamentos de casos de interesse do governo revolucionário".[9] Entraram Aliomar Baleeiro (ex-deputado federal da UDN, grande orador e liberal), Prado Kelly (ex-presidente da UDN), Carlos Medeiros Silva, Osvaldo Trigueiro do Vale e Adalício Nogueira. Mas nem sempre o STF corresponderia ao desejo do governo.

Na área dos direitos políticos, a principal mudança imposta pelo AI-2 foi a ampliação das atribuições da Justiça Militar, que passaria a julgar também civis acusados de crimes contra a Segurança Nacional. Foi a primeira tentativa de institucionalizar o regime policial-militar nos moldes da doutrina de Segurança Nacional. Antes do AI-2 o foro militar, seguindo as normas processuais do Código de Justiça Militar, julgava apenas crimes militares cometidos por militares. Era uma tradição que vinha desde o Império. Após a proclamação da República, a Constituição de 1891, artigo 60, determinou que os delitos políticos (contra a segurança do Estado e a ordem social) fossem julgados pelos tribunais federais. Os civis eram processados pela Justiça Militar somente em circunstâncias de guerra externa, quando acusados de espionagem, conspiração ou ataques a sentinelas.

Depois da rebelião comunista de 1935, os presos civis foram julgados por um tribunal especial. No ano seguinte, em 11 de setembro, o governo de Getúlio Vargas editou a lei 244, criando o Tribunal de Segurança Nacional, com a atribuição de julgar os crimes políticos cometidos por civis ou militares, sem direito a habeas corpus. Os julgamentos cerceavam o direito de defesa e representavam verdadeiras farsas. O Tribunal, incorporado ao Poder Judiciário em 1942, foi extinto junto com o Estado Novo, três anos depois.

Na Constituição democrática de 1946 a Justiça comum voltou a ser o foro de crimes políticos, com recurso ao Supremo Tribunal Federal. Essa jurisdição foi mantida na lei 1.802, que foi a primeira Lei de Segurança Nacional, de 5 de janeiro de 1953. A Justiça Militar continuou julgando militares e civis somente nos crimes contra a segurança externa ou contra instituições militares.

Tudo isso foi alterado pelo AI-2 ao substituir no parágrafo 1º do artigo 108 da Constituição a expressão "crimes contra a segurança externa" por "crimes contra a segurança nacional", como passíveis de serem julgados pela Justiça Militar, fossem civis ou militares os indiciados. Começava a guerra total contra a subversão.

Agora a competência para julgar os crimes políticos não era mais da Justiça comum. Os encarregados dos IPMs passariam a enviar as informações apuradas para o Ministério Público e um procurador encaminhava a acusação ao juiz de uma auditoria militar, o qual fazia a análise técnica e formulava a denúncia, dando início ao processo. No Rio de Janeiro ficava a maior parte das auditorias do país, sete, das quais três do Exército, duas da Aeronáutica e duas da Marinha. Eram tribunais de primeira instância, com um Conselho Permanente de Justiça formado pelo juiz-auditor e quatro oficiais militares. Julgava civis e também militares não-oficiais; oficiais da ativa eram julgados por um Conselho Especial de Justiça.

O juiz-auditor, ou juiz togado, era civil e tinha cargo vitalício. Já os militares do Conselho não precisavam ter formação jurídica e ocupavam os cargos temporariamente, por três meses, atuando como jurados, condicionados à lei e à disciplina.

Com o processo nas mãos, o Conselho convocava a primeira audiência, para a formação de culpa, mediante a qualificação. Depois ouvia as testemunhas e interrogava o réu. A segunda etapa do processo era a análise dos autos, pelo procurador e pela defesa, a fim de apresentarem suas alegações finais, por escrito.

No julgamento, o escrivão lia a denúncia e o auto do corpo de delito (se houvesse), depois o procurador ocupava a tribuna, detalhando a acusação, seguido pela defesa. O ambiente grave e solene era às vezes tumultuado pelos constantes apartes da defesa. George, por exemplo, se movimentava bastante durante o julgamento, atento às argumentações do procurador. Quando a defesa dispunha de duas horas, George falava uma hora e meia, ficando Evaristo com a meia hora restante. Se o debate esquentasse muito quando George estava falando e começasse um bate-boca entre ele e o procurador, Evaristo intervinha para esfriar os ânimos, ou então entrava no ritmo, fechando com chave de ouro. Expunha as principais questões levantadas pela defesa, com objetividade, clareza e grande poder de persuasão. Mas antes do julgamento Evaristo portava-se com realismo e até pessimismo aparente, sem alardear vitória antecipada. Ao ocupar a tribuna transformava-se completamente, falando com segurança e determinação.

No final, os integrantes do Conselho reuniam-se em sessão secreta, sem a presença dos advogados, e decidiam o destino do réu.

A auditoria com o maior volume de IPMs, a do Exército, funcionava na Praça da República, rua Moncorvo Filho, no mesmo prédio do Superior Tribunal Militar.* O STM era o tribunal de segunda instância, encarregado, entre outras atribuições, de julgar os recursos apresentados pela acusação ou

---

* O STM só se transferiu para Brasília em dezembro de 1972.

pela defesa, como pedidos de habeas corpus, apelações da sentença, pedidos de anulação de julgamentos.

Integravam o STM 15 ministros vitalícios: quatro generais de Exército, três almirantes de Esquadra, três brigadeiros do Ar e cinco ministros civis togados (três juristas de notório saber e dois auditores e membros do Ministério Público). No biênio de 1964/65 o STM era presidido pelo almirante Diogo Borges Fortes (que seria confirmado no cargo no biênio seguinte). A farda dos ministros militares — dólmã branco e calça cinza — e as togas dos ministros civis impunham um clima austero às audiências. A maioria julgava com independência, como o general Pery Bevilacqua (ex-comandante do I Exército), o almirante José Espínola, os juízes togados Orlando Ribeiro da Costa, Romeiro Neto, Murgel de Resende e Alcides Carneiro. Em 1965 entraria um liberal recém-convertido, general Olympio Mourão Filho, um dos líderes do golpe de 64, mas que brigara com as "vacas fardadas", como ele denominara, e seria encostado no STM, onde sempre votaria rigorosamente de acordo com a lei e a prova dos autos.

Caso o recurso fosse negado no STM, o advogado apelava à terceira e última instância, o Supremo Tribunal Federal, que mantinha intacta a sua independência. Muitas vezes iria divergir do veredito da Justiça Militar na questão dos direitos constitucionais.

Essas eram as instituições judiciais do Estado autoritário em formação no país, que tratava como criminoso todo cidadão que se rebelava contra o governo ilegítimo.

Crime político

A revolta popular contra governantes despóticos sempre foi um dos problemas mais discutidos por filósofos e historiadores, desde a Antigüidade. Aristóteles afirmou que os súditos atacam o soberano "por medo ou desprezo, ou por terem sido tratados injustamente"[10]. Modernamente o iluminista Locke colocou a questão de forma definitiva: "Todos têm o direito de se defender e de resistir ao agressor."[11]

Esse princípio foi consagrado na Declaração dos Direitos do Homem e do Cidadão, originária da Revolução Francesa de 1789, e na qual a "resistência à opressão" é um dos direitos naturais e imprescritíveis.

Para governos que exercem o poder sem legitimidade e com violência, o exercício desses direitos torna-se crime político, conceito amplo e relativo, tema de inúmeros debates e doutrinas. A mais consensual define o crime político como atentado contra a ordem do Estado, cometido por motivos políticos ou ideológicos. Mas Carrara, em seu monumental *Programa*, rejeitou a categoria de crime político: "... quando a política entra pela porta do templo, a Justiça atemorizada foge pela janela para regressar aos céus." Para Soler crime político é o "delito dos derrotados".

No Brasil de 1965 era crime político escrever artigos contra o governo, criticar as instituições, participar ou organizar de resistência aos atos arbitrários.

As novas restrições impostas pelo AI-2 foram analisadas pelos advogados, que notaram brechas importantes. O Ato não revogara a Constituição de 1946. Portanto, continuava em vigor o direito ao habeas corpus, "sempre que alguém sofrer ou se achar ameaçado de sofrer violência ou coação em sua liberdade de locomoção, por ilegalidade ou abuso de poder" (artigo 141, §23). E o abuso de autoridade era crime previsto no artigo 150 do Código Penal Militar, tão caro aos donos do poder.

O habeas corpus era um instrumento essencial para se soltar um preso, transferir o processo para a Justiça comum, bloquear a ação penal desconsiderando a existência de crime, tentar impedir a prisão de alguém que estivesse sendo procurado, além de outras finalidades. Entre os argumentos mais comuns dos advogados estava o excesso de prazo da detenção. Podiam invocar o artigo 156 do Código de Justiça Militar, que permitia a prisão preventiva de um indiciado durante no máximo 30 dias, prorrogáveis por mais 20.* Ultrapassado esse prazo, o advogado impetrava habeas corpus pedindo o relaxamento da prisão.

Era também possível se beneficiar de um paradoxo gritante: pelo artigo 108 da Constituição, a Justiça Militar mantinha para si a função exclusiva de "processar e julgar, nos crimes militares definidos em lei, os militares e as pessoas que lhes são assemelhadas". E a própria legislação militar reservava o foro militar somente para crimes cometidos por militar contra militar, ou por militar contra civil quando cometido em recinto militar. Com base nisso, pedia-se a transferência do processo para a Justiça comum, embora sem a mínima chance de êxito.

Evaristo e George estudavam atentamente as contradições entre as leis e o voluntarismo do governo, analisavam bem os autos com as alegadas provas contra o indiciado, procuravam irregularidades processuais e as cotejavam com os fatos concretos. Numa frase, palavra e ou mesmo vírgula se podia encontrar uma falha a ser explorada. E sempre havia alguma, porque os militares não conheciam as leis e acabavam metendo os pés pelas mãos.

---

* Atualmente existe a prisão temporária, mas só mediante autorização do juiz.

O mais eloqüente exemplo disso era o crescimento desmesurado dos IPMs, que, além de mal formulados, indiciavam um número infinito de acusados, até se transformarem numa indecifrável esfinge pseudojurídica. O IPM da UNE e da UBES (União Brasileira dos Estudantes Secundaristas), que tramitava na 2ª Auditoria da Marinha, chegaria a ter 750 indiciados por atividades consideradas subversivas.

Outro IPM bola de neve, o maior de todos, era o do PCB, chefiado pelo coronel Ferdinando de Carvalho, que produziria 10 mil páginas e 971 indiciados. Ao denunciar a alegada conspiração para implantar o comunismo no Brasil, o coronel mostrava também o método de atuação dos comunistas e as contrapartidas dos políticos que eles ajudavam a eleger. Curiosamente, o PCB seria o contraponto moderado da esquerda, rejeitando a luta armada, embora nem por isso tenha ficado livre da repressão.

Esse IPM foi um autêntico saco de gatos. Indiciou Jango, o novo governador da Guanabara, Negrão de Lima (teria sido eleito em outubro de 1965 com ajuda comunista), Leonel Brizola, Miguel Arraes, o advogado criminalista Alfredo Tranjan e Juscelino Kubitschek.

Os oito do Glória

Se até ex-presidentes sem nenhuma simpatia pela esquerda eram perseguidos, imaginem os intelectuais que criticavam abertamente o regime.

Oito deles pararam em frente ao Hotel Glória, um dos melhores cinco estrelas do Rio, no dia 17 de novembro de 1965, trazendo faixas enroladas nas mãos. Lá dentro estavam se reunindo vários presidentes latino-americanos para a abertura da II Conferência Extraordinária da Organização dos Estados Americanos.

Quando chegou o automóvel com o presidente Castello Branco, os escritores Carlos Heitor Cony, Thiago de Mello e Antonio Callado, os cineastas Glauber Rocha e Joaquim Pedro de Andrade, o diretor de teatro Flávio Rangel, o jornalista Márcio Moreira Alves e o fotógrafo Mário Carneiro abriram as faixas: "OEA — Queremos Liberdade", "Viva a Liberdade", "Abaixo a Ditadura", "OEA: lute pelos direitos do homem". Em poucos minutos todos foram agarrados por soldados, empurrados para dentro de um camburão e levados para o quartel da Polícia do Exército, na rua Barão de Mesquita, Tijuca.

Nenhum deles era militante de esquerda. Mas faziam parte do amplo leque de opositores do regime: Cony e Callado já tinham sido enquadrados na Lei de Segurança Nacional por causa de artigos desaforados no *Correio da Manhã*. Joaquim Pedro e Glauber, este com seu antropolítico *Deus e o Diabo na*

Terra do Sol fazendo sucesso nas telas, mostravam com o Cinema Novo os conflitos psicossociais do povo brasileiro, na linha do neo-realismo italiano, mas com uma linguagem antinaturalista. Flávio Rangel era ligado ao Centro Popular de Cultura, departamento da UNE, e portanto suspeitíssimo.

No quartel os oito ficaram incomunicáveis, sendo enquadrados na Lei de Segurança Nacional, que previa, por exemplo, prisão para quem ofendesse chefe de Estado estrangeiro ou o presidente da República. Para defendê-los, foram convidados Heleno Fragoso e Clemente Hungria, que passou o caso de Cony para George.

No dia seguinte à prisão, George foi falar com o coronel Obino de Lacerda, subchefe do Estado-Maior do I Exército, para quebrar a incomunicabilidade do escritor. O coronel informou que ele encontrava-se à disposição do major Poulman, chefe da segurança do presidente da República, lotado na Casa Militar.

George não conseguiu localizar o major e desabafou para a imprensa:

— A prisão é uma violência. Os intelectuais não cometeram crime algum. O enquadramento na Lei de Segurança Nacional não corresponde à figura típica de perturbação de congresso ou convenção internacional. O caso de um elemento penetrar num recinto de congresso com o intuito de impedir sua realização é uma figura que no Código Penal corresponde à perturbação de ato ou ofício religioso. O fato tem que ocorrer no interior de onde se esteja realizando o ato, e ter como conseqüência específica a sua perturbação. O que houve foi que um grupo de intelectuais desfraldando faixas de "Viva a Liberdade" e "Abaixo a Ditadura" se dirigiu para as proximidades do Hotel Glória momentos antes de instalada a convenção extraordinária da OEA. Não perturbaram congresso algum.[12]

Ele comparou o episódio às inúmeras manifestações que ocorriam na frente da Casa Branca contra a guerra do Vietnã e a segregação racial. E ironizou:

— Eles davam "Viva a Liberdade", da qual o presidente da República se diz um adepto quando se dirige à nação afirmando que a Revolução é democrática.[13]

Surgiram rumores de que os presos seriam transferidos para a temida Fortaleza de Santa Cruz ou o Forte São João. A sociedade começou a reagir: personalidades de vários setores culturais divulgaram um manifesto de solidariedade e a Comissão de Defesa da Liberdade de Imprensa e do Livro, presidida pelo desembargador Elmano Cruz, reuniu-se para discutir o assunto. Amigos dos presos também procuraram mostrar-lhes que eles não estavam sós, com atitudes simbólicas, como fez o fotógrafo e futuro produtor de filmes Luís Carlos Barreto, que levou laranjas ao quartel da PE, para serem entregues a Joaquim Pedro e Glauber Rocha.

Três dias depois da prisão nenhum dos advogados havia conseguido falar com seus clientes. A incomunicabilidade durou mais alguns dias até ser permitida a visita dos advogados e de familiares.

Colocados em celas individuais, foram interrogados em sigilo pelo encarregado do IPM, coronel Andrada Serpa, que não permitiu, nessa fase, qualquer contato dos presos com os advogados ou sequer que estes assistissem aos depoimentos. Era uma violação clara dos preceitos legais e da própria Constituição, que dizia: "É assegurada aos acusados plena defesa, com todos os meios e recursos essenciais a ela, desde a nota de culpa que, assinada pela autoridade competente, com os nomes do acusador e das testemunhas, será entregue ao preso dentro em 24 horas. A instrução criminal será contraditória." (artigo 141, §25)

Os Atos Institucionais 1 e 2 não haviam suprimido esse direito. Sem acesso ao inquérito, George ficou irritado:

— O IPM não é contraditório, é simplesmente inquisitório. ... Somente os tiranos, somente as ditaduras é que procuram, monstruosamente, suprimir a liberdade de defesa dos acusados. Isso é remontar à época medieval, com as torquemadas, execradas pela História, ou, mais recentemente, seguir as pegadas sangrentas de Hitler ou Mussolini.[14]

Dez dias se passaram, sem perspectiva de soltura. No final da tarde do dia 27, intelectuais, jornalistas, artistas de cinema, rádio, televisão e teatro participaram de uma missa em homenagem aos presos na Igreja N.S. da Glória, Largo do Machado. Por coincidência, no mesmo dia Castello Branco compareceu ao cemitério São João Batista para uma cerimônia em memória das vítimas militares da chamada Intentona Comunista de 1935. De repente um homem rompeu o cordão de isolamento supostamente pretendendo dar um tiro no presidente. Foi preso e levado para a Polícia do Exército.*

Nesse clima tenso, Heleno Fragoso, Clemente Hungria e George foram ao gabinete do ministro da Justiça, general Juracy Magalhães.

— Viemos aqui para falar daquele lamentável episódio em frente ao Hotel Glória..., iniciou Fragoso, de modo ambíguo, não deixando claro se "lamentável" tinha sido o protesto ou a prisão. O ministro respondeu secamente:

— Eu não estou para ouvir suas críticas.

George interveio:

— Ministro, não viemos discutir se o episódio é lamentável ou se não é lamentável. Estamos aqui para discutir se a prisão foi legal ou ilegal. Ou

---

* O aeroviário Adilson Pinheiro Pimentel seria internado para exame de sanidade mental no Hospital Central do Exército, de onde fugiria, exilando-se no Uruguai. Foi condenado a cinco anos de prisão, como revel.

estamos numa democracia, com liberdade de pensamento, ou não estamos numa democracia. O senhor é um homem com passado democrático, foi contra o Estado Novo...

Nem tão democrático assim. Um dos líderes da Revolução de 1930, o general de 60 anos tinha rompido com Getúlio no golpe do Estado Novo, renunciando ao mandato de governador da Bahia, eleito por voto direto. Mas fora um dos articuladores do golpe de 64, o que lhe abrira as portas do poder federal, após ter sido deputado e governador novamente. Seria ainda ministro das Relações Exteriores, presidente da Petrobrás e embaixador do Brasil nos EUA.

George continuou argumentando que Cony não cometera crime algum, apenas participara com os demais de uma manifestação de idéias, um protesto democrático, dentro das garantias constitucionais vigentes, e ninguém havia dirigido ofensa direta ao presidente da República.

— Se não temos garantias constitucionais, então vamos rasgar essa Constituição, encerrou George.

Todos os presos foram soltos. Mas o horizonte político continuava movediço e repleto de incertezas. Naquele fim de ano, o Congresso Nacional passou a exercer um papel meramente decorativo, com o funcionamento do sistema bipartidário: a majoritária Aliança Renovadora Nacional (Arena), partido do governo formado pelos ex-integrantes da UDN e outras agremiações conservadoras, e o Movimento Democrático Brasileiro (MDB), com remanescentes do PTB e do Partido Social Democrático (PSD), que representava sobretudo as oligarquias mais liberais. Mutilado por sucessivas cassações, sem que os suplentes pudessem ocupar as vagas, o MDB seria sempre oposição minoritária, impotente para aprovar qualquer proposta, mas faria um contraponto barulhento ao partido do "sim senhor".

Denúncias ineptas

O rito dos julgamentos nas auditorias se assemelhava a um júri, com os membros dos Conselhos de Justiça atuando como jurados. Evaristo e George se sentiam peixes dentro d'água, com a vantagem de conhecerem bem os valores dos militares — disciplina, honra, hierarquia, respeito aos símbolos nacionais. Nas defesas orais, os dois advogados invocavam a legalidade constitucional sem atacar diretamente o governo. Escolhiam a palavra certa para o momento certo, falando a linguagem da caserna quando necessário, sobretudo se os acusados fossem militares.

No dia 15 de dezembro de 1965 o Conselho Especial de Justiça, presidido pelo coronel José Maria da Silva Júnior, reuniu-se na 3ª Auditoria da 1ª Região

Militar para julgar os capitães João Jones da Silva Ribeiro e Ailton Franco, o tenente Paulo Antonio Pinto Kelly, o cabo Aroldo Cristovam de Lima e os sargentos Clécio Lobo de Carvalho, Evy Rodrigues Vieira e Firmo Alves de Freitas. Estavam enquadrados nos artigos 133 e 135 do Código Penal Militar (motim e revolta), e no artigo 2º da Lei de Segurança Nacional.

O juiz-auditor, Jacob Goldemberg, apresentou a denúncia: entre março de 63 e março de 64 esses militares teriam feito doutrinação ideológica junto a seus colegas e subordinados do 4º Grupo de Canhões 90 Antiaéreos (GCan), com a finalidade de estabelecer uma "ditadura de classe". E ainda haviam tentado organizar uma resistência armada pró-Jango.

Na defesa, Evaristo, George e Renato Dardeau alegaram falta de provas, afirmando que a denúncia era inepta, pois todas as testemunhas ouvidas, mesmo as de acusação, deixaram claro que os réus jamais haviam incitado à desobediência, à indisciplina ou à prática de crime militar, nem feito apologia de atos criminosos. Tampouco ficou apurada qualquer ligação dos acusados com organização estrangeira ou de caráter internacional.

Todos os réus foram absolvidos por unanimidade.

Cinco dias depois, na mesma auditoria, o Conselho julgou três oficiais e três sargentos: o major Raimundo Benjamin Falcão de Queirós, o capitão Jacson Brognoli Guedes, o 1º tenente Leo Ferreira de Vasconcelos (um dos melhores alunos do Colégio Militar) e os sargentos José Alexandre May, Emir Castro de Macedo e Pedro Gabriel Mora Filho, acusados de atividades subversivas quando serviam no Forte Barão do Rio Branco durante o governo Jango.

O tenente, por exemplo, levara para o Forte um livrinho da série Cadernos do Povo; o major Raimundo tinha um exemplar; o capitão Brognoli mandara pregar no celotex (quadro de avisos) da Artilharia alguns recortes de jornais com notícias sobre a concentração de terras no Brasil e a reforma agrária.

Evaristo e George defenderam os oficiais, Renato Dardeau defendeu os sargentos. Na sua exposição oral, George lembrou que a denúncia não fizera a narração dos fatos supostamente criminosos.

Evaristo acrescentou:

— Os depoimentos tomados pelo IPM só revelaram conversas de quartel, e me parece que os militares não são mudos, e vivem com os pés no chão. Era impossível que os militares, por sua condição profissional, não dessem opiniões diante de acontecimentos políticos que envolviam toda a nação, principalmente no governo que antecedeu a Revolução.

Todos foram absolvidos por unanimidade. Depois George resumiu o julgamento:

— Essa foi a defesa mais difícil da minha vida, porque não havia o que defender. Os ilustres componentes do Conselho, travando, talvez, a maior batalha de suas vidas, a batalha da consciência, na tremenda e bela missão de julgar aos seus semelhantes, um companheiro de ontem, saíram-se com garbo de vencedores: altivos acima das paixões, tolerantes com os vencidos e sobretudo sábios na decisão. ... Todas as testemunhas negaram expressamente qualquer relação de tipicidade entre os fatos que conheciam e os crimes classificados na denúncia.[15]

De herói a crápula

No caso do ex-tenente-coronel do Exército Kardec Leme havia muito o que defender. Demitido do Exército e com os direitos políticos cassados nos primeiros dias de abril de 1964, fora indiciado em vários IPMs, sofrendo uma dramática seqüência de perseguições que ilustra bem a inversão de valores ocorrida na nova estrutura de poder. Com uma respeitável folha de serviços prestados à pátria, Kardec integrara a FEB na Segunda Guerra Mundial, lutara contra o nazi-fascismo na Itália e em novembro de 1955 participara da reação militar legalista articulada pelo então ministro da Guerra general Teixeira Lott para garantir a posse de Juscelino na presidência da República.

Mas para o regime militar Kardec se tornara vilão, ao contrário do personagem de Rossellini no filme *De crápula a herói*, sobre a resistência italiana durante o fascismo. A primeira prisão de Kardec, em abril de 64, feita por agentes do DOPS que invadiram seu apartamento na rua Leopoldo Miguez, Copacabana, foi motivada por sua tentativa de reorganizar o PCB durante o governo Jango, quando Kardec estava lotado na Diretoria Geral de Pessoal do Ministério da Guerra. O IPM foi instaurado na 2ª Auditoria do Exército.

George o defendeu, impetrando um pedido de habeas corpus no Superior Tribunal Militar, que votou a favor, e Kardec passou a responder ao inquérito em liberdade.

Mais doloroso foi o segundo IPM, na 2ª Auditoria da Marinha. O martírio começou no final da tarde de 30 de maio de 1966, quando dois policiais à paisana chegaram ao escritório em que Kardec trabalhava, na avenida Presidente Vargas. Cardíaco, ao ver-se na iminência de ser preso pela quarta vez em dois anos, ele desmaiou. Colegas telefonaram pedindo uma ambulância, mas os policiais carregaram Kardec para um carro estacionado em frente ao prédio e ainda pediram, cinicamente, que a ambulância fosse enviada para o Cenimar.

Acusado de tentativa de reorganizar o PCB na Marinha e de participar de reuniões com ex-militares cassados, o ex-tenente-coronel ficou incomunicável no presídio naval do Cenimar, na Ilha das Cobras. Ocupou a mesma cela que Tiradentes, um cubículo cavado na rocha, úmido, sem luz do sol e pouca ventilação. Impossível dormir, o mar batia noite e dia nas rochas. Só excepcionalmente se colocava um preso político ali, para humilhá-lo e aumentar seu sofrimento.

Ninguém da família, nem George, sabia onde ele se encontrava. Para localizá-lo, o advogado impetrou no STM um pedido de habeas corpus requerendo providências nos três locais mais prováveis: "a) seja oficiado ao exmo. sr. general comandante do I Exército para que informe a esse tribunal em que unidade se encontra o paciente preso; b) seja oficiado ao exmo. sr. comandante do I Distrito Naval para que informe a esse tribunal em que unidade da Marinha se encontra o paciente detido; c) seja oficiado ao Cenimar para que seja informado a esse tribunal se o paciente está preso à disposição do comandante Ivan Burgos Feitosa, fornecendo a digna autoridade os motivos da detenção do mesmo". Requereu ainda a transferência de Kardec para o Hospital Central do Exército (HCE).[16]

O presidente do STM, almirante Diogo Borges Fortes, enviou um ofício ao Cenimar pedindo esclarecimentos sobre os motivos da prisão. Ao mesmo tempo, o relator do habeas corpus, ministro Murgel de Resende, concedeu duas liminares em favor de Kardec, uma quebrando a incomunicabilidade e outra pedindo a sua transferência para o HCE, "com a máxima urgência".

A resposta do encarregado do IPM, capitão de mar-e-guerra Burgos Feitosa, foi negativa. Ele escreveu que havia 18 militares, a maioria da Marinha, acusados de terem participado de reuniões "para angariar fundos visando a atividades anti-revolucionárias" e tentarem reorganizar o PCB; os principais eram Kardec, o ex-subtenente Sebastião Lopes de Oliveira e os ex-sargentos Francisco Demétrio de Araújo e Luís Vitória da Silva. Revelou apenas que Kardec fora citado em depoimentos de outros presos, mas o teor das acusações contra ele não podia ser encaminhado ao STM, por ser sigiloso.

Insatisfeito com a resposta do capitão Feitosa, o STM aprovou um novo requerimento, insistindo que ele especificasse o motivo do indiciamento de Kardec.

Estudantes se organizam

Nessa mesma sessão do STM, realizada no dia 15 de junho de 1966, George fez a defesa oral de um habeas corpus impetrado em favor do estudante Rodrigo José de Farias Lima, preso três meses antes e levado para o quartel da Polícia do Exército, onde estava mantido incomunicável.

Cursando o 4º ano de Direito na Faculdade Nacional, sua detenção indignou os colegas. A diretoria do CACO-Livre* articulou-se com estudantes

* Em protesto contra a imposição de uma legislação acadêmica restritiva, a esquerda dos

de outras faculdades para uma campanha pela libertação de Rodrigo. Lançaram um manifesto afirmando que a prisão era "mais um ato arbitrário, uma prisão ilegal que lançou um estudante no cárcere da ditadura".

Ele estava sendo acusado de pertencer a um núcleo clandestino do PCB na faculdade. A descoberta fora feita pelo capitão do Exército Ilton Gomes da Silva Portela, comandante do Pelotão de Investigações Criminais. Todos os suspeitos foram presos e levados para o PIC, que funcionava nos fundos do quartel da Polícia do Exército, em pequenas celas contíguas. Um ambiente tortuoso, torturante, torturado.

Um colega de Rodrigo na faculdade, Técio Lins e Silva, ao saber da prisão falou com seu pai, Raul, também ativo advogado de presos políticos. Mas Raul irritara o capitão Portela recentemente acusando-o de praticar tortura, e isso prejudicaria sua intervenção no caso. Preferiu indicar George, que foi à PE com Técio.

Os dois foram bem recebidos pelo capitão, que tinha sido contemporâneo de George no Colégio Militar, e a conversa transcorreu amistosa. O capitão queixou-se de Raul por tê-lo denunciado à imprensa como torturador, sem saber que o filho dele estava ao lado. George desconversou, afinal estava lá para quebrar a incomunicabilidade de um preso.

O capitão mandou trazer Rodrigo, cumprimentado por Técio como se fosse a primeira vez que se viam. O capitão reclamou que Rodrigo não queria colaborar; se colaborasse facilitaria sua situação, ajudaria no inquérito etc. George contrapôs, habilmente também já instruindo Rodrigo:

— Capitão, compreenda o seguinte: é direito do preso se calar. Ele não é obrigado a falar, a denunciar quem quer que seja. É um direito dele. A Constituição lhe garante isso. E além disso, denunciar alguém, o senhor há de convir, não é um gesto muito digno...

Na defesa do habeas corpus em favor do estudante, George alegou excesso de prazo na detenção, pois já havia se passado um mês. Mas a apreciação do pedido dependia de informações solicitadas pela Justiça Militar ao encarregado do IPM, major Julio Veneroso, "autoridade coatora".

Nesse ínterim, o estudante ficou doente. George pediu sua transferência para o pavilhão de presos do Hospital Central do Exército, e comentou:

— Lamentavelmente, já passados dois anos de um movimento vitorioso, que se fundamenta na democracia, na liberdade, e que no dizer de seus principais líderes é irreversível, ainda se prende por mais de 30 dias um cidadão

---

estudantes da Faculdade Nacional de Direito decidiu não concorrer às eleições para a diretoria do CACO em abril de 1965 e passou a se reunir, como "CACO-Livre", num bar em frente à faculdade.

honesto, estudante, sob acusação de pensar de maneira diferente da maioria que governa. É preciso que sejam preservadas e restituídas as liberdades democráticas inscritas no artigo 141 da Constituição Federal. A segurança do país, quer por agentes internos, quer por agentes externos, não está abalada. O povo quer pão, melhores condições de vida, trabalho e assistência social, não cadeia.[17]

O STM concedeu o habeas corpus para Rodrigo.

No caso de Kardec Leme, também houve uma vitória parcial — ele saiu da incomunicabilidade e foi internado no HCE, onde pôde receber visitas do advogado e da família.

Passados 50 dias de sua detenção, tempo máximo permitido pelo Código de Justiça Militar, George impetrou no STM um pedido de habeas corpus alegando excesso de prazo e falta de justa causa para a prisão. Dois dias depois o STM aprovou o pedido, por unanimidade.

Contudo, a decisão não foi cumprida, devido a uma ardilosa manobra do comandante Burgos. Antes da sessão do STM, ele enviou um ofício ao juiz da 1ª Auditoria da Marinha, solicitando a decretação da prisão preventiva de Kardec, sob a simples justificativa de que era "do interesse da Justiça". Em seguida pressionou os integrantes do Conselho Especial de Justiça da auditoria para que o pedido de prisão fosse emitido no dia do julgamento do habeas corpus. Também remeteu ao diretor do HCE um comunicado alertando que Kardec não podia ser solto porque prestaria um depoimento.

Kardec continuou preso. George acusou Burgos de exercer "coação arbitrária" e tomou providências imediatas para que fosse cumprida a decisão unânime do STM. Numa petição ao relator do processo, ministro Murgel de Resende, o advogado apontou as falhas legais no ofício de Burgos: não cumprira os requisitos do artigo 149 do Código de Justiça Militar, que só autorizava a ordem de prisão, fora do flagrante delito, quando amparada por depoimentos de duas testemunhas, documentos comprobatórios de sua culpa ou confissão do acusado; também infringira o artigo 156 do mesmo Código, ao manter Kardec preso por mais de 50 dias. George lembrou ainda que desacatar uma ordem do STM era delito previsto no Código de Justiça Militar, e solicitou que Burgos explicasse com urgência o motivo concreto de manter Kardec preso.

Na manhã seguinte Kardec foi libertado. George comemorou:

— O Judiciário deve ser preservado, pois os poderes ainda são harmônicos e não foi introduzido no país o quarto poder, o poder do IPM.[18]

Sinais de fogo

No mesmo dia em que Kardec saiu da prisão uma bomba explodiu na sede da Associação Brasileira de Imprensa, no Rio de Janeiro, e o Conselho Permanente de Justiça da 1ª Auditoria da Marinha decretou a prisão preventiva de Leonel Brizola, junto com os jornalistas Paulo Schilling e Moniz Bandeira, o ex-líder sindical Dante Pelacani e outros.

Três dias depois, no aeroporto de Guararapes, no Recife, mais uma bomba explodiu, minutos antes da chegada do futuro presidente da República, general Costa e Silva, causando três mortos e dezenas de feridos. Jamais foi elucidado qualquer um dos atentados, mas deduziu-se terem sido praticados por extremistas de direita, para intimidar a imprensa, no primeiro caso, e provocar uma radicalização do governo, pois seguiu-se uma campanha repressiva que arrastou para a prisão inúmeras pessoas.

Brizola estava indiciado em vários IPMs: Supra, ISEB, Rádio Mayrink Veiga, PCB, Grupo dos Onze. Neste último ele foi denunciado pelo procurador Cipriano Osiris Josephson, da 2ª Auditoria do Exército, por ter praticado atos subversivos e insuflado a formação de núcleos do Grupo dos Onze em Irupi (fevereiro de 1964) e Muniz Freire (março de 64), ambos no Espírito Santo. O procurador Osiris era implacável, totalmente identificado com a ideologia do regime, e daria muito trabalho aos advogados.

Ainda em julho de 1966 o Conselho de Segurança Nacional suspendeu os direitos políticos de mais 46 pessoas em vários estados, entre elas 26 deputados estaduais, três prefeitos e os ex-governadores (cassados) Mauro Borges, de Goiás, e João Seixas Dória, de Sergipe, bem como Bayard Demaria Boiteaux e o jornalista Artur José Poerner.

Professores universitários também estavam sendo perseguidos. Na Universidade de São Paulo os sociólogos Florestan Fernandes e Fernando Henrique Cardoso foram punidos com aposentadoria compulsória e indiciados num IPM. Evaristo defendeu Fernando Henrique, que se exilara no Chile, acusado no Brasil de usar a cátedra "como veículo de aliciamento e deformação das mentalidades".[19] Seu habeas corpus foi votado em 30 de setembro de 1966 no STM. O ministro Pery Bevilacqua, relator, votou pelo arquivamento da denúncia, por "inépcia e falta de justa causa". No ano seguinte o futuro presidente da República voltou para o Brasil.

Com o crescente cerceamento das liberdades, as oposições vislumbraram pouca chance nas eleições parlamentares previstas para novembro. De qualquer modo, o MDB pretendia lançar o máximo de candidatos.

George foi procurado para candidatar-se a deputado federal, com apoio de sindicalistas, comunistas e nacionalistas. Em princípio ele aceitou, mas poucos dias antes de ter seu nome lançado na Convenção retirou a candidatura, anunciando a decisão em carta enviada à direção do partido no dia 2 de setembro: "... Estamos às vésperas de ter uma Constituição outorgada pelo chefe do governo; temos um Congresso 'consentido', onde é evidente a ingerência do Executivo; a Justiça tem resistido o quanto pode, mas vive ameaçada, e os juízes perderam as garantias constitucionais para o exercício da magistratura; a Igreja é perseguida; o povo não pode exercer o seu direito de voto em toda a sua plenitude; não há liberdade sindical, os trabalhadores estão em vias de perder os seus direitos; a fome, o desemprego e a miséria tomam conta do país; ... os estudantes são vilipendiados e alguns presos políticos sofrem torturas medievais. Como todo o poder deve emanar do povo para ser legítimo, e no regime democrático o Executivo, o Legislativo e o Judiciário são harmônicos e independentes entre si, na atual conjuntura sentir-me-ia constrangido em exercer o meu mandato, caso viesse a ser eleito. Assim continuarei na minha modesta e estreita trincheira: a tribuna forense."[20]

A MALETA VERDE

Kardec Leme chegou à 2ª Auditoria da Marinha no dia 27 de setembro para o julgamento do pedido de sua prisão preventiva e dos demais militares indiciados no IPM que os acusava de tentarem reorganizar o PCB. Carregava uma maleta verde contendo chinelos, bermuda, toalha, camisa, cuecas, escova e pasta de dente. George sugeriu levá-la para criar um efeito especial, e, caso Kardec ficasse preso, já estaria preparado. Mas o juiz-auditor, Fernando Pzerwodowski de Oliveira, adiou o julgamento para dali a dois dias. Kardec compareceu novamente com a maleta.

Foi uma longa e agitada audiência que durou mais de cinco horas. O procurador Roberto Galvão do Rio Apa sustentou o pedido de prisão preventiva afirmando que, mesmo processados, os ex-militares continuavam praticando subversão da ordem política. Especialmente Kardec, se fosse mantido em liberdade, prejudicaria o andamento da Justiça. Quando o procurador já relatava as acusações por quase 40 minutos, George o interrompeu energicamente, contrapondo que ele tentava apresentar uma prova inexistente, que a acusação era infundada; o que estava em julgamento ali não era o processo, mas o pedido de prisão preventiva, pois o réu não confessara o delito, o procurador demonstrava não ter lido o processo, desconhecia os depoimentos anexados aos autos. George acrescentou ainda que as testemunhas de acusação (o ex-cabo da Marinha Waldemar Marques Pereira e o guarda do Arsenal de Marinha Adelino Crisóstomo) eram torturadores de presos políticos. O primeiro respondia a um processo na 1ª Auditoria da Marinha por tortura.

Quando o procurador pediu exame de sanidade mental em Kardec, George protestou exaltado:

— Tenho aqui um atestado do HCE, recente. Kardec lutou pela pátria. Ele não é um louco. Caxias não deixou de ser Caxias só porque surgiu a República, nem perdeu os galões.[21]

Requereu a suspensão da prisão preventiva, por desnecessária, uma vez que seu cliente "nunca impediu a ação normal da Justiça Militar" e não deixara de comparecer a nenhuma audiência.

O procurador admitiu não ter lido todo o processo. Pediu ao Conselho um prazo de três horas para fazê-lo. O Conselho preferiu transferir o julgamento para 6 de outubro, quando negou por unanimidade o pedido de prisão preventiva.[22]

No dia seguinte George estava com outros advogados na 2ª Auditoria da Aeronáutica para o julgamento de 25 pára-quedistas do Núcleo de Divisão Aeroterrestre, acusados de tentativa de seqüestro do então governador Carlos Lacerda, durante o governo Jango, e de tentarem organizar uma resistência nos dias 31 de março e 1º de abril de 1964. Eram capitães, tenentes e sargentos. George defendeu o sargento Avelino Vilassanti Filho.

O julgamento foi adiado pela quinta vez, porque faltaram os advogados Paulo Argueles, defensor do sargento Osvaldo Silva, e Milton Salles, defensor do sargento Valdívio de Almeida.*

Um cabo estremece o Exército

Processos com réus militares eram os mais difíceis, porque nada irritava tanto a oficialidade no poder quanto o envolvimento de subordinados em conspirações ao lado das facções derrotadas. Outro caso exemplar foi de um cabo que ousou dar fuga a três presos políticos num dos mais seguros presídios militares do país, a Fortaleza da Laje, no Rio de Janeiro.

Tarzã de Castro, Gérson Alves Parreira e James Allen da Luz estavam com prisão preventiva decretada pela auditoria da 4ª Região Militar, de Juiz de Fora. O primeiro era o mais experiente na militância: havia participado do Movimento Revolucionário Tiradentes (fundado por Francisco Julião em 21 de abril de 1962), assessorado o ex-governador (cassado) Mauro Borges, de Goiás, e colaborado para a instalação de um campo de treinamento de guerrilha em Dianópolis, naquele estado. Preso em São Paulo no começo de agosto de 1966, ficara incomunicável numa unidade militar até outubro, sendo transferido para a Fortaleza da Laje, então desativada.

---

* O julgamento foi remarcado para dia 14.7.1967 e seria novamente transferido, para o dia 28 do mesmo mês, por não comparecerem os réus Ismael Chamorro (à disposição das Olimpíadas do Exército) e Valdívio de Almeida, que estava doente.

O responsável pelos presos, major Oscar Silva, não acreditava de forma alguma na hipótese de fuga. Três soldados estavam encarregados de vigiá-los: Amauri Afonso, Cesar Augusto de Oliveira Botelho e Cosme Bráulio, chefiados pelo cabo Francisco Dorismar Arrais. Primo remoto do presidente Castello Branco e membro da família cearense Arrais de Alencar, o cabo tinha uma inteligência acima da média e simpatizava com a esquerda. Foi convencido por Tarzã a ajudar na fuga, podendo ir junto e receber ajuda para morar e estudar na China.

O cabo aceitou e foi orientado a fazer um reconhecimento do local em que o grupo desembarcaria, na praia do Flamengo, telefonar para uma pessoa e entregar-lhe um bilhete pedindo dinheiro para financiar a fuga. O cabo pegou o dinheiro, levou para Tarzã e recebeu uma parte para contratar Alcineu Ferreira do Nascimento, pescador que tinha um barco e morava com a família no Forte São João, na Urca.

Às 8h da noite de 20 de novembro os presos fingiam que pescavam, e no momento propício o cabo Arrais lhes trouxe roupas comuns, vestidas rapidamente. Os quatro desceram por uma escada de corda até o barco de Alcineu, que os levou à praia do Flamengo. Tudo bem tranqüilo e sem imprevistos. Os três fugitivos e o cabo seguiram rapidamente para a embaixada do Uruguai, no Catete, e pediram asilo. A embaixada os acolheu, mas recusou o cabo, por não ser perseguido político. Chamada a polícia, ele saiu algemado, frustrado, desolado, preocupado como um filho surpreendido pelo pai severo após fazer algo grave.

No Forte São João, confessou tudo para o subcomandante, major Walmyr Alves da Nóbrega, e ficou preso lá mesmo, incomunicável, passando a responder por crime militar num IPM chefiado pelo próprio Walmyr. Os três soldados da guarda e o pescador foram arrolados como cúmplices e também ficaram presos no Forte.

O tio do cabo, coronel Arrais, procurou Evaristo e George, que prepararam uma petição de habeas corpus dirigida ao Superior Tribunal Militar. Pediam relaxamento da prisão, porque não fora comunicada a nenhum dos três juízes das auditorias do Exército; invocaram o artigo 141, §22 da Constituição: "A prisão ou detenção de qualquer pessoa deve ser imediatamente comunicada ao juiz competente, que a relaxará se não for legal, e, nos casos previstos em lei, promoverá a responsabilidade da autoridade coatora." E citaram Pontes de Miranda: "Mesmo sendo justa a prisão, a falta de comunicação a torna ilegal."

O I Exército negou que o cabo tivesse sido torturado, como noticiou a imprensa, e no dia 10 de dezembro o comandante do Forte autorizou a entrada de um repórter e um fotógrafo do *Jornal do Brasil*, aos quais o cabo confirmou que não fora torturado, não sofrera espancamento nem hostilidade, que todo dia tomava banho de sol e fazia ginástica. Para tornar suas declarações mais verossímeis, até posou para fotos fazendo flexões.

Mas nem o comandante do I Exército, general Adalberto Pereira dos Santos, nem o comandante do Forte, coronel Edir Portocarrero, autorizaram os advogados a visitar o cabo. Eles então impetraram um novo pedido de habeas corpus no STM, dessa vez apenas para quebra da incomunicabilidade. "A prisão do paciente reveste-se de total ilegalidade, já que a mesma não foi comunicada a qualquer auditor, conforme preceito constitucional, não se sabendo, oficialmente, através do Poder Judiciário, que é o único, de acordo com a Constituição, que pode manter ou relaxar a prisão de alguém, se o cabo Arrais está preso em flagrante ou se responde a IPM e qual o motivo da sua prisão", dizia um trecho do requerimento.

Os dois advogados enfatizaram novamente que as autoridades militares não haviam comunicado a prisão ao juiz competente. O artigo 190 do Código de Justiça Militar determinava que, estando o réu preso, o procurador devia oferecer a denúncia no prazo de cinco dias a partir do exame dos autos do inquérito; o parágrafo 3º ressalvava que só em casos excepcionais o auditor podia prorrogar o prazo por 15 dias, e justificando por escrito a decisão. Caso não fizesse isso, estava sujeito a punição disciplinar. E concluía a petição: "O judiciário militar só tomou conhecimento da prisão por notícias veiculadas no exterior, dando o paciente como fuzilado. ... A medida da autoridade carcerária contraria a lei e a jurisprudência desse Colendo Tribunal que, em tais casos, manda os advogados avistarem-se com o seu constituinte. Assim requerem os impetrantes que o ministro relator oficie à autoridade citada, determinando a quebra imediata da incomunicabilidade com a defesa."[23]

O relator do pedido no STM, ministro Mourão Filho, decidiu autorizar a visita dos advogados. Munidos do ofício, eles voltaram ao Forte São João num sábado de manhã, 17 de dezembro, para conversar com o cabo. O comandante Portocarrero e o subcomandante, major Nóbrega, ainda não tinham chegado. Evaristo e George falaram com o oficial de dia, 2º tenente Scaramela, ao qual mostraram o ofício assinado por Mourão Filho. Scaramela telefonou para o coronel Portocarrero pedindo orientação sobre qual ordem deveria cumprir: a do coronel, não permitindo a visita, ou a do STM.

Portocarrero foi ao Forte tratar do assunto. Era hora do almoço e ele mandou colocar mais dois pratos na mesa, mas os advogados declinaram. Estavam interessados apenas em falar com o cabo Arrais. Insistiram que o ofício era uma ordem expressa da Justiça Militar. O coronel não se impressionou. O comandante do Forte era ele, não a Justiça Militar; o cabo Arrais era um traidor do Exército, não receberia visita de ninguém. Diante da intransigência, George pediu licença para telefonar ao ministro Mourão Filho e comunicou-lhe a situação. Mourão pediu para falar com o coronel Portocarrero, que atendeu o telefone assumindo posição de sentido, e continuou assim durante a breve e tensa conversa. O ministro-general deu-lhe voz de prisão por desobedecer a ordem da Justiça Militar. O coronel desligou com uma expressão constrangida, e pediu a um auxiliar:

— Traga o cabo Arrais.

Os advogados conversaram alguns minutos com o cabo. Estava bem de saúde, sem sinal aparente de violência física. Ao término da visita o coronel Portocarrero estava aborrecido:

— Pois é, os senhores vão embora e eu vou ficar preso. Eu achava que estava cumprindo meu dever, e agora estou preso.

George quis interceder junto ao ministro Mourão para que a prisão fosse relaxada. Portocarrero desaprovou.

— Não posso lhe proibir de telefonar para ele. Mas se o senhor ligar, fale em seu próprio nome, não no meu. Só quero que diga que eu não estou pedindo relaxamento de prisão, que eu estou cumprindo a ordem dele. Militar quando recebe uma ordem tem que cumprir. Se ele me prendeu, eu estou preso.

George telefonou a Mourão dizendo ter havido um mal-entendido e que o coronel os recebera bem.

— Ah, agora ele está pedindo ao senhor para não ser preso!

— Não, ele não me pediu isso. Ele me disse que não falasse em nome dele, que é um militar e está cumprindo a ordem.[24]

Mourão mandou chamar o coronel ao telefone e disse que ele estava liberado. O cabo continuou detido, mas a partir desse dia começou a receber visitas.

Numa agitada sessão, em 12 de janeiro de 1967, o pedido de relaxamento da prisão foi votado pelo STM. O principal argumento dos advogados era "excesso de prazo", já que o cabo completara 53 dias detido. Na defesa oral, Evaristo e George acrescentaram que a prisão preventiva era ilegal, pois não fora comunicada a nenhum juiz das sete auditorias, em flagrante desrespeito ao Código de Justiça Militar.

— Se essa prisão fosse injusta, um juiz poderia relaxá-la, mas ele nem sequer dela tomou conhecimento, disse George.

Dessa vez o ministro Mourão Filho reconheceu o excesso de prazo, mas em seu voto negou a concessão do habeas corpus, justificando que se o cabo fosse libertado pediria imediatamente asilo numa embaixada.

O ministro Murgel de Resende votou a favor da petição dos advogados:

— O Tribunal vem negando habeas corpus em muitos casos, por faltarem dois ou três dias para os 50 a que têm direito os encarregados de IPM nas investigações. Nesse caso é o momento de conceder, já que o prazo está ultrapassado em três dias.[25]

No final os advogados tiveram uma vitória apertada: 7 x 6. O STM emitiu alvará de soltura, enviado ao cabo, que o assinou. Mas para impedir sua libertação o encarregado do IPM, major Walmyr Alves, recorreu a uma conhecida manobra: apresentou pedido de prisão preventiva na 2ª Auditoria do Exército. A audiência para votá-lo foi tumultuada. O juiz-auditor, Luís Maria de Alvarenga Viana, deu voto favorável à prisão:

— A medida é exigida no interesse da Justiça e ninguém mais autorizado para exigi-la do que o senhor encarregado do inquérito.

George contestou:

— O cabo Arrais continua preso em desobediência à ordem de habeas corpus do Superior Tribunal Militar concedida no último dia 12, e esse decreto de prisão é ilegal, porque não existe denúncia formalizada contra o réu.

O procurador Osiris Josephson interveio asperamente:

— A imprensa tem sido deletéria. Felizmente o governo está com uma lei pronta para coibir a calúnia de uma parte sórdida de nossa imprensa, que tentou jogar a opinião pública contra o Superior Tribunal Militar, dizendo que o pedido de prisão preventiva seria em represália à decisão dessa corte de Justiça.

George rebateu:

— Num país livre a imprensa também funciona livremente. Mas não está sendo julgada a imprensa e sim um pobre cabo que sonhou demasiadamente. Subversão e indisciplina é o que se verifica nesse momento com a manutenção do cabo na cadeia quando ele obteve uma ordem de soltura do STM. Em nome da ordem e da disciplina, a prisão não deve ser decretada, já que não há nenhuma denúncia formalizada contra o réu.[26]

Numa agressão desnecessária, Osiris denominou Evaristo e George de "advogados de porta de fortaleza", alusão pejorativa ao "advogado de porta de cadeia". George protestou, o presidente do Conselho acatou o protesto e advertiu o procurador de que se ele continuasse ofendendo a defesa, o julgamento seria suspenso. Em seguida George disse ter muito orgulho de ser advogado de porta de fortaleza e que enquanto houvesse um preso ansiando por liberdade ele estaria perto, contra qualquer tipo de opressão.

O pedido de prisão preventiva foi aprovado por unanimidade, mas Osiris, para complicar, requereu nova diligência, a fim de reconstituir a fuga, o que foi feito no dia 21 de fevereiro. Como toda reconstituição de um crime exige a presença do defensor do acusado, a auditoria nomeou um advogado de ofício, Lourival Nogueira Lima, porque o procurador queria tirar Evaristo e George do caso. Além de Lourival, compareceram à reconstituição o cabo, os três soldados, os membros do Conselho Permanente de Justiça e Osiris. Os fugitivos foram interpretados por soldados.

Após a reconstituição o cabo desabafou:

— Eu não via, como não vejo, naqueles estudantes uns facínoras. Não podia suportar mais o sofrimento deles, recolhidos nessa fortaleza, dia e noite, isolados, vivendo momentos de amargura. E depois eu também queria me livrar dessa vida miserável, sem perspectiva, com um salário irrisório. Queria estudar, fazer um curso superior, me fazer intelectualmente na vida. Esse sim é o meu grande ideal. E por isso estou pagando caro agora.[27]

George e Evaristo consideraram ilegal a reconstituição, já que Lourival não tivera nenhum contato anterior com o cabo Arrais. Portanto, como defesa a presença de Lourival não tinha a menor legitimidade.

— A reconstituição é nula de direito. Não fui cientificado, nem tampouco o meu colega Evaristo de Morais Filho, disse George, para quem a diligência caracterizara um "cerceamento da defesa", violação do artigo 141 da Constituição, que previa o princípio do contraditório na instrução criminal. Além disso, o Conselho realizara a diligência policial antes de formalizada a denúncia, o que contrariava norma da Justiça Militar.

Enquanto prosseguia essa polêmica, um dos fugitivos asilados na embaixada, James Allen Luz, embarcou num avião da Força Aérea do Uruguai, a caminho do exílio, com salvo-conduto fornecido pelo Itamaraty. Os dois colegas de fuga continuaram na embaixada aguardando as negociações sobre seu destino.*

Evaristo e George apresentaram novamente na auditoria uma petição de relaxamento da prisão do cabo, alegando o vencimento do prazo permitido pela lei. Durante a audiência, George procurou comover o coração verde-oliva dos membros do Conselho.

— Da mesma maneira que os senhores têm o ardor de defender o solo pátrio numa guerra, sabedores de que estão praticando um gigantesco ato de justiça, tenho eu de travar essa batalha em favor da liberdade de um cidadão inocente.[28]

Uma semana depois o Conselho se reuniu de novo para examinar o pedido. O procurador Osiris apresentou um novo argumento para embolar mais o meio de campo: afirmou não considerar Evaristo e George legítimos advogados do cabo, pois nos autos ainda faltava a procuração assinada por ele constituindo a defesa. George lembrou que o regulamento da OAB permitia se juntar posteriormente a procuração aos autos do processo e era fato notório, divulgado na imprensa, que ele e Evaristo estavam defendendo Arrais. Mas o

---

* James Allen tornou-se, nos anos 1970, um dos líderes da Vanguarda Armada Revolucionária-Palmares (VAR-Palmares) e morreu de forma misteriosa em março de 1973 — supostamente num acidente de carro em Porto Alegre, mas seu corpo nunca foi encontrado. (Ver N. Miranda e C. Tibúrcio, *Dos filhos deste solo*, p.452 e 453.)

procurador retirou-se da sala, recusando-se a participar da audiência. Qualquer bom cristão explodiria. Evaristo manteve a calma e apontou as contradições ideológicas de Osiris:

— Vejo a atitude do procurador com tristeza, melancolia e surpresa, pois quando entrei na Faculdade de Direito o procurador Osiris era um formando e reconhecido líder liberal estudantil, lutando ardentemente contra a violência e arbitrariedades do Estado. Mais tarde, como membro do Partido Socialista Brasileiro, o procurador defendia princípios nacionalistas. É de estranhar que hoje esse procurador advogue o monólogo, esquecendo o diálogo e o que ele representa para a Justiça. O próprio ministro Mourão Filho no Superior Tribunal Militar relatou o habeas corpus impetrado em favor do cabo Arrais, reconheceu os direitos da defesa e deferiu petição autorizando o advogado George Tavares a manter contato com o prisioneiro no Forte São João, em face das denúncias de que o militar estaria sendo torturado. ... Está o preso agora com excesso de prazo de prisão, sem oferecimento da denúncia, e nessa oportunidade pleiteamos a autorização para que seja apreciada uma petição oral visando ao relaxamento da prisão preventiva.[29]

Evaristo reafirmou ao procurador que ele estava sujeito a punição disciplinar pelo Código de Justiça Militar, que estabelecia o prazo máximo de dez dias depois do exame dos autos para se formular a denúncia. Mas o Conselho votou politicamente, rejeitando por unanimidade a petição. O cabo estava agora na Fortaleza de Santa Cruz, em Niterói, comandada pelo coronel Tíndaro.

Finalmente, no dia 9 de março às 13h o cabo compareceu à auditoria. Fardado, cabelo cortado, junto com os três soldados denunciados no mesmo processo. Assinou a procuração constituindo Evaristo e George seus advogados de defesa e foi qualificado. Osiris leu a denúncia: os fugitivos eram "elementos da mais alta periculosidade, filiados ao PCdoB, linha chinesa, e pregavam no país a guerra de guerrilhas, sendo que haviam recebido, para sua criminosa missão, curso de guerrilheiros na China Comunista".

George levantou uma preliminar de suspeição do Conselho, que não podia julgar o cabo, pois seus membros haviam participado da diligência de reconstituição da fuga como juízes, o que era proibido pelo Código de Justiça Militar: "Considera-se suspeito o juiz que conhecer os fatos por ter funcionado no inquérito ou servido de perito." (artigo 50, letra d)

Osiris contra-atacou: a defesa estava querendo obstruir o curso normal do processo, os membros do Conselho podiam julgar com isenção, pois haviam participado da diligência de reconstituição como militares, não como juízes, e isso era justificável, porque o cabo estava preso à disposição do próprio Conselho. A preliminar de George foi indeferida por unanimidade e iniciou-se o sumário de culpa dos acusados.

No mês seguinte os advogados impetraram um novo habeas corpus, dessa vez para anular o processo contra o cabo, porque já haviam decorrido mais de 50 dias da preventiva e os oficiais do Conselho Permanente de Justiça tinham assistido indevidamente à reconstituição da fuga. O pedido foi negado por unanimidade, sob alegação de que o decreto da prisão preventiva era legal.

As decisões caminhavam mais rápidas na embaixada do Uruguai e no Itamaraty. Na manhã de 19 de maio, Tarzã de Castro e Gerson Alves Parreira embarcaram com outro brasileiro, o engenheiro Apolônio Fânzeres, num avião da Força Aérea do Uruguai, rumo a Montevidéu.

Arrais continuou preso.*

Abaixo a ditadura!

Nas ruas os estudantes começavam a assumir a vanguarda da oposição popular. Entidades representativas, como a UNE e as Uniões Estaduais dos Estudantes, tinham sido extintas em outubro de 1964, mas continuavam ativas. E nos diretórios autorizados pelo governo era forte a participação de organizações de esquerda, sobretudo PCB, Ação Popular (originária da esquerda católica) e Dissidência Estudantil (DI), oriunda do PCB.

As principais reivindicações eram mais verbas para as universidades, fim das anuidades (taxa anual cobrada pelas universidades públicas), liberdade para colegas presos e, evidentemente, o fim da ditadura. Também condenavam o imperialismo americano e o Acordo MEC-Usaid (United States Agency for International Development), assinado em junho de 1965 para implantação da reforma universitária, com modificação nos currículos e nos métodos didáticos.

Embora o governo Castello Branco ainda prometesse devolver o poder aos civis no prazo mais curto possível, já se tornava claro que a extrema-direita militar ampliava sua influência e impunha uma gradual radicalização ao regime. Os direitos políticos e individuais da população seriam mais restringidos, como indicavam os projetos que reformulavam a Constituição, a Lei de Segurança Nacional e a Lei de Imprensa, a cargo de uma equipe de juristas.

A nova Lei de Imprensa revogaria a anterior (lei 2.083, de 12 de novembro de 1953), definindo uma série de "abusos no exercício da liberdade de manifestação do pensamento..." com suas respectivas penalidades. Foi repudiada por todos os jornais e advogados, como George:

---

* O cabo só foi julgado em 13.8.1968, e condenado a cinco anos de prisão. O barqueiro Alcineu pegou três anos e os três soldados foram absolvidos. Tarzã também se tornaria um dos dirigentes da VAR-Palmares.

— Essa lei de imprensa é fruto de um projeto de Constituição neofascista, que, na parte referente às liberdades individuais, é restritivo, e no capítulo da ordem econômica é eminentemente liberal. O projeto da nova Carta amplia os poderes do Executivo e diminui os do Legislativo, cerceia a liberdade individual, não preconiza qualquer reforma social e nem se capacita a uma política agrária mais profunda.[30]

Os protestos estudantis fortaleciam o movimento de oposição e também resultavam em mais trabalho para Evaristo, George e seus colegas, que compareciam quase todos os dias ao DOPS, à Polícia Federal, às auditorias militares ou à Polícia do Exército, para intervir em favor dos detidos. Muitos estudantes eram presos apenas por terem no bolso ou bolsa alguns panfletos políticos considerados subversivos. Mesmo se ainda não os tivessem distribuído, eram presos e indiciados.

No final de fevereiro de 1967 as cadeias cariocas ficaram superlotadas quando outra entidade extinta, a União Brasileira de Estudantes Secundários (UBES), tentou realizar na cidade o seu XIX Congresso, juntamente com um simpósio que seria promovido pela União Metropolitana dos Estudantes (UMES) e UNE. O local escolhido para os eventos foi o restaurante estudantil Calabouço (onde hoje fica o Museu de Arte Moderna), e a pauta dos debates era vasta — reorganização do movimento estudantil a nível nacional, luta contra o acordo MEC-Usaid e contra as reformas da Constituição, da Lei de Segurança Nacional e da Lei de Imprensa.

O governo proibiu a realização do congresso e a Casa Militar da Presidência da República, cujo chefe era um futuro presidente do país, general Ernesto Geisel, ordenou aos órgãos de segurança a prisão em massa de estudantes universitários e secundaristas, principalmente os que fossem ao Calabouço.

A operação, coordenada pela Polícia Federal da Guanabara, envolveu agentes do SNI, DOPS, do recém-criado Centro de Informações do Exército (CIE), Secretaria de Segurança Pública da Guanabara e soldados do Exército. O esquema de vigilância cobriu aeroportos, estação Rodoviária Novo Rio e rodovias próximas da cidade. Carros e ônibus que chegavam de outros estados, sobretudo de São Paulo, Minas Gerais, Pernambuco e Bahia, eram parados, seus ocupantes jovens retirados, revistados e detidos. Apartamentos e casas de estudantes foram invadidos e revistados. Na estação das barcas para Niterói, na Praça XV, dezenas de jovens foram interpelados na fila de embarque por agentes do DOPS, que os levaram dizendo apenas que precisavam ser identificados. Na delegacia eles receberam a seguinte autorização para atravessar a baía: "Autorizo o estudante X a viajar com destino a Niterói, via barcas, e vice-versa. José Pereira de Vasconcelos — chefe do Serviço de Atividades Antidemocráticas."[31] Como se democrático fosse o que o chefe estava fazendo...

No total houve cerca de 1.200 prisões. Por falta de vagas nas celas militares, no DOPS e na Polícia Federal, muitos detidos foram levados para o Regimento de Cavalaria Marechal Caetano de Farias, um batalhão da PM, na rua Frei Caneca. A maioria saiu livre dias depois, porque o objetivo da operação era apenas impedir a realização do congresso estudantil, como justificou o diretor do DOPS, general Lucídio Arruda. Porta-vozes do governo alegaram também que os estudantes planejavam tumultuar a posse do general Costa e Silva, marcada para 15 de março, uma hipótese plausível, e até pretendiam assassinar políticos, um exagero alarmista das autoridades.

Mas vários outros detidos, conhecidos militantes, não foram libertados. Entre os que George e Evaristo defenderam estava Lincoln Bicalho Roque, 22 anos, ligado à Dissidência Estudantil. Capixaba inteligente, no último ano de Ciências Sociais, jeito simples, habilidoso politicamente, leitor dos clássicos marxistas, fora preso na porta do Instituto de Ciências Sociais, rua Marquês de Olinda 64, e levado para a Vila Militar. Sua situação era delicada, pois já tinha diversas passagens pela polícia política. Numa delas, oito meses antes, fora apanhado pelo DOPS na porta da Faculdade Nacional de Filosofia com mais quatro estudantes, durante uma greve que resultara na ocupação do prédio pela PM. Ficara então preso quatro dias, incomunicável, sendo espancado e torturado com choques elétricos.

Outro estudante defendido pela dupla foi Fernando Sarmento de Carvalho, 18 anos, ex-líder secundarista e vestibulando de Medicina, detido em casa sob acusação de ter um livro subversivo — uma biografia de Tolstói... Os advogados falaram com o delegado Costa Sena, da Polícia Federal, que prometeu libertá-lo.

Livros foram o alvo preferencial da busca e apreensão, especialmente de autores russos e todos os que tinham capa vermelha. Regimes fascistas desejam a ignorância do povo e rejeitam o conhecimento, porque gera dúvida, crítica. Além de livros, foram apreendidos textos políticos sobre entidades estudantis e organizações populares, como Movimento Contra a Ditadura, Movimento de Educação de Base etc.

Os estudantes levados para a Vila Militar ficaram incomunicáveis, e os advogados ameaçaram impetrar habeas corpus no Tribunal de Justiça da Guanabara ou no STM se eles não fossem soltos logo. George divulgou uma nota: "No bojo das prisões está o selo falso de um novo Plano Cohen. A mocidade é sensível à opressão e à prepotência. Sinto nessas prisões um ligeiro sintoma para impedir que o país volte à normalidade. Todos os brasileiros esperam a posse de Costa e Silva para poder respirar. A indústria deteriorada, com uma política financeira que levou o país à beira da falência; os trabalhadores estrangulados em seus direitos; os estudantes vilipendiados e a classe média massacra-

Ouvidos atentos: na frente, Evaristo, Laércio Pellegrino, Álvaro Mayrink da Costa e George; atrás, um jurado, Wilson Lopes dos Santos e José Bonifácio Diniz de Andrade.

da pelo custo de vida só vêem uma saída: que o presidente eleito possa fazer com que essa grande nação volte aos seus dias de tranqüilidade."*

Ao mesmo tempo, Evaristo e George defendiam 11 funcionários da Companhia Nacional de Álcalis, de Cabo Frio, acusados de fazer "propaganda de processos violentos para subverter a ordem política e social, incitando as classes à luta pela violência", segundo a denúncia, que os enquadrou nos artigos 11 e 12 da Lei de Segurança Nacional.

Os dois defenderam também o estudante João Luiz de San Thiago Dantas Barbosa Quental, sobrinho de Francisco de San Thiago Dantas, ex-ministro das Relações Exteriores e da Fazenda no governo Jango. Ao ser visitado por George na Vila Militar, João Luiz estava enfaixado, em conseqüência de tortu-

---

* *Jornal do Brasil*, 25.2.1967, e *Correio da Manhã*, 26.2.1967. O Plano Cohen foi um documento divulgado pelo governo Vargas em setembro de 1937, e que teria sido falsificado pelo então capitão integralista Olímpio Mourão Filho, sobre uma suposta conspiração comunista. Foi pretexto para decretação do estado de sítio, suspensão dos direitos constitucionais e, dois meses depois, o golpe que implantou a ditadura do Estado Novo.

ras. Mas de todos os estudantes defendidos pela dupla só Lincoln Bicalho permaneceu detido naqueles dias.

Evaristo viu um contra-senso nas prisões em massa:

— Os regimes fortes não deveriam temer as chamadas "subversões estudantis". Essas coisas só devem acontecer nos regimes fracos.*

VORAGEM DE LEIS ILEGÍTIMAS

Para evitar protestos no dia da posse do marechal (patente com que foi para a reserva ao tornar-se presidente) Costa e Silva, outro aparato repressivo foi montado em várias capitais. No Rio de Janeiro, soldados do Exército e agentes da Polícia Federal vigiaram pontos de aglomeração popular e áreas próximas de embaixadas, ainda não transferidas para Brasília. Na véspera da posse, as principais entidades estudantis (UNE, UME, UBES, AMES e DCE-Livre da UFRJ) divulgaram um manifesto exprimindo o pensamento da maioria dos estudantes, o qual pode ser resumido numa frase: "A ditadura permanecerá a mesma, mudando apenas de máscara."[32]

A posse do novo presidente confirmou que os militares, três anos depois do golpe, não estavam dispostos a largar tão cedo o osso do poder. No seu discurso, o marechal-presidente comprometeu-se a governar embasado num vago "humanismo social", afirmando que "o imperativo da ordem corresponderá à vocação de liberdade do povo brasileiro".[33]

Haveria mais ordem e menos liberdade. A ditadura não permaneceria a mesma — pioraria. Com o novo governo castrense entraram em vigor uma Constituição outorgada, incorporando os quatro Atos Institucionais, uma Lei de Imprensa mais restritiva (lei 5.250) e uma Lei de Segurança Nacional também mais rigorosa (decreto-lei 314).

Paradoxalmente, embora a Constituição mantivesse os direitos e garantias individuais, inclusive o habeas corpus, esse reaparelhamento judicial institucio-

---

* *Jornal do Brasil*, 2.3.1967. Lincoln Bicalho trocou a DI pelo PCdoB e participou da guerrilha do Araguaia. Era membro do Comitê Central quando foi preso pela última vez, em 13.3.1973, em São João de Meriti. Incomunicável no DOI-Codi da Polícia do Exército, morreu sob tortura, aos 28 anos. Nota divulgada na imprensa informou, erroneamente, que ele fora morto no bairro de São Cristóvão em confronto armado com a polícia, ao resistir à prisão. João Luiz tornou-se seu colega de partido, e foi preso novamente em julho de 1973 pela Polícia do Exército. Evaristo e George conseguiram quebrar sua incomunicabilidade com pedido de habeas corpus no STM, mas o estudante seria condenado. (Ver A. Caldas, *Tirando o capuz*, p.107-8; N. Miranda e C. Tibúrcio, *Dos filhos deste solo*, p.202-3, e Arquidiocese de São Paulo, *Brasil: nunca mais*, p.209.)

nalizou a ditadura, consolidou a jurisdição do foro militar para julgar civis e militares e autorizou o presidente da República a legislar por decreto em matérias sobre segurança nacional e finanças públicas, permitindo ainda o banimento, proibido na Constituição de 1946, e a extradição de estrangeiros por crimes políticos.

A nova Constituição também estabeleceu que toda pessoa física e jurídica era responsável pela segurança nacional e introduziu o conceito de "guerra psicológica adversa e revolucionária", significando quaisquer ações e propagandas nos campos político, econômico, psicossocial e militar, que pudessem "influenciar ou provocar opiniões, emoções, atitudes e comportamentos ... contra a consecução dos objetivos nacionais" (artigo 3º).

A nova Lei de Segurança Nacional não admitia fiança nem suspensão condicional da pena (sursis), criou outros tipos de crimes políticos e aumentou para dois a cinco anos de reclusão as penas para quem fosse acusado, por exemplo, de "tentar subverter a ordem ou estrutura político-social vigente" (artigo 23), praticar "atos destinados à provocação da guerra revolucionária ou subversiva" (artigo 25), formar "organização sob orientação estrangeira" (artigo 14), e, uma das acusações mais comuns, "reorganizar ou tentar reorganizar, de fato ou de direito, ainda que sob nome ou forma simulada, partido político ou associação dissolvidos por força de disposição legal, ou que exerça atividades prejudiciais ou perigosas à segurança nacional, ou fazê-lo funcionar nas mesmas condições, quando legalmente suspenso" (artigo 43).[34]

A nova Lei de Imprensa era um primor retórico. Garantia imunidade aos jornalistas até que a sentença transitasse em julgado, ou seja, quando a decisão judicial não admitisse mais recurso. E mesmo que um jornalista fosse preso, a lei dava-lhe o direito de ficar "em sala decente, arejada e onde encontre todas as comodidades" (artigo 66).

Na prática não era nada disso. Como aconteceu com Hélio Fernandes, dono do vespertino *Tribuna da Imprensa*. No dia da posse de Costa e Silva ele publicou na primeira página o artigo "15 de março: a catástrofe que termina e a esperança que começa", comentando o significado político do segundo governo militar e as (minguantes) perspectivas de redemocratização. Relacionou dez pontos que deveriam ter prioridade na agenda político-social. Propostas econômicas de caráter nacionalista, aumento de salários, revisão das punições. A opinião do influente jornalista representava a média do pensamento brasileiro que, apesar de tudo, ainda mantinha expectativa de redemocratização em breve, como a Segunda Vinda de Cristo para os pentecostais. Mas o artigo também criticou o ministério "amador" e duvidou do preparo de Costa e Silva para viabilizar as propostas. Hélio o comparou a um "condutor de charrete conduzindo avião a jato".

Ex-editor e diretor de importantes publicações, Hélio comprara a *Tribuna da Imprensa* de seu amigo Carlos Lacerda, em 1962. O jornal, num velho prédio de dois andares na rua do Lavradio 98, perto do Centro, seguia uma linha nacionalista de direita, com linguagem agressiva e polêmica, tendo combatido violentamente o governo Jango porque estaria levando o país para o comunismo. Em julho de 1963 Hélio fora condenado a três meses de detenção no quartel da Polícia do Exército, em decorrência de uma ação penal do então ministro da Guerra, general Jair Dantas Ribeiro, depois que a *Tribuna da Imprensa* publicara uma circular do ministro criticando Lacerda. O jornalista fora beneficiado com sursis.

No dia em que saiu publicado o artigo sobre a posse de Costa e Silva, Hélio foi para o jornal no horário de sempre, 16h. Carlos Lacerda o aguardava, apreensivo com os rumores de sua iminente prisão. Algumas horas depois, o delegado Costa Sena chegou à redação com um agente e convidou Hélio a comparecer no dia seguinte à Polícia Federal para prestar esclarecimentos.

Não que o artigo contivesse críticas muito contundentes aos militares ou ao novo presidente da República. É que Hélio estava proibido de se manifestar publicamente sobre assuntos políticos, pois seus direitos políticos haviam sido suspensos por dez anos. Em sua coluna diária, "Em Primeira Mão", ele assinava "João da Silva". Mas o artigo saíra publicado com seu próprio nome.

Quando teve cassados seus direitos políticos, em 10 de novembro de 1966, cinco dias antes das eleições legislativas, Hélio era candidato a deputado federal e calculava que se elegeria com cerca de 100 mil votos. Impugnada sua candidatura pelo Tribunal Regional Eleitoral, ele impetrara mandado de segurança no Supremo Tribunal Federal, que votara a favor de sua elegibilidade, concedendo liminar que mantinha o registro da candidatura. Mas, ao saber da decisão do STF, o presidente Castello Branco incluíra o nome de Hélio numa lista de 18 pessoas que tiveram seus direitos políticos suspensos por dez anos. Sempre havia lugar para mais um. No dia seguinte ele publicara na *Tribuna da Imprensa* violento artigo contra o regime militar e contra Castello Branco. "Eu precisava ser cassado, silenciado, amordaçado, para que este governo tivesse um pouco mais de tranqüilidade e pudesse continuar o seu restinho de tarefa que é o de vender a retalho e a granel o pouco de patrimônio que ainda nos resta, pois o resto já é propriedade dos trustes internacionais. ... Não aceito, não acato, não admito, não reconheço e não ratifico a empulhação praticada por meia dúzia de cretinos, que assaltaram o Poder se aproveitando do descuido de alguns idealistas. ... Fui cassado pelo grande tribunal dos trustes internacionais cujos juízes-representantes no Brasil são: Castello Branco, Roberto Campos, Walther Moreira Salles e outros. Fui cassado pela Hanna, fui cassado pelos monopólios internacionais, fui cassado porque denunciei a compra por 100 milhões de dólares de navios à Polônia, fui cassado porque me insurjo contra a indignidade deste governo e digo as coisas que o sr. Castello Branco não gosta de ouvir. Mas isso ele há de ouvir do povo brasileiro, até mesmo no epitáfio que cobrirá a pobre campa onde ele dormirá o sono eterno dos injustos."*

Enfim, Hélio já estava na mira do regime quando foi à Polícia Federal, no dia 16 de março de 1967, para depor sobre o artigo a respeito de Costa e Silva. Chegou às 18h30min acompanhado de Evaristo, George e Mário de Figueiredo, advogado conservador que os dois primeiros convidavam às vezes para ajudar em alguns processos políticos, a fim de descaracterizar a defesa de esquerda que eles representavam. Mário acreditava que com a posse de Costa e Silva "sem dúvida alguma abre-se uma grande esperança para todos nós, brasileiros", e que o povo precisava dar um voto de confiança ao novo presidente, porque suas intenções eram as melhores possíveis e faria um bom governo, pois estava "cercado por uma equipe que, como ele, são de grande envergadura moral e intelectual. Peço a Deus que Costa e Silva convide o maior líder civil, Carlos Lacerda, para participar do seu governo. E aproveitando o seu aspecto humano, que reexamine casos de brasileiros que foram injustamente cassados, com a exceção, é óbvio, dos corruptos e subversivos."**

Hélio confirmou o óbvio ao inspetor Osvaldo Pereira: era o autor do artigo. Os advogados argumentaram que os efeitos do AI-2, no qual o governo se baseara para cassar o jornalista, tinham sido automaticamente revogados pela nova Constituição, e por isso Hélio entendia que, embora seus direitos políticos permanecessem suspensos, ele havia recuperado os direitos civis, entre eles o de exercer a profissão.

Os advogados entraram com um recurso na 5ª Vara Federal, citando o artigo 33 do AI-2: "O presente ato institucional vigora desde a sua publicação até 15 de março de 1967, revogadas as disposições constitucionais ou legais em contrário." Evaristo advertiu:

— Qualquer punição que venha a ferir os preceitos constitucionais representará o reconhecimento, pelo governo, dos Atos Institucionais e Complementares, o que corresponde à continuidade da ditadura. A atitude mais coerente para um presidente que disse vir em nome da democracia e com o dever de dar tranqüilidade para o país seria a não punição de Hélio Fernandes e a derrubada de toda a legislação que vá de encontro com a Constituição.[35]

---

* H. Fernandes, *Recordações de um desterrado em Fernando de Noronha*, p.134. "Hanna" era referência à multinacional norte-americana de mineração Hanna Mining Company, que tinha subsidiárias em Minas Gerais e estaria envolvida em negociatas.

** *Tribuna de Imprensa*, 17.3.1967. Lacerda já tinha formado, no ano anterior, uma aliança de oposição com Juscelino e Jango, a Frente Ampla, e por isso também seria cassado e preso durante uma semana após o AI-5, em dezembro de 1968. (Ver J.W.F. Dulles, *Carlos Lacerda*, especialmente p.488-90.)

O advogado insistiu que Hélio perdera apenas seus direitos políticos, não os direitos civis e individuais, como o direito ao trabalho.

Entretanto, duas semanas depois, em 30 de março, o ministro da Justiça assinou um despacho autorizando a abertura de inquérito policial sumário, e o procurador da República ofereceu denúncia contra Hélio. Ele foi novamente intimado a comparecer à Polícia Federal para ser identificado e qualificado. Estava aberto o processo.

Juristas democratas interpretaram que, se existia uma Constituição em vigor, os Atos Institucionais — que eram leis de exceção, provisórias — estavam revogados. Portanto, o processo era ilegal.

Assim entendeu o juiz da 5ª Vara Federal, Hamilton Leal, que rejeitou a denúncia e deu ganho de causa a Hélio, considerando revogado o AI-2 e que a nova Constituição, vigente a partir do mesmo dia em que saíra publicado o artigo, mantinha suspensos os direitos políticos dos cassados, mas era omissa na questão dos direitos individuais, entre eles o de exercer a profissão.

A decisão foi aplaudida por advogados, parlamentares da oposição e imprensa. George considerou que no caso de Hélio "tirar-lhe o direito de se expressar seria tirar-lhe a própria vida, porque o idealista se alimenta da abnegação do seu trabalho. Não foi Hélio Fernandes que ganhou o direito de viver e trabalhar, foi a Justiça que, se tornando soberana, engrandeceu muito mais o nosso Brasil."[36]

Mas Hélio Fernandes continuaria cutucando os militares com vara curta.

UMA CHICANA

Dois dias após a posse de Costa e Silva o ambiente no STM ficou mais animador para os advogados de presos políticos. A postura independente de alguns ministros foi reforçada com a posse do general Olympio Mourão Filho na presidência do Tribunal. Apesar do passado integralista e de ter sido um dos líderes do golpe militar, Mourão se incompatibilizara com a cúpula militar, o que impedira sua promoção de general-de-divisão para general-de-Exército. Desde que fora para o STM ele agia rigorosamente dentro da lei. Em 1967 posicionava-se contra a Lei de Segurança Nacional e a nova Lei de Imprensa, contra a aplicação da Justiça Militar em réus civis e até defendia eleições diretas para presidente. No seu discurso de posse na presidência do STM, foi incisivo: "A prova dos autos é o fulcro da garantia democrática." Considerou "uma excrescência jurídica" o artigo 156 do Código de Justiça Militar, que permitia a um encarregado de IPM manter o indiciado detido por 30 dias, prorrogáveis por mais 20:

— Não é aceitável que um encarregado de IPM possua semelhante poder sobre os civis.

E mandou um recado para os inquisidores fardados:

— A única acusação, ainda que provada, de ser comunista um cidadão, não autoriza o juiz a condená-lo.[37]

Essa disposição do general foi colocada à prova num complicado processo envolvendo Moisés Kupperman, engenheiro acusado de dar cobertura a militantes trotskistas numa obra de construção civil, onde eles haviam realizado reuniões clandestinas. Alguns foram presos e o encarregado do IPM, capitão José Ribamar Zamith, ordenou também a captura do engenheiro.

O capitão, comandante da Companhia de Polícia do I Exército, na Vila Militar, era ardoroso membro do aparelho repressivo do regime e seria considerado um dos principais torturadores no Rio de Janeiro.[38]

Convidado para defender Kupperman, George enviou um cartão de visita a Zamith, seu ex-colega de Colégio Militar, pedindo-lhe uma reunião para tratar do caso. Durante a conversa, o advogado propôs: apresentaria seu cliente se recebesse garantia de que ele não sofreria violência física nem psicológica. O capitão concordou. Mas Kupperman conhecia a reputação de Zamith e preferiu se exilar no Uruguai ao invés de se entregar.

Pensando que George estivesse por trás da fuga, Zamith telefonou-lhe furioso, acusando-o de ser desleal e não confiar nele. De nada adiantou o advogado explicar que não tinha nada a ver com a decisão de Kupperman. O capitão rompeu relações.

Kuppermann ficou pouco tempo no Uruguai. Acreditando na promessa do presidente Costa e Silva, que assegurou tranqüilidade aos exilados políticos que regressassem, o engenheiro desembarcou legalmente no Brasil no dia 2 de abril, como um cidadão comum. Foi preso no próprio aeroporto do Galeão e levado para a Vila Militar, mantido incomunicável, sob a custódia de Zamith.

George telefonou ao capitão, que ainda estava irritado com o que acontecera antes, mas aceitou conversar e chamou George à Vila Militar. Ao chegar lá, o advogado ficou surpreso. Na entrada havia duas fileiras de soldados armados de metralhadoras formando um corredor de intimidação. E da varanda o capitão gritou:

— Entre se você tiver coragem! Venha aqui, depois da covardia que você fez comigo!

Estava se referindo à fuga de Kupperman para o Uruguai. George conhecia bem Zamith, era o tipo machão e estava testando sua coragem. Se tremesse naquele momento, entraria já desmoralizado. Passou altivo pelo corredor de soldados, entrou na varanda e dirigiu-se a Zamith na linguagem que ele mais entendia:

— Você foi meu colega no Colégio Militar e sabe qual é a nossa lei. Se quer me intimidar com essa tropa, não vai conseguir. Vamos entrar na sua sala e resolver esse assunto de homem pra homem. Ou você me mata ou eu te mato.

Zamith fixou os olhos em George e sorriu:

— Você é macho. Com macho a conversa é outra.

George esclareceu que não havia traído Zamith no episódio da fuga de Kupperman para o Uruguai.

— Vou acreditar em você, disse o capitão. Mas não permitiu a quebra da incomunicabilidade.

George impetrou no STM um pedido de habeas corpus. O relator sorteado foi o general Ernesto Geisel, integrante da chamada linha-dura do regime e que ficou no STM entre 1967 e 1969. Era o mais fechado dos ministros, embora mantivesse um relacionamento cordial com os advogados. Pelo menos os cumprimentava nos julgamentos. Negou o pedido de George alegando não ter havido "coação ilegal".

Além do processo dos trotskistas, Kupperman era suspeito de envolvimento com o Movimento Nacionalista Revolucionário em Caparaó, onde houve a batalha de Itararé da guerrilha brasileira.

Entre novembro de 1966 e abril de 1967, o MNR, formado por maioria de ex-suboficiais do Exército, instalou uma base de operações na serra de Caparaó, divisa de Minas Gerais com Espírito Santo. Durante quatro meses os candidatos a guerrilheiros montaram acampamentos, estocaram armas e mantimentos, fizeram treinamento armado. Mas a população camponesa não aderiu, como eles esperavam. Pelo contrário: a presença de homens estranhos com metralhadoras incomodou e eles foram denunciados. Um batalhão de cinco mil homens da Polícia Militar de Minas Gerais, Exército e FAB cercou a região e, sem disparar nenhum tiro, prendeu o grupo de guerrilheiros.

Eles tinham cópias de um manual de tática de guerrilha que teria sido escrito por Kupperman, em parceria com Bayard Demaria Boiteaux, líder nacional do movimento de Caparaó. Bayard foi preso pelo DOPS no Rio de Janeiro e levado para a Vila Militar, depois para Juiz de Fora, jurisdição do IPM de Caparaó. Seu advogado era Marcello Alencar, ex-procurador no IAPC (Instituo de Aposentadoria e Pensões dos Comerciários) durante o governo Jango e futuro líder político.

No início de maio George pôde comunicar-se com Kupperman. Depois da conversa, o advogado impetrou no STM um pedido de habeas corpus para tirá-lo da prisão preventiva, por "falta de justa causa". Argumentou na petição que a atividade política de Kupperman ao redigir o manual tinha sido puramente teórica e que se Marx fosse vivo não poderia ser processado pelas ações dos comunistas ou pela interpretação que os comunistas fizessem de *O capital*.

O STM concedeu o habeas corpus por unanimidade e expediu o alvará de soltura, mas Kupperman não pôde ser libertado, porque o general Itiberê Gouveia do Amaral, comandante da 4ª Região Militar, em Juiz de Fora, emitiu uma ordem para que ele continuasse preso, pois responderia por tentativa de insurreição armada. Daí o Conselho Permanente de Justiça daquela região decretou nova prisão preventiva. George apresentou uma representação ao STM queixando-se da situação de seu cliente e qualificando a atitude do general Itiberê como "flagrante desobediência e desrespeito ao Poder Judiciário". Mas a prisão preventiva foi mantida.

No dia 29 de maio, Kupperman e mais nove indiciados no IPM dos trotskistas foram escoltados por soldados do Exército armados de metralhadoras até o Conselho Permanente de Justiça da 2ª Auditoria da Aeronáutica, que funcionava na avenida Churchill, Centro.

As testemunhas de acusação desmentiram os depoimentos anteriores, alegando terem falado sob tortura. Virgílio José Cavalcanti, um rapaz de 18 anos defendido por Antonio Carlos Barandier, passara 15 dias no quartel da Polícia do Exército sofrendo choques elétricos e "telefones" (tapas simultâneos com as mãos em concha nos dois ouvidos), que tinham causado perfuração no tímpano direito, sendo medicado no Hospital Central da Aeronáutica.

Para que a acusação de tortura fosse confirmada ou negada, o procurador requereu ao Conselho o depoimento do capitão Zamith.

— Só o digno encarregado do inquérito poderá restabelecer a verdade.

Os advogados protestaram, porque o depoimento de Zamith serviria mais para fortalecer a acusação. O Conselho rejeitou o pedido de impugnação do depoimento apresentado por Barandier, seguindo-se um ríspido debate. Barandier foi ameaçado de prisão, George levantou-se em defesa do colega e da impugnação, porque o encarregado do inquérito infligira maus-tratos aos réus e não podia ser convocado como testemunha. Foi mantida a convocação de Zamith e o procurador pediu exame de corpo de delito para comprovar a denúncia de maus-tratos.

O presidente do Conselho, major-aviador Cássio Romualdo dos Reis Carneiro, perguntou a Kupperman e a outro réu, o ex-sargento Nelson de Sousa, se haviam sofrido algum tipo de coação moral e física. Respostas negativas. George interveio ressalvando que Kupperman fora colocado numa cela "infecta, estreita e sem qualquer condição de higiene", fizera greve de fome para ser transferido de cela, sendo então colocado num cubículo sem ventilação nem iluminação, proibido de tomar banho de sol. Depois de reclamar que, como engenheiro, tinha direito a prisão especial, colocaram na porta de sua cela uma tabuleta manuscrita: "prisão especial".

— As autoridades militares, que têm a precípua missão de manter a ordem, devem começar, para poder mantê-la, a respeitar a lei e as decisões da Justiça, esbravejou George.[39]

O Conselho não pestanejou. Manteve por unanimidade a prisão preventiva de Kupperman, porque "persistem as razões jurídicas que motivaram o decreto de prisão em 10 de abril deste ano".

Ele continuou preso, à disposição da 2ª Auditoria da Aeronáutica.

George usou a decisão do STM para insistir na libertação de Kupperman. Impetrou mais um habeas corpus no STM alegando falta de fundamentação legal para a prisão preventiva, falta de justa causa e excesso de tempo de detenção sem formação de culpa. Também o artigo 54 da nova Lei de Segurança Nacional determinava que ninguém podia ficar preso por mais de 30 dias, prorrogáveis por mais 30.

No dia 21 de junho o STM julgou de novo favoravelmente o habeas corpus e Kupperman finalmente saiu da cadeia. Mas sua via crucis não acabou aí. Dois dias depois foi novamente preso, por ordem do general Itiberê, a pedido do major Grünewald, encarregado do IPM de Caparaó e comandante da operação. George apresentou ao STM uma representação contra os dois oficiais, por "abuso de poder, em flagrante desobediência e desrespeito ao Poder Judiciário", crime previsto na legislação penal militar.

O relator, ministro Francisco Correia de Melo, fez uma longa exposição propondo que o STM enviasse uma ordem ao general Itiberê para soltar Kupperman, porque "parece-me que está havendo chicana grossa nesse caso".[40] Os ministros civis Orlando Ribeiro da Costa e Romeiro Neto contrapuseram uma alternativa: que Kupperman e Grünewald fossem intimados a comparecer ao STM, para que o major explicasse pessoalmente os motivos da prisão preventiva e qual o dispositivo legal em que ele se baseava. O outro ministro civil, Alcides Carneiro, apoiou a contraproposta, e ao proferir seu voto exprimiu toda a sua indignação:

— Meus senhores, estamos diante de um quadro triste, evidentemente injustificável, para não dizermos que estão tentando baixar nossas cabeças, ao nos desobedecerem.[41]

E pediu a presença de Kupperman no tribunal, "porque quero saber se ele está vivo".

A votação empatou em 6 x 6. O voto de minerva, a favor da soltura de Kupperman, foi do presidente do Tribunal, ministro Mourão Filho. Ele ordenou que o general Itiberê fosse informado por radiograma sobre a decisão e libertasse Kupperman imediatamente. Dessa vez o general Itiberê cumpriu a decisão. Kupperman continuou respondendo em liberdade ao processo dos trotskistas e não foi denunciado no IPM de Caparaó.

Rebeldes sem farda

Essa sessão do STM indeferiu uma outra petição de George, requerendo a transferência do ex-coronel de Artilharia Jefferson Cardim de Alencar Osório para o Hospital Central do Exército, a fim de que fosse submetido a um exame neurológico. Cardim estava preso à disposição da 5ª Região Militar, do Paraná, com julgamento previsto para o dia 3 de julho.

Descendente do histórico general Osório (da Balaiada e da Guerra do Paraguai), era o principal acusado de um movimento "contra-revolucionário" ocorrido no Sul em março de 1965. Junto com o ex-sargento da Brigada Militar gaúcha, Alberi Vieira dos Santos, o ex-coronel havia liderado uma coluna de 21 homens armados que invadiram a cidadezinha de Três Passos, interior do Rio Grande do Sul, leram um manifesto numa rádio local, atravessaram Santa Catarina e acamparam no Paraná. Localizados por uma tropa do III Exército, foram perseguidos e na troca de tiros um cabo morrera. Cardim fora preso e levado com seu grupo para o 1º Batalhão de Fronteiras, em Foz do Iguaçu. Ficaram mais de três meses ali, incomunicáveis, sofrendo torturas abomináveis, a ponto de Cardim pedir para ser fuzilado. Fora amarrado na frente da tropa e tivera o rosto pisoteado. Só em julho, depois de transferido para Porto Alegre, ele recebera visitas. Levado para Curitiba, ficara preso no 5º Regimento de Obuses até pelo menos outubro de 1966, à disposição da Auditoria da 5ª Região Militar. O inquérito arrolava mais 16 pessoas, entre elas Brizola, o jornalista Paulo Schilling e o engenheiro Ivo Magalhães, ex-prefeito de Brasília, acusados de integrarem a "assessoria político-militar" do ex-governador.

George afirmou que a Lei de Segurança Nacional permitia perdão judicial para os rebeldes que depusessem armas, o que seria o caso do ex-coronel, e lembrou que em matéria penal a norma era aplicar a lei mais benigna.

— Como oficial superior, como brasileiro, mesmo que ele tivesse praticado um crime contra a Segurança Nacional, deveria ter merecido o respeito e a tolerância de seus compatriotas, e não ser tratado como foi na fase do IPM, durante o qual lhe bateram, escarraram-lhe na face e não lhe deram o tratamento que a Convenção de Genebra assegura até mesmo a estrangeiros prisioneiros de guerra.[42]

George também sustentou que o cabo do Exército fora morto pela própria patrulha que perseguia Cardim. Mas o Conselho condenou todos os réus. Cardim e Brizola, à revelia, receberam 9 anos cada. George comentou:

— Parece-me que o julgamento foi limpo, embora não saiba se foi justo.*

* *Última Hora*, 10.7.1967. Em 1968 Cardim fugiu da prisão em Curitiba com ajuda do ex-major de Cavalaria Joaquim Pires Cerveira, que fundaria no Rio Grande do Sul a pequena Frente de Libertação Nacional.

O carrasco nazista

Na época do julgamento de Cardim estava preso em Brasília um senhor magro, 60 anos, cabelos tingidos de ruivo e que, visto andando na rua, podia ser confundido com um amável vovô. Mas era um dos principais líderes nazistas ainda foragidos: Franz Stangl.

Austríaco de Altmuenster, Stangl filiou-se ao partido nazista de seu país e adquiriu cidadania alemã. Ocupou postos na Gestapo, polícia secreta, e na SS, tropa de elite, ambas dirigidas por Heinrich Himmler. Entre 1942 e 1943 comandou os campos de extermínio de Sobibor e Treblinka, na Polônia. No primeiro, inaugurado no ano da sua chegada, morreram 731.600 pessoas, a maioria na câmara de gás. Em Sobibor, 300 mil. Os cálculos são da Comissão Central de Investigação dos Crimes Alemães na Polônia. No Instituto de Hartheim, Áustria, Stangl administrou a aplicação de eutanásia em 13 mil pessoas (com veneno, injeção mortífera, gás), incluindo idosos, deficientes mentais e crianças.

Quando os nazistas foram derrotados na Segunda Guerra Mundial, em 1945, Stangl era major da SS. Preso no ano seguinte e interrogado pela polícia de Linz, foi acusado de cumplicidade em crimes de guerra, mas conseguiu fugir. Após uma perambulação pela Europa, decidiu vir para o Brasil em 1954.

Usando seu próprio nome, ele conseguiu emprego na Volkswagen, em São Paulo. Durante mais de dez anos teve uma vida tranqüila. Era supervisor da linha de montagem ao ser preso em casa pela Polícia Federal, dia 28 de fevereiro de 1967, a pedido do governo da Áustria. Disse que nem esperava ficar tanto tempo em liberdade. Sua localização foi possibilitada pelas investigações do persistente caçador de nazistas Simon Wiesenthal.*

Transferido para Brasília, o veterano nazista ficou detido no quartel da 1ª Bateria Independente de Artilharia Antiaérea, sob custódia do Departamento de Polícia Federal. Acusação: homicídio qualificado. Cometera crimes de guerra, mandando matar milhares de civis "com intenções torpes", usando "meios insidiosos e cruéis". Ao ser interrogado, no dia 28 de abril, admitiu ter sido administrador de Treblinka durante um ano, até agosto de 1943, mas não participara diretamente das mortes; negou também ter chefiado grupos da SS que haviam matado 1.550 judeus no distrito de Lublin. Alegou que sua função tinha sido apenas administrativa, fazia o inventário dos cadáveres. E a velha

---

* Arquiteto judeu austríaco, ex-prisioneiro de campo de concentração entre 1941 e 1945, teve sua família exterminada e depois da guerra dedicou-se a procurar criminosos nazistas em liberdade. Fundou em Viena o Centro Judaico de Documentação em 1961, para centralizar as atividades destinadas a manter viva a memória do genocídio.

desculpa: "Não posso ser acusado pelas mortes dos judeus; eu obedecia ordens de Hitler e Himmler." Um ex-prisioneiro de Treblinka, Henryk Posvolsk, confirmou no Rio de Janeiro a participação direta de Stangl nos extermínios.

Três países reivindicaram sua extradição, para ser julgado no local onde cometera os crimes: Áustria, a então Alemanha Ocidental (ou Federal) e a Polônia. Qual teria a primazia? A Áustria justificou que Stangl era austríaco de nascimento e devia ser julgado lá; a Alemanha Federal tinha razão em querer julgá-lo porque ele praticara seus crimes em território alemão ou sob jurisdição alemã, assim como a Polônia, porque, afinal, os extermínios haviam ocorrido nos campos de concentração situados em seu território. Era um caso raríssimo, e único entre os criminosos nazistas, de acusado reivindicado por três países.

Como resolver o impasse? O Supremo Tribunal Federal examinou o processo dos pedidos de extradição e o passou para o procurador-geral da República, Haroldo Valladão, ex-deputado constituinte de 1946 e ex-professor de Direito Internacional Privado. Seu parecer foi contrário ao pleito da Polônia, porque a instrução criminal havia começado nos outros dois países e, mais decisivo, os crimes atribuídos a Stangl na Polônia estavam prescritos desde 1963, sem que a Justiça daquele país tivesse tomado qualquer iniciativa antes disso.

Evaristo e George representaram os interesses da Alemanha e Áustria, respectivamente, enquanto o criminalista e deputado estadual pelo MDB Alfredo Tranjan licenciou-se da Assembléia Legislativa para representar o governo da Polônia.

Os três estudaram a fundo a história do nazismo e Direito Internacional. Em maio enviaram ao STF longos memoriais em nome dos governos da Áustria, Alemanha e Polônia, expondo os motivos pelos quais esses países haviam pedido a extradição de Stangl.

As razões da Alemanha, apresentadas nas 28 páginas do memorial de Evaristo, incluíram parecer do ex-ministro Nelson Hungria, bem como a tradução oficial da sentença expedida contra Stangl pelo Tribunal Regional de Justiça de Düsseldorf em 1960. O arrazoado de Evaristo pode ser assim resumido:

1) Princípio da personalidade ativa: na época em que cometeu os crimes, Stangl era funcionário alemão, com cidadania alemã.

2) Princípio da territorialidade: a lei deve ser aplicada a infratores nacionais e estrangeiros por prática criminosa dentro de um determinado Estado. Parte dos crimes de Stangl foi cometida em solo alemão e a Polônia era território ocupado, sob jurisdição do III Reich (Convenção sobre Leis e Costumes da Guerra Terrestre de 18 de outubro de 1907). Dizia o memorial de Evaristo: "É fato histórico e notório que a atuação delituosa irrogada ao

Extraditando vincula-se a um plano criminoso global engendrado no próprio território alemão, onde se deliberou a denominada 'solução final' da questão judaica. Integrado no *pactum sceleris*, o Extraditando executou a sua parte em Treblinka, como o havia feito anteriormente em Sobibor, campo de extermínio do qual foi também comandante. A atividade dos diversos núcleos de eliminação em massa estava interligada por uma mesma deliberação delitiva e único planejamento geral, uma e outro ocorridos em solo alemão. Trata-se de um caso típico de conexão intersubjetiva por concurso, que se dá quando duas ou mais infrações são cometidas por duas ou mais pessoas em concurso, embora em tempo e lugares diversos."

O memorial de George fez um histórico das atrocidades do nazismo, especialmente as cometidas sob chefia de Stangl, e defendeu sua extradição para a Áustria porque ele tinha nascido naquele país, conforme previa o artigo 3º do decreto-lei 394/38, que regulamentava a extradição.

Enquanto Evaristo estava em Brasília acompanhando o processo no STF, a Associação Scholem Aleichem de Cultura e Recreação promoveu no Rio de Janeiro um debate sobre o caso, com participação de George e Tranjan. O presidente da entidade, Luís Goldberg, comentou:

— Esse encontro representa um grito de alerta de toda a colônia contra a impunidade dos crimes cometidos nos campos de concentração. Lutamos para que a extradição e julgamento de Stangl nas terras onde cometeu os crimes sejam exemplo e advertência para que não haja possibilidade para o ressurgimento do nazismo, responsável pelos crimes cometidos.[43]

George explicou a posição da Áustria e o envolvimento de Stangl nos assassinatos cometidos quando chefiava Treblinka, Sobibor e Hartheim. Tranjan falou sobre o ressurgimento do nazismo nos Estados Unidos e na Alemanha Federal. A Associação divulgou uma moção de apoio à extradição, propondo que Stangl fosse julgado na Polônia.

O caso teve repercussão internacional. Além de Stangl, outros dois líderes nazistas eram os mais procurados no mundo: o médico Joseph Mengele (também foragido no Brasil, onde morreria em 1979) e Martin Borman, ex-general da SS, nunca encontrado (uma das versões é de que também teria vindo para a América Latina). Israel manifestou-se a favor do julgamento de Stangl na Alemanha. O senador e ex-procurador-geral norte-americano Bob Kennedy opinou a favor da Polônia, porque Stangl tinha cometido a maioria de seus crimes em Sobibor e Treblinka.

Em 7 de junho de 1967 às 13h30min o STF começou um dos julgamentos mais longos de sua história. Uma sessão memorável, com debates de altíssimo nível entre três craques do Direito Penal brasileiro e os 14 ministros, que também eram alguns dos melhores juristas do país: Luís Gallotti (presidente), o recém-chegado Adauto Lúcio Cardoso (liberal esclarecido, ex-deputado federal), Cândido Mota Filho (ministro desde 1956), Hahnemann Guimarães (ministro desde outubro de 1946), Lafayette de Andrada, Gonçalves de Oliveira, Djacir Falcão, Aliomar Baleeiro, Evandro Lins e Silva, Elói José da Rocha, Adalício Nogueira, Hermes Lima, Osvaldo Trigueiro e Vítor Nunes Leal (relator).

No auditório lotado, representantes das embaixadas dos países interessados e da comunidade judaica, políticos, jornalistas brasileiros e correspondentes estrangeiros.

Cada advogado ocupou a tribuna por 15 minutos. O primeiro foi George. Expôs oralmente as razões doutrinárias jurídicas da Áustria:

— No parágrafo 54 da ordenação processual austríaca, diferentemente da maior parte das legislações, a extraterritorialidade da lei penal, matéria de Direito substantivo, também foi colocada na lei adjetiva, que regula a competência do tribunal austríaco, para processar o autor de crime cometido fora do território da República da Áustria. Como em nosso país, a Áustria adotou o princípio da personalidade ativa. Se porventura o Brasil extraditar Franz Stangl pelos assassinatos cometidos em Hartheim, território austríaco, e não extraditá-lo pelos crimes cometidos em Treblinka e Sobibor, território polonês, jamais poderá a República Federal da Áustria conceder a extradição do seu nacional à Alemanha Ocidental ou à Polônia, ficando, destarte, impunes tão bárbaras infrações. Os séculos jamais apagarão tantos crimes. Diante dos perplexos juízes de Nuremberg o frio ex-governador-geral da Polônia ocupada exclamou, talvez num rasgo de arrependimento pelos assassinatos cometidos em massa contra os judeus: 'Milhares de anos passarão e ainda essa culpa da Alemanha jamais será esquecida.' ... O extraditado não foi um mero cumpridor de ordens. Voluntária e conscientemente foi um dos executores do plano de extermínio traçado pela cúpula nazista. Uma coisa são os crimes praticados pela tirania; outra coisa são os delitos perpetrados pelos tiranos. O malefício da tirania é julgado pela História. Os crimes dos tiranos pesam na consciência dos homens, abalam os alicerces sociais e corrompem as gerações; por isso não devem ficar impunes. O nazismo, como toda a tirania, já teve o seu julgamento e a humanidade jamais esquecerá dos sombrios anos de sua dominação. Entretanto, os crimes dos tiranos nazistas que deram vazão aos desvios éticos e perversões, fugidos de Nuremberg, reclamam, ainda, o julgamento de um Tribunal.[44]

Evaristo argumentou que a atuação criminosa de Stangl teria cessado em agosto de 1943, quando deixou o comando do campo de Treblinka. Portanto, a prescrição ocorrera em agosto de 1963. Porém, o prazo fora interrompido por uma petição do promotor geral do Tribunal Regional de Düsseldorf, datada de 3 de maio de 1960, expedindo ordem de prisão e deferida em despacho do juiz de instrução a 4 de maio. A prescrição passara a ser recontada a partir daí, conforme as leis alemã e brasileira.

Alfredo Tranjan pediu a extradição para a Polônia invocando o acordo entre as grandes potências assinado em 8 de agosto de 1945, em Londres, o qual determinara que "os oficiais, soldados e membros do partido nazista sejam devolvidos aos países onde foram praticados os crimes de guerra".

Ao término dos 45 minutos ocupados pelos três advogados, falou o defensor dativo de Stangl, Xavier de Albuquerque, nomeado pelo STF, e que impetrara um pedido de habeas corpus em favor de seu cliente, argüindo que a ação penal estava prescrita. Numa defesa considerada pelo ministro Evandro Lins e Silva "impecável na forma e magistral na técnica", Xavier disse durante seus 15 minutos que o Brasil não possuía tratado de extradição com nenhum dos três países e que a nova Constituição sujeitara os tratados e convenções internacionais à aprovação do Congresso Nacional. Mais: Stangl apenas cumprira ordens superiores e a pena nos três países era incompatível com a lei brasileira. Finalmente, alegou Xavier que a prescrição valia para os três países, não apenas para a Polônia, como avaliara o procurador-geral da República, cujo parecer, segundo Xavier, continha interpretações erradas dos fatos e equívocos nas citações. Haroldo Valladão ficou muito melindrado.

George conciliou:

— A Áustria não abre mão da extradição a seu favor. Mas diante da dúvida que está sendo estabelecida, e por razões histórico-políticas, a Áustria pede que ele vá para a Alemanha.

O relator Vítor Nunes Leal pronunciou seu longo voto concordando com o princípio da territorialidade levantado por Evaristo, pois os crimes, segundo ele, haviam ocorrido em território de soberania alemã, a Alemanha iniciara o processo antes da prescrição dos crimes e o planejamento do extermínio fora centralizado em território alemão, onde Stangl estava servindo. Enfatizou também o relator que o genocídio, para efeito de extradição, não é crime político e que o cumprimento de ordens superiores, naquele caso, não o isentava de culpa, de acordo com o Código Penal brasileiro. Vítor Nunes ressaltou ainda a inexistência de tratado de extradição recíproco entre o Brasil e os países em questão, bem como a necessidade de aprovação prévia de novos tratados pelo Congresso, lembrando que já existia uma lei prevendo a reciprocidade unilateral. Também disse que os crimes de Stangl deveriam ser da alçada de um Tribunal Internacional, mas isso ainda não existia, e nem existe. "No Brasil a lei permite o descumprimento de uma ordem ilegal, como seja a matança de criaturas inocentes, qual aconteceu nos campos de concentração nazistas."[45]

Após mais de cinco horas de debates, Luís Gallotti anunciou a decisão unânime: 13 x 0. Estava autorizada a extradição de Stangl para a Alemanha, mas condicionada à conversão da pena de prisão perpétua em prisão temporária, ou prisão por tempo determinado. Posteriormente Stangl deveria ir para a

Áustria. Os crimes cometidos na Polônia foram considerados prescritos e o pedido de extradição para esse país ficou prejudicado.

O STF enviou o resultado do julgamento para o Ministério da Justiça, que comunicou oficialmente à embaixada da Alemanha Federal. Os alemães ficaram numa situação difícil. Já haviam condenado meros subordinados de Stangl à prisão perpétua. Como aplicar-lhe uma pena menor?

Stangl seria julgado no dia 8 de novembro de 1970 em Düsseldorf. Em um Landgerich (Tribunal do Estado) quase vazio, exceto pelos nove juízes, advogados e jurados, a defesa alegou que ele cumpria em Treblinka função apenas administrativa. Essa tese foi derrubada pelo depoimento de uma testemunha, ex-colega dele, o também capitão Kurt Franz, apelidado de "Boneca", condenado à prisão perpétua, e com quem Stangl servira em Treblinka.

— Quem era o responsável pela morte dos judeus em Treblinka?, indagou um promotor.

— O Estado Nacional Socialista, de Berlim, respondeu "Boneca".

— Mas quem representava o Estado Nacional Socialista em Treblinka?, insistiu o representante do Ministério Público.

"Boneca"olhou para o banco dos réus:

— Stangl!

A sentença saiu no dia 4 de dezembro daquele ano. Mas antes disso Stangl morreu de infarto.[46]

Um jornalista confinado

Com determinação e ousadia, o inquieto Hélio Fernandes continuava exercendo seu estilo polêmico, quase sempre panfletário. Nos dias 19 e 20 de julho de 1967 ele publicou na *Tribuna da Imprensa* dois ferinos artigos que deixaram os militares enfurecidos.

O primeiro, na primeira página, arrasou a persona política de Castello Branco, morto na véspera em desastre aéreo no Ceará. O ex-presidente fora um dos líderes militares de maior prestígio entre seus pares. Ex-chefe do Estado-Maior do Exército, ex-membro da Força Expedicionária Brasileira, sua imagem era a de um militar intelectual, ético, liberal, que nem queria o seu mandato prorrogado por mais um ano, como acontecera, mediante emenda constitucional aprovada no Congresso. Mas seu governo cometera um verdadeiro democracídio no país: 1.574 demissões de funcionários de autarquias e órgãos públicos, 547 suspensões de direitos políticos por dez anos, 116 mandatos políticos cassados, 569 militares reformados compulsoriamente e 165 transferidos para a reserva, 4 insígnias militares canceladas, 60 medalhas cassadas, 75 excluídos da Ordem do Mérito Militar, 526 aposentadorias compulsórias, sem falar dos milhares de prisões.[47]

Entretanto, por mais cruel que uma pessoa tenha sido em vida, é costume tratarmos o defunto com generosidade, mesmo se hipócrita. Seus defeitos são automaticamente perdoados e pode até ganhar algumas virtudes impensáveis. No Brasil sobretudo, país de sentimentos exacerbados, é tabu falar mal de quem acaba de morrer. E Hélio ousou falar mal do ex-presidente bem no dia do seu sepultamento, e assinou o artigo com seu próprio nome, o que já tinha lhe causado problema. Esculhambou o governo e o caráter de Castello Branco usando os piores adjetivos publicáveis. "Com o ex-presidente desapareceu um homem frio, impiedoso, vingativo, implacável, desumano, calculista, ressentido, cruel, frustrado, sem grandeza, sem nobreza, seco por dentro e por fora, com um coração que era um verdadeiro deserto do Saara. ... O sr. Castello Branco fez do exercício do poder uma coisa humilhante e pouco edificante, morrendo sem seguidores e sem admiradores, e até sem amigos, íntimos ou não. ... Ele pensou que a arrogância, a prepotência e a presunção é que elevam os homens no conceito geral, quando a classificação é inteiramente diferente, feita de forma invisível, mas rigorosamente infalível. ... Para mostrar sua pequena estatura, não é preciso carregar nas tintas. Basta mostrá-lo como ele foi, dizer o que ele não fez, as chances que teve e desperdiçou, o Poder que usou para a perseguição e para a mesquinhez, o que poderia ter feito pelo seu povo, pela sua pátria, pela sua gente. Não vamos canonizá-lo ou deixar que se transforme em herói, apenas porque um avião se chocou com outro e ele desapareceu de cena, inesperadamente, antes de ser colhido pelo desprezo geral."[48]

Durante o velório, no cemitério São João Batista, os oficiais militares mais influentes do país manifestaram sua indignação. "Desumano", "traidor", foi o mínimo que falaram de Hélio, lembrando que ele apoiara entusiasticamente a deposição de João Goulart. Nos meses subseqüentes ao golpe militar a *Tribuna da Imprensa* aplaudira e estimulara a caça às bruxas. Após sair a lista dos 100 primeiros cassados, Hélio promovera uma campanha pela cassação também de alguns líderes civis que não eram nem comunistas nem comprovadamente corruptos. Em artigos assinados, atacara sem piedade os então senadores Juscelino ("consolidador da aliança comuno-negocista no Brasil") e Afonso Arinos, ex-ministro das Relações Exteriores de Jango no parlamentarismo ("responsável pela comunização do Itamaraty"), os deputados Tancredo Neves ("conivente com o processo de comunização do Brasil, atitude que, além do mais, garantia-lhe a impunidade para continuar a realizar sua negociatas") e San Thiago Dantas, ex-ministro das Relações Exteriores e da Fazenda no governo Jango ("mentor intelectual do ex-presidente da República, passou da extrema direita para a extrema esquerda"), o banqueiro Walther Moreira Salles, ex-embaixador e ex-ministro da Fazenda no parlamentarismo ("juntou formidável fortuna usando os cargos públicos em benefício próprio"), o empresário e senador José Ermírio de Morais, ex-ministro da Indústria e Comércio de Jango ("único financiador da campanha de Miguel Arraes para governador de Pernambuco") e o general Jair Dantas Ribeiro, antilacerdista que já ganhara um processo contra Hélio, mas estava doente em abril de 1964, internado no Hospital dos Servidores do Estado. Hélio atiçara os militares principalmente contra os quatro primeiros. "Enquanto não afastar estes quatro elementos da vida pública, nem a Revolução nem o país poderão ter a tranqüilidade desejada para se entregar ao trabalho construtivo".[49]

As opiniões de Hélio sobre esse grupo em 1964 coincidiam com as de Lacerda, que almejava a presidência da República e tinha interesse em afastar seu potencial concorrente mais forte, Juscelino. Na verdade o jornal refletia o pensamento lacerdista.

Mas em 1967 Hélio estava na oposição, assim como Lacerda, que se reconciliara com Juscelino e Jango e estava articulando o lançamento da Frente Ampla, movimento de centro com a pretensão de forçar a devolução do poder aos civis, mediante o restabelecimento das eleições presidenciais diretas. A Frente encontrava dificuldades para decolar e isso criava uma angustiante falta de perspectiva política em Lacerda. Por seu lado, Hélio também tinha motivos de sobra para criticar o governo e principalmente Castello Branco, responsável por sua cassação em 1966.

— O artigo desmoralizou o presidente Castello Branco e o próprio Exército, disse um oficial no velório.

— Vamos nos unir e pressionar o presidente Costa e Silva para aplicar o AI-2 e confinar o Hélio. Não podemos confiar no Poder Judiciário, é bastante falho, disse outro.[50]

No dia seguinte ao sepultamento, saiu publicado o segundo artigo, sem mencionar Castello Branco. Mas Hélio defendeu o direito de dizer a verdade em nome dos interesses nacionais e recordou a cassação de seus direitos políticos: "Fui cassado por exigência dos trustes, numa hora em que tantos outros se curvaram da forma mais aviltante. E nem assim me curvei. E são esses mesmos trustes e seus agentes, encapuçados ou não, que aproveitam e vão aproveitando todas as deixas para ver se arrancam a minha cabeça."[51]

Na visão da cúpula militar, os artigos haviam injuriado e difamado a memória do ex-presidente, atingindo os ideais do movimento de 64, e representavam uma ameaça de perturbação da ordem pública.

No começo da tarde do dia 20, quando saiu o segundo artigo, dois agentes federais entraram na redação do jornal e entregaram uma intimação para que Hélio, ausente naquele momento, fosse "prestar esclarecimentos". Hélio compareceu dois dias depois acompanhado de Evaristo, George e Mário de Figueiredo, que já levavam um pedido de habeas corpus, para tentar livrar o jornalista de uma eventual prisão preventiva. O prédio da Polícia Federal estava com a bandeira brasileira a meio-pau, pela morte do ex-presidente. Na calçada em frente muitos repórteres e populares curiosos se aglomeravam.

Hélio subiu ao 2º andar e após uma hora e meia começou a depor para os inspetores Oswaldo Pereira e Pompeu da Silva Oliveira, na presença dos advogados. Hélio admitiu ser autor dos artigos, pois havia recuperado seu direito de exercer a profissão.

Enquanto ele depunha, chegou o coronel Armando Varela, subchefe de gabinete do novo ministro da Justiça, Gama e Silva, trazendo uma portaria surpreendente: Hélio seria confinado na ilha Fernando de Noronha, por tempo indeterminado. A decisão fora tomada pelo ministro com base no AI-2, artigo 16, inciso IV, letra C, que estabelecia "domicílio determinado" para pessoas que ameaçassem a ordem política e social. As pressões da cúpula militar haviam dado resultado.

Logo após o anúncio do confinamento, os advogados decidiram falar com o ministro. Evaristo telefonou para o gabinete, mas ele estava no Palácio das Laranjeiras reunido com o presidente Costa e Silva, que despachava lá quando estava no Rio.

Ao saírem da Polícia Federal, os advogados anunciaram à imprensa o confinamento, qualificado por eles como uma decisão arbitrária e ilegal, porque desrespeitava a medida judicial do juiz Hamilton Leal, que em abril dera sentença favorável a Hélio para exercer seus direitos individuais. E além disso o AI-2 se extinguira em 15 de março, implicitamente revogado pela nova Constituição. Mário afirmou ser a primeira vez em 26 anos de profissão que um cliente intimado se apresentava voluntariamente numa delegacia para prestar esclarecimentos e saía preso.*

Evaristo e George foram ao Ministério da Justiça tentar convencer o ministro a revogar a portaria. Gama e Silva disse que a nova Constituição aprovava e resguardava todos os atos praticados pelo governo da "Revolução" com base no AI-1 e AI-2, e que ele apenas cumprira "ordens que vieram de cima", subentendendo-se que militares radicais haviam pressionado Costa e Silva a impor o confinamento. O ministro disse ainda aos advogados que Hélio não estava preso, apenas iria passar uma noite no quartel da PE, à espera do transporte que o levaria para Fernando de Noronha. O jornalista não poderia publicar nenhum artigo, nem com pseudônimo, e tampouco receberia visita de jornalistas.

---

* Esse procedimento se agravou após o AI-5. O caso de maior repercussão foi do jornalista Vladimir Herzog, que em 1975 apresentou-se espontaneamente para depor no DOI-Codi de São Paulo e morreu sob tortura.

George ficou revoltado:

— É incrível que o ministro confine um jornalista baseado em atos que foram extintos pela Constituição Federal. Além do mais, Hélio não concitou ninguém a fazer uma revolução, e mesmo a morte não dá imunidade a ninguém.[52]

Após mais de seis horas na Polícia Federal, Hélio saiu às 21:30h dentro de uma veloz perua Rural Willys com seis agentes, que o levaram para o quartel da Polícia do Exército. Ficou incomunicável numa cela suja e sem janela. Ao mesmo tempo, policiais vigiavam sua casa e o prédio da *Tribuna da Imprensa*.

Os três advogados foram ao quartel para falar com ele, mas não passaram do portão, por ordem do coronel Roberto Moura, comandante do Batalhão de Manutenção da Divisão Blindada e responsável pelos presos políticos. Os advogados seguiram para a OAB, no Centro, onde propuseram uma reunião extraordinária do Instituto dos Advogados do Brasil.

Na tarde do dia seguinte, Hélio deixou a PE com policiais, entrou na Rural Willys, passou em casa, no Jardim Botânico, apanhou roupas e livros e foi para a Base Aérea do Galeão com os quatro filhos e Rosinha, sua esposa. No começo da noite ela embarcou com Hélio no C-54 da FAB, para dar apoio moral.

Confinado: Hélio Fernandes deixou a barba crescer em Fernando de Noronha, onde foi visitado por Carlos Lacerda (de óculos), Mário de Figueiredo e George.

Ilha principal de um arquipélago isolado na costa nordeste do Brasil, com apenas 10km de comprimento e 3,5km de largura, Fernando de Noronha ainda não era em 1967 o pólo de ecoturismo que se tornaria a partir da década de 80. A beleza da paisagem — praias selvagens, rochedos, ruínas — contrastava com uma história de sofrimento humano cravada no presídio construído no século XVII, quando a ilha se tornou colônia penal. Durante o Estado Novo, um dos presos políticos ali tinha sido o líder comunista e futuro guerrilheiro Carlos Marighella. Quando o presídio foi desativado, em 1942, o mundo estava em guerra, e os Estados Unidos instalaram na ilha uma base militar. Nos anos 50 os americanos voltaram, montando uma estação de rastreamento de foguetes teleguiados, autorizada por acordo assinado com o governo brasileiro em 1957, com duração prevista de cinco anos. Mas após dois anos a base foi substituída por uma guarnição do Exército brasileiro.

Noronha continuou servindo para isolar inimigos do Estado depois do golpe de 64. Foram confinados o ex-deputado Gregório Bezerra e outros comunistas, além dos governadores cassados João Seixas Dória, de Sergipe, que ficou cinco meses, e Miguel Arraes, de Pernambuco, depois que se recusou a assinar uma declaração de renúncia, lá ficando mais de um ano, sem processo.

Quando Hélio Fernandes e Rosinha chegaram, a ilha era habitada por cerca de 200 militares de um destacamento do Exército comandado pelo coronel Jaime Costa e Silva (nenhum parentesco com o marechal-presidente), 120 funcionários civis do Exército e os habitantes nativos, alguns ex-presidiários. No total, pouco mais de mil habitantes, incluindo crianças e velhos. A maioria morava na Vila dos Remédios, sede da administração do território, que tinha serviço telefônico, água potável, luz elétrica e uma capela do século XVIII, a Igreja de Nossa Senhora dos Remédios. Com exceção da pesca e da agricultura de subsistência, os produtos consumidos na ilha vinham do Recife ou de Natal, trazidos em aviões que pousavam numa precária pista.

Hélio e Rosinha ocuparam um dos barracos de madeira construídos pelos americanos, teto de zinco e janelas forradas com telas de arame, para proteger contra mosquitos e ratos que abundavam na ilha. O sanitário ficava do lado de fora. Para piorar, era época de chuva, o que tornava mais deprimente a atmosfera.

Todos os setores da sociedade pensante reagiram protestando contra o confinamento do jornalista: políticos da oposição, a Associação Brasileira de Imprensa, sindicatos de jornalistas de vários estados, a OAB, colunistas e intelectuais. A coluna "Em Primeira Mão", assinada por "João da Silva", passou a sair em branco, e assim permaneceria até a volta de Hélio.

Os três advogados aguardaram que o juiz Evandro Gueiros Leite, titular da 1ª Vara Federal, examinasse o aspecto legal da portaria do ministro da Justiça que determinara o confinamento. Uma formalidade. Se ele ratificasse a portaria e Hélio fosse mesmo impedido de exercer o jornalismo durante seu período em Noronha, os advogados pretendiam impetrar pedido de habeas corpus no Tribunal Federal de Recursos, invocando a ilegalidade do confinamento.

Rosinha voltou para o Rio de Janeiro após dez dias e relatou à imprensa as condições deploráveis em que Hélio vivia. Para quem estava habituado ao frenesi cotidiano da redação e respirava política por todos os poros, aquele descanso forçado, junto com a brusca e absoluta solidão, era terrível. Ele amenizava o tédio em caminhadas pelas praias, quando não chovia, lia os livros trazidos e conversava com os oficiais, que o tratavam cordialmente. À noite pernilongos interrompiam seu sono infiltrando-se através da tela de arame da janela, e lá fora os ratos guinchavam no matagal.

Após muita insistência no gabinete do ministro da Justiça, os advogados conseguiram autorização para visitá-lo. Na manhã de 8 de agosto, George, Mário, Carlos Lacerda e o deputado Ewaldo Pinto, do MDB paulista, chegaram à ilha. Evaristo ficou no Rio acompanhando a decisão do juiz Evandro, já com um habeas corpus pronto. Se a portaria fosse considerada ilegal pelo juiz, o grupo levaria Hélio imediatamente para casa.

Com a barba crescida e mais magro, o jornalista os recebeu no campo de pouso. No dia seguinte à tarde George telefonou para Evaristo e recebeu a notícia: o juiz Evandro considerara legal a portaria do ministro, mas pedira a fixação de um prazo para o confinamento e que Hélio fosse transferido para outro lugar, "onde possa prover os meios de sua manutenção e da sua família". Portanto, ele poderia exercer a profissão.

Já de volta ao Rio de Janeiro, os advogados enviaram um telegrama ao ministro Gama e Silva solicitando a transferência imediata de Hélio Fernandes, conforme decidira o juiz. Três dias depois o ministro ainda não tinha nenhuma resposta. Os advogados protestaram através da imprensa contra a manutenção do jornalista na ilha. Finalmente, no dia 17 de agosto eles se reuniram com Gama e Silva, que os informou onde Hélio completaria seu confinamento: em Pirassununga, no interior de São Paulo. Era uma simpática cidadezinha com 35 mil habitantes (muitos deles funcionários públicos e militares), uma Academia da Força Aérea e famosos alambiques das cachaças 51 e 29.

Hélio saiu de Fernando de Noronha num B-17 e após nove horas e meia de vôo chegou a Pirassununga. O comandante do 17º Batalhão de Cavalaria, coronel Berford, seguindo instruções do II Exército, conduziu o jornalista ao Hotel Príncipe, o melhor da cidade, onde Hélio recebeu as visitas do irmão Millôr e de Rosinha. Sua situação melhorou bastante. Podia circular à vontade, mas sem afastar-se do perímetro urbano, e sempre sob discreta vigilância policial.

O jornalista Hélio Fernandes, em Pirassununga, recebe sua mulher Rosinha, George e Evaristo.

No final de agosto os advogados ingressaram com pedido de habeas corpus no Tribunal Federal de Recursos contra a decisão do juiz, argumentando que a Constituição, no artigo 152, §2º, previa confinamento apenas durante estado de sítio. Dizia a petição: "Todo ato de autoridade pública deve ser baseado em alguma lei vigente. Neste caso, não existe nenhuma lei que possa dar aquele direito ao ministro da Justiça. A única seria o Ato Institucional nº 2, mas este perdeu a vigência com a nova Constituição. Se ainda é possível invocar tal Ato para alguma medida, seria possível também ao presidente da República continuar suspendendo direitos políticos. Ainda há Poder Judiciário no Brasil, tanto civil quanto militar e que nunca se acovardou. Se isto acontecer agora, então devemos fechar as portas da Justiça."[53]

Para reforçar a pressão a favor de Hélio, Carlos Lacerda publicou na *Tribuna da Imprensa* uma série de cinco artigos nos quais defendeu o jornalista e analisou o poder militar no Brasil pós-64, com ataques contundentes ao governo Costa e Silva e elogios a dois tradicionais inimigos: "Juscelino foi o desenvolvimento e a idéia da continuidade do processo democrático. Vargas e seus discípulos, a idéia do progresso social e da afirmação nacional. ... Por mim, declaro que tenho mais afinidades com o Sr. Juscelino Kubitschek e com a esquerda democrática do que com a embaixada americana, o Walther Moreira Salles, o Roberto Marinho e outros ases da corrupção permanente e do atraso nacional."[54] Os artigos selaram o rompimento definitivo de Lacerda com o regime militar.

Por 6 x 5 o Tribunal Federal de Recursos negou o habeas corpus, ratificando a decisão do juiz Evandro Gueiros Leite, sob a alegação de que o artigo 173 da nova Constituição excluía de apreciação judicial as decisões do governo tomadas com base nos Atos Institucionais. Os advogados recorreram ao STF com um habeas corpus para tirar Hélio do confinamento. Mas antes de ser apreciado, com larga chance de vitória, Gama e Silva determinou o regresso do jornalista para o Rio de Janeiro, após dois meses. Ele seria ainda alvo de uma queixa-crime apresentada pelo filho de Castello Branco, com base na Lei de Imprensa, mas rejeitada na 9ª Vara Criminal.

Preventiva indefinida

Enquanto Hélio comia em Fernando de Noronha o pão que a ditadura amassou, um outro importante jornalista foi preso.

O gaúcho Flávio Tavares exercia dupla militância — repórter da sucursal da *Última Hora* em Brasília e militante do Movimento Nacionalista Revolucionário. Em agosto de 1967 ele foi preso pela segunda vez. Da primeira, logo após o golpe militar, ficara apenas três dias detido, sem nenhuma acusação formal, pois naquela época ainda não fazia parte da oposição organizada. Mas em 1965 fora ao Uruguai, encontrara-se com Brizola e ingressara no MNR.

Por isso a segunda prisão foi mais pesada. Flávio era o "dr. Falcão", líder intelectual do MR-21 de Abril, um núcleo embrionário do MNR no Triângulo Mineiro, com base em Uberlândia. Ele estivera nessa cidade uma vez, dirigindo uma reunião dentro de um consultório dentário, com 15 pessoas de diferentes classes sociais interessadas em aderir ao MNR e articular uma resistência coletiva a Castello Branco, caso seu mandato fosse prorrogado, como aconteceu.

Durante a reunião, um técnico em eletrônica mostrara interesse em fabricar "bomba de controle remoto". Um companheiro presente, José Luís de Oliveira, aprovara a idéia de explodir bombas e promover ações armadas. Flávio prometera-lhes enviar um instrutor militar para ensiná-los a usar armas.[55]

Em Uberlândia foram presas 21 pessoas. Em Brasília, Flávio negou tudo nas 72 horas da primeira fase do interrogatório, sem permissão para dormir. Mas o técnico em eletrônica e um dentista que haviam participado da reunião fizeram o reconhecimento, confirmando seu envolvimento.

Como repórter que cobria o Congresso Nacional, Flávio era conhecido dos políticos. Um dos mais influentes, o insuspeito senador Daniel Krieger, presidente da Arena e do Congresso, fez um apelo público em favor do relaxamento da prisão, mas o comandante da Região Militar de Brasília, general Abdon Senna, não o atendeu.

Após quase um mês detido, Flávio foi levado para Juiz de Fora com os outros 21 presos. Todos incursos na Lei de Segurança Nacional, à disposição da auditoria da 4ª Região Militar. Nos primeiros dias ele ficou no 5º Regimento de Infantaria, depois no 4º Regimento de Obuses, separado dos demais prisioneiros.

Evaristo e George foram visitá-lo, já contratados para defendê-lo. Conversaram pouco. Um tenente não saiu de perto nem um minuto. Os advogados pediram paciência a Flávio, pois tinham impetrado no STF habeas corpus por constrangimento ilegal praticado pelo encarregado do IPM.

Mais de 100 dias de prisão haviam se passado sem que Flávio prestasse depoimento, quando George e Evaristo foram ao STF para a defesa oral do habeas corpus. Na petição citaram o artigo 149 do Código de Justiça Militar, que permitia detenção fora do flagrante apenas se houvesse duas testemunhas ou prova documental ou confissão; o artigo 54 da nova Lei de Segurança Nacional estipulava 30 dias de prisão preventiva, com apenas uma prorrogação por mais 30; o parágrafo 2º desse artigo permitia que a prisão fosse revogada mesmo antes dos 60 dias, se não mais necessária.

— É legítima a luta contra a tirania, afirmou George na defesa oral. O delito cometido pelo paciente não tem a dimensão que lhe dá o processo. Flávio Tavares está sendo acusado de ter prestado auxílio a um grupo que se reunia em um consultório dentário cogitando de insurreição caso o governo passado pretendesse se perpetuar no poder.[56]

Lembrou a justificativa do ministro Evandro Lins e Silva no voto favorável ao habeas corpus de Francisco Julião, líder das Ligas Camponesas e deputado federal cassado: "O prazo para a prisão preventiva deve ser rigorosamente respeitado. Se somos ciosos de nossa liberdade, devemos respeitar a alheia, mesmo que não concordemos com sua ideologia."[57]

O relator do habeas corpus, ministro Adalício Nogueira, não viu no processo nenhuma justificativa para retardar a libertação.

— Ninguém pode ficar preso indefinidamente. O arbítrio do juiz não vai a tanto.

O procurador Oscar Corrêa Pina desejava manter Flávio preso "para preservação da ordem e da segurança nacional". Mas o STF decidiu por unanimidade a favor da libertação e firmou jurisprudência de que a prisão preventiva de quem fosse processado com base na nova Lei de Segurança Nacional só podia ser regida pelo artigo 54, não pela legislação militar.

Ao término do julgamento, Evaristo e George receberam do ministro Luís Gallotti, presidente do STF, um ofício endereçado ao presidente do STM, Mourão Filho, solicitando a soltura de Flávio. Após lê-lo, Mourão comunicou a sentença em telegrama à auditoria da 4ª Região Militar, para que fosse cumprida.

No plenário da Câmara dos Deputados, o deputado Márcio Moreira Alves, do MDB carioca, louvou a decisão do STF:

— Não podem alguns chefes de inquéritos policiais-militares dispor a seu bel-prazer e indefinidamente da liberdade dos cidadãos brasileiros. Com esta reafirmação a mais, que vem trazer de volta à liberdade um jornalista querido de toda esta Casa, o Supremo reafirma também que, acima dos dispositivos coercitivos da liberdade, do Código de Justiça Militar, está a Constituição da República.[58]

O deputado também reivindicou a interrupção da onda de violência política no país.

No final de dezembro, Flávio Tavares saiu, para responder ao processo em liberdade. Mal sabia que o pior ainda estava por vir.

Juscelino acuado

A situação enfrentada por Juscelino Kubitschek era o mais evidente sintoma de que a crise entre o Estado e a sociedade estava se agravando cada vez mais. Também demonstrava o quanto é fugaz e ilusório o poder. O mais popular presidente do país em todos os tempos passara da glória à desgraça num período de quatro anos. Já acusado de corrupção desde o governo Jânio Quadros, foi cassado como senador em junho de 1964, indiciado por subversão nos IPMs do PCB e do ISEB, e por corrupção em inúmeros outros processos referentes a supostas irregularidades cometidas durante seu mandato presidencial.

A motivação maior das autoridades era política, porque ele continuava sendo o líder civil de maior prestígio popular, e por isso temido pelo regime que desejava governar sem povo e sem oposição.

Um dos processos de corrupção envolveu um automóvel que teria sido doado a dona Sarah Kubitschek pela Fábrica Nacional de Motores, empresa de economia mista instalada na Baixada Fluminense. O governo JK injetara dinheiro na construção da linha de montagem da empresa, inicialmente fabricante de caminhões. Ao lançar, em 1959, o Alfa Romeu, carro de luxo para a época, a empresa ofereceu um de presente a dona Sarah. Ela não aceitou.

Mesmo assim a ex-primeira-dama foi indiciada por crime de prevaricação e, casada com comunhão de bens, seu marido foi arrolado. Ambos identificados criminalmente na Polícia Federal, iam depor à noite, para não atrair a imprensa e populares.

Em meados de 1967 o procurador da República, Sérgio Ribeiro da Costa, foi sorteado para examinar o processo. A função de Sérgio, filho do presidente do STF, Álvaro Ribeiro da Costa, era oferecer denúncia em ações penais que envolvessem patrimônio público e interesses da União. O inquérito da Polícia Federal chegou a ele com um relatório pedindo complementação das diligências.

Sérgio considerou um absurdo o indiciamento de Juscelino. Faltavam provas, ninguém vira o automóvel que teria sido presenteado a dona Sarah, e o crime não podia passar da pessoa do réu, como estabelecia a Constituição. O procurador concluiu que Juscelino não devia ser envolvido como co-autor do suposto delito.

O problema que Sérgio viu para se conseguir a absolvição do ex-presidente estava no estilo de atuação do seu advogado, Sobral Pinto. Conservador na política e católico praticante, defendia comunistas ateus e presos políticos de qualquer outra tendência. Ficara internacionalmente conhecido durante o Estado Novo ao defender Luís Carlos Prestes e Harry Berger (codinome de Arthur Ernst Ewert). Gostava de politizar os julgamentos.

Como se tratava de um processo político-criminal muito delicado, Sérgio ponderou a Juscelino que a defesa só teria êxito se fosse a mais despolitizada possível, feita de maneira fria, técnica, desapaixonada, ou seja, o contrário do que Sobral Pinto fazia. Seu estilo desafiante na defesa de um réu tão visado pelo regime seria um complicador a mais para a absolvição. Por isso Sérgio propôs a contratação de um advogado jovem, talentoso, que também defendia presos políticos: Evaristo.

A sugestão foi aceita; Juscelino gostou de Evaristo, que tornou-se advogado dele pelo resto da vida.[59] Para auxiliar na defesa, Evaristo chamou seu parceiro George.

O processo da doação do Alfa Romeu estava na 4ª Vara Criminal do Rio de Janeiro, cuja titular era a juíza Maria Rita Soares de Andrade, sergipana conservadora que cultivava bom relacionamento com a Aeronáutica, mas correta e honesta. Ela acatou o parecer de Sérgio, a favor do arquivamento do inquérito, equivalente a uma absolvição.

O processo que deu mais trabalho aos dois advogados foi um de corrupção passiva: o alegado superfaturamento na construção da Ponte da Amizade, que liga Foz do Iguaçu à Cidade do Leste, no Paraguai. O procurador-geral da República, Alcino Salazar, até solicitou arresto dos bens do ex-presidente. Mas Evaristo e George apresentaram argumentos que justificavam a diferença de preços entre o orçamento inicial e os gastos finais: antes do início das obras da ponte, o Estado-Maior das Forças Armadas resolvera alterar sigilosamente o projeto, com reforços na estrutura para que suportasse a passagem de armamentos militares pesados — tanques e outros veículos blindados. Isso resultara em majoração dos preços, e não caracterizava superfaturamento.

Juscelino foi também acusado de receber benefício ilícito por morar num apartamento, na avenida Vieira Souto 206, Ipanema, que teria sido dado pelo empreiteiro construtor da Ponte da Amizade, João Alfredo Castilho. Na verdade o apartamento tinha sido emprestado por Sebastião Paes de Almeida, dono do prédio e ex-ministro da Fazenda de JK. O procurador Sérgio, no seu parecer sobre esse processo, não viu base jurídica para a acusação e pediu arquivamento, acatado pelo juiz Américo Luz. E Juscelino mudou-se do apartamento.

Essas e outras acusações o afetaram inclusive fisicamente, e no ano seguinte, 1968, sua carreira política foi destruída para sempre.

Gritos abafados

O recrudescimento das contestações políticas e culturais em 1968 provocaria muitas outras vítimas eminentes e sobretudo estudantes, aumentando o volume de trabalho dos advogados que enfrentavam os abusos das autoridades e as prisões arbitrárias.

O ano começou quente, até na temperatura. Na tarde de 30 de janeiro os 22 indiciados no IPM dos trotskistas foram julgados na 2ª Auditoria da Aeronáutica. Entre eles o engenheiro Moisés Kupperman, os estudantes Otelo Correia dos Santos e Ronaldo de Oliveira Vieira e oito testemunhas de acusação. Também compareceu o controvertido capitão Zamith, encarregado do IPM e que por isso tivera sua convocação rejeitada pelos advogados, pois teria praticado coação moral e tortura contra os acusados.

Depois da leitura dos depoimentos dos presos, eles foram interrogados e negaram algumas confissões anteriores. Uma das testemunhas de acusação, Virgílio José Cavalcante, reiterou que tinha uma lesão na membrana do tímpano direito, em decorrência de agressões do tipo "telefone", conforme laudo assinado pelo médico José Artur Kós, do Hospital Central da Aeronáutica, e que constava dos autos do processo.

O capitão Zamith, fardado, óculos escuros, respondeu às inquirições do juiz-auditor, negando, evidentemente, ser responsável pelos maus-tratos:

— Tratei a todos com dignidade e respeito, dando-lhes inclusive oportunidade de assistir pela TV aos jogos de futebol. A bem da Justiça, e de meu próprio nome, tive o cuidado de convidar os pais ou responsáveis pelos menores para presenciarem a tomada de depoimentos. O inquérito foi conduzido dentro do padrão humano, não havendo coação nem sevícia.[60]

Mexendo-se muito na cadeira, alternando veemência e calma, o capitão depôs durante duas horas, filando cigarros dos membros do Conselho, tirando o dólmã e o quepe, queixando-se do calor, e de vez em quando olhando para os advogados com um sorriso tranqüilo, especialmente para George, seu ex-colega de Colégio Militar.

Um dos presos, ao ser interrogado, relatara que os gritos dos presos torturados eram abafados por motores de carros e motocicletas. Zamith negou isso também, garantindo que os indiciados tinham liberdade para dizer o que queriam nos interrogatórios, podiam retificar informações prestadas anteriormente e até recebiam visitas tarde da noite. Só faltou dizer que os presos tinham ar-condicionado e comiam queijo com suco de frutas no café da manhã.

Os advogados — George, Modesto da Silveira, Antônio Carlos Barandier, Jorge Werneck, Marcello Alencar, Heleno Fragoso e Paulo Argueles — não quiseram formular nenhuma pergunta, por não reconhecerem validade jurídica no depoimento do capitão. Barandier o classificou como "uma peça juridicamente imprestável e tendenciosa". O presidente do Conselho, major Carlos Alves de Matos, não gostou dos adjetivos e advertiu o advogado com firmeza. Os colegas intercederam em favor de Barandier, que dirigiu-se ao major:

— Vossa Excelência, como juiz de fato...

— Sou um juiz de direito, reagiu bruscamente o major.

Seguiu-se um início de tumulto na sala, mas o auditor Teódulo Miranda contornou a situação.

George citou o artigo 168 do Código de Justiça Militar, que permitia à defesa e à procuradoria militar rejeitar "testemunhas que lhes pareçam suspeitas de parcialidade ou indignas de fé", afirmou que o depoimento de Zamith devia constar não daquele processo, mas de outro, a ser aberto, para apurar as acusações de tortura, e concluiu falando pausadamente, ditando para o escrivão:

— O ilustre capitão José Ribamar Zamith é parte formadora do IPM, não podendo ser testemunha nem réu. A defesa de Moisés Kupperman contesta todo o teor deste depoimento, por não ter qualquer prestabilidade, porquanto não pode ter qualquer valorização na consciência dos julgadores. É esdrúxula a forma, o tentar transformar o encarregado do IPM em testemunha ou réu. Por esta razão a defesa recusa-se a fazer qualquer pergunta.[61]

Kupperman e os demais réus foram absolvidos, mesmo os que tinham confessado.

No dia 9 do mês seguinte o processo do MNR de Uberlândia teve sua primeira audiência, na auditoria da 4ª Região Militar, em Juiz de Fora. Quatro agentes e o diretor do DOPS, coronel Newton Braga Teixeira, depuseram como testemunhas de acusação sobre os objetivos da reunião dirigida por Flávio Tavares. A riqueza dos detalhes fornecidos pelos policiais serviu de base para a linha de defesa de Evaristo e George: todo o inquérito era uma farsa montada pelo próprio DOPS, que infiltrara agentes provocadores nas reuniões para insuflarem ações radicais, inclusive propondo treinamento com armas e fabricação de bombas.

O principal agente infiltrado seria José Luís de Oliveira, que constava da lista de acusados e apesar de ter "confessado" não fora detido nem denunciado pela promotoria. Havia também no inquérito um tal "Juca", tido como o "instrutor militar" do grupo, mas que desaparecera. Quando George perguntou aos agentes do DOPS sobre o paradeiro de "Juca", o procurador interveio, exclamando que as testemunhas não deveriam responder.

Flávio Tavares foi absolvido.*

Outro julgamento concorrido aconteceu no dia 22 de março, quando o ex-tenente-coronel Kardec Leme apresentou-se perante o Conselho Especial de Justiça na 2ª Auditoria do Exército, acusado de tentar reorganizar o PCB antes de 1964, junto com cinco capitães, ex-subordinados dele.

O procurador Osiris Josephson, em sua fala de três horas consecutivas, acusou Kardec de promover "doutrinação subversiva" e conclamar populares a irem ao comício da Central, em 13 de março de 1964; também teria mantido contato com pessoas ligadas a Leonel Brizola, Miguel Arraes e Francisco Julião. Por tudo isso Kardec estava enquadrado nos crimes de motim e incitamento à indisciplina, punidos pelo Código da Justiça Militar com pena de dois a quatro anos de prisão.

Na defesa, George tocou na sensibilidade militar dos membros do Conselho:

— Os senhores, ao entrarem nesta sala de sessões, deixaram de ser os oficiais da caserna e vestem as togas de juízes para travar uma das mais gloriosas e heróicas batalhas de suas vidas, a batalha da consciência, no julgamento de um ex-companheiro de farda que poderá ir para o cárcere em virtude da decisão dos senhores.[62]

O processo, segundo ele, tinha origem nas "intrigas políticas e na ação de maus companheiros de farda". Todos os acusados foram absolvidos por unanimidade.

Encerrado o julgamento, apenas um dos membros do Conselho, coronel Hildebrando Goes, recusou-se a cumprimentar Kardec: "Não te cumprimento porque você é comunista. Não tenho provas para condená-lo, mas você é comunista."

Sangue junino

As acusações dos procuradores contra os inimigos do regime podiam ser pomposas e grandiloqüentes, como "tentativa de denegrir as instituições e os

---

* Em 6.8.1969 ele foi preso novamente, como militante do Movimento de Ação Revolucionária (MAR), composto em boa parte por ex-marinheiros expulsos depois de 1964. Após ser bastante torturado no quartel da PE foi solto e banido junto com os demais presos políticos trocados pelo embaixador norte-americano Charles Elbrick, em setembro daquele ano.

valores da civilização cristã", ou ridículas, como no caso do estudante Orlando Henrique Alves de Carvalho, preso em flagrante com bombinhas de São João "cabeça-de-negro" e enquadrado na Lei de Segurança Nacional.

O procurador Osiris Josephson afirmou, com razão, que as bombinhas seriam usadas contra a polícia no dia da missa de sétimo dia pela morte do secundarista Edson Luís de Lima Souto, baleado na repressão a uma manifestação estudantil em frente ao restaurante Calabouço, que o governo ordenara fechar.

Após a missa, no dia 4 de abril na igreja da Candelária, uma passeata estudantil pelas ruas do Centro transformou-se em inflamado protesto, reprimido por dez mil PMs e 20 mil soldados do Exército armados de metralhadoras. A cavalaria investiu sobre a multidão, que ficou imprensada contra a parede da igreja; estudantes jogaram bombinhas para assustar os cavalos.

George impetrou pedido de liberdade provisória em favor de Orlando por falta de justa causa. Mas o Conselho Permanente de Justiça da 2ª Auditoria do Exército acolheu parecer do procurador e negou por unanimidade o relaxamento da prisão preventiva. No acirrado debate, Osiris sustentou que o estudante participara de uma "guerrilha urbana". George pediu que o Conselho fosse informado sobre o número de policiais mortos nessa guerrilha. Osiris disse que o pedido era "extemporâneo" e solicitou ao Conselho aguardar a remessa dos autos da prisão em flagrante antes de decidir.

Mais estudantes seriam presos em junho, um mês histórico para o movimento estudantil, no auge das mobilizações que imprimiam uma mudança no discurso oposicionista — passava de reivindicações acadêmicas para a radicalização política, com a correspondente resposta do governo.

Os três dias mais agitados da crise político-estudantil de 1968 começaram às 11h da manhã de 19 de junho. Cerca de dois mil jovens liderados por Vladimir Palmeira ocuparam o pátio do Ministério da Educação e Cultura, trazendo uma pauta de questões estritamente universitárias para serem discutidas com o ministro, Tarso Dutra: fim das anuidades, aumento das verbas federais para a educação, reabertura do restaurante Calabouço (fechado desde a morte de Edson Luís) e cancelamento da proposta de transformar as universidades públicas em fundações. O ministro não desceu para dialogar com os estudantes e eles permaneceram no local, fazendo discursos e gritando:

— Mais verbas! Mais verbas!

— Abaixo a ditadura! Abaixo a ditadura!

Não demorou para chegar um batalhão de choque com 120 PMs armados até os dentes (pistolas, escudos, gás lacrimogêneo, cassetetes), policiais civis e agentes do DOPS. Mas pela primeira vez os estudantes estavam preparados para enfrentar a repressão. Haviam trazido sacos plásticos cheios de pedras, rolhas, bolinhas de gude e... bombinhas de São João. Quando os PMs se colocaram em posição de ataque os estudantes atiraram pedras. Aí começou a correria e o caos tomou conta das ruas, com pancadaria, gritos, olhos lacrimejantes, estampidos, panfletos de protesto contra a ditadura jogados rapidamente para o alto, pichações de ônibus com spray vermelho, discursos-relâmpagos de Vladimir ("Nossa luta é também contra a ditadura imperialista, por melhores condições de vida, contra os eternos patrões, e pela unidade do povo, porque o povo organizado derrubará a ditadura"[63]), a cavalaria baixando os sabres sobre a multidão, cavalos escorregando nas rolhas e em bolinhas de gude, assustando-se com as bombinhas, um Fusca da polícia apedrejado e virado, espessa nuvem de gás lacrimogêneo espalhando-se pela avenida Rio Branco onde foi improvisada uma barricada com rolos de fios de uma obra, sacos de toalhas arrebatados de um entregador de lavanderia, cadeiras e mesas tiradas do bar Amarelinho, bancos da praça da Cinelândia, tudo amontoado no meio da avenida. Perto dali, na rua Uruguaiana, um grupo de estudantes cercou uma perua Rural Willys do Exército, os dois ocupantes (o motorista e um sargento) foram instados a sair, o veículo foi virado e incendiado com um coquetel molotov.

Durante quase uma hora as ruas do Centro se transformaram num arraial de susto, ódio e medo.

Entre os cerca de 70 presos estavam quatro acusados de incendiar a Rural Willys: Jean-Marc Charles Frederic von der Weider (presidente do Diretório Acadêmico da Faculdade de Química da Universidade Federal do Rio de Janeiro), Pedro de Barros Lins (segundo ano de Direito, filho do crítico literário e ex-embaixador Álvaro Lins), Carlos Gomes Vilela Filho (filho de um coronel do Exército) e Lourivaldo Nunes Dourado (da Frente Unida dos Estudantes do Calabouço). O motorista da Rural os seguiu. Ao vê-los entrar num ônibus, entrou também, e quando avistou um carro da PM pediu que o ônibus parasse.

Conduzidos para a Vila Militar e depois para o quartel da Polícia do Exército, na Tijuca, onde foi lavrado o flagrante, eles ficaram incomunicáveis, sujeitos a enquadramento no artigo 10 da Lei de Segurança Nacional: "Comprometer a segurança nacional sabotando quaisquer instalações militares, navios, aviões ou material utilizável pelas Forças Armadas...", pena de 4 a 12 anos. No Código Penal, o artigo 163, que dispunha sobre crime contra o patrimônio público e privado, estabelecia pena de 6 meses a três anos.

No dia seguinte, durante uma assembléia de estudantes e professores na reitoria da UFRJ, um aparato da PM bloqueou os portões e ninguém pôde sair. No confronto que se sucedeu cerca de 400 estudantes foram presos e levados para o estádio do Botafogo, ali perto.

Na sexta-feira os estudantes estavam novamente concentrados no pátio do MEC. Ao saírem em passeata, gritaram slogans na frente da embaixada dos Estados Unidos. Dois PMs que guardavam a entrada do prédio com agentes do

DOPS e da Polícia Federal atiraram contra os estudantes. Três garotas foram atingidas, uma delas morreria. Foi o estopim da mais longa e violenta batalha de rua daqueles tempos, a "sexta-feira sangrenta", com dezenas de estudantes e PMs feridos, um PM morto por uma pedrada, populares nas janelas dos edifícios jogando sacos d'água, cinzeiros e outros objetos na polícia.

Seis horas depois, 800 presos.

O movimento não se intimidou. Daí a cinco dias houve a famosa Passeata dos Cem Mil, maior protesto nacional contra a ditadura. Embora pacífica, também teve prisões. E os estudantes continuaram mobilizados reivindicando a libertação de todos os que haviam sido presos, inclusive nas manifestações anteriores e sobretudo os quatro acusados de incendiarem a Rural Willys.

Evaristo (defensor de Jean-Marc), George (Pedro Lins), Heleno Fragoso (Carlos) e Paulo Goldrach (Lourivaldo) apresentaram no STM um pedido de quebra da incomunicabilidade. O juiz Jacob Goldemberg, da 3ª Auditoria do Exército, que julgaria os estudantes, não considerava o incidente tão grave.

— Se me fosse dado o livre direito de opção, teria rejeitado a denúncia e mandado os jovens para casa, com a recomendação aos seus pais de lhes aplicarem umas palmadas em certo lugar.[64]

A incomunicabilidade foi suspensa, mas as lideranças estudantis decidiram pressionar o STM para que os colegas fossem libertados. Cerca de 40 mil partiram da Cinelândia empunhando faixas, "Liberdade para os presos", "Exigimos a reabertura do Calabouço". Entre eles havia intelectuais, atores, professores, padres e profissionais liberais. No percurso os estudantes paravam, pichavam nas paredes "Povo no poder", "Luta armada", "O Brasil é nosso" e faziam discursos-relâmpagos que denotavam a crescente radicalização do movimento.

— Eles estão no poder porque têm armas! Têm um exército. O povo está esmagado porque não tem armas! O povo tem é que se armar, companheiros! Se armar e se organizar! A ditadura recuou, mas vai avançar de novo, e o povo precisa se preparar e se armar, responder violência com violência![65]

E a massa gritava em coro:

— Só o povo armado derruba a ditadura!

— Liberdade para os presos!

Na frente do STM, Vladimir Palmeira subiu no carro de um jornal e discursou:

— A Justiça Militar é um símbolo da opressão, da Justiça que nos julga como subversivos, mas não julga os policiais que mataram os estudantes![66]

A chegada de uma tropa de soldados armados com fuzil automático leve criou mais inquietação e prenúncio de violência. Mas eles apenas isolaram o Panteão de Caxias, em frente ao vizinho Ministério do Exército, e os estudantes se dispersaram em paz. Para o presidente do STM, ministro Mourão Filho, a passeata foi "uma reunião de bestalhões que não sabiam dizer nem o que queriam".[67]

No dia seguinte o ministro da Justiça baixou portaria proibindo a realização de qualquer passeata em todo o país. Temeu-se também o estado de sítio, que contudo não foi decretado.

O pedido de relaxamento da prisão em flagrante dos quatro supostos incendiários da Rural Willys foi examinado numa tensa audiência na 3ª Auditoria da 1ª Região Militar, na tarde de 11 de julho. O procurador Walter Wigderowitz foi interrompido diversas vezes por apartes dos advogados.

George proclamou a "ilegalidade na lavratura do flagrante", pois o Código de Justiça Militar, no artigo 146, previa o auto de flagrante somente quando o acusado fosse desertor já condenado ou, após cometer o crime, tentasse fugir "perseguido pelo clamor público", uma perseguição coletiva, o que não havia ocorrido no caso dos estudantes, porque apenas uma testemunha, o motorista da viatura incendiada, os seguira, e em silêncio.

— O que aconteceu no dia do incêndio da viatura do Exército não foi uma agitação de estudantes! O que se viu foi uma reação de massa diante da violência empregada pela Polícia Militar, que massacrou não só estudantes como todo o povo ordeiro da Guanabara. Esses moços estão possuídos mais do medo do que de um propósito político antidemocrático, ou de um sentimento antipatriótico. Os velhos da geração de onde vieram esses jovens não foram capazes de manter a paz, mas fizeram com que eclodisse uma guerra que traumatizou toda a humanidade e que ainda tem os seus frutos malignos.

O procurador argumentou:

— Toda essa possível agitação merece estudo e compreensão. Nós vivemos uma experiência melancólica e conturbada. Mas nada disso deve ser apreciado do ponto de vista legal para relaxar ou não a prisão dos acusados.[68]

Por unanimidade, o Conselho rejeitou o auto de prisão em flagrante e à noite os estudantes foram libertados. Mas o processo continuou. Havia três testemunhas: o motorista da viatura e dois comerciários que trabalhavam na rua Uruguaiana, onde acontecera o incêndio. Pedro Lins e Jean-Marc acabaram sendo condenados a dois anos de prisão, e no mesmo dia Evaristo e George ficaram até de madrugada redigindo apelações ao STM. Evaristo qualificou a denúncia contra Jean-Marc de "inepta e totalitária", porque sem consistência jurídica e baseada apenas no depoimento do motorista.

Em 2 de dezembro o STM julgou a apelação em favor de Jean-Marc e Pedro Lins. O relator, ministro João Mendes, opinou: "Não existe nos autos do processo nenhuma prova que possa ser ligada ao depoimento do motorista." O ministro Lima Torres admitiu: "O processo já foi feito com vontade de errar, pois nem perguntaram ao sargento se reconhecia os acusados." As penas foram revogadas por unanimidade.*

Além das pressões da oposição estudantil, outras vertentes populares se manifestavam — operários em greve por melhores salários, artistas protestando contra a censura, grupos de extrema-esquerda ensaiando a luta armada. As bombinhas de São João estavam virando bombas de verdade. E os advogados também ficavam cada vez mais visados pelos órgãos de segurança.

---

* Jean-Marc foi preso novamente em 14.10.1968, no malogrado 30º Congresso da UNE, em Ibiúna. Em janeiro de 1971 saiu com os 70 presos políticos trocados pelo embaixador suíço Giovanni Bucher, seqüestrado pela Vanguarda Popular Revolucionária.

3

Confrontos nas Ruas e nas Tribunas

Com alguma articulação política entre si, os protestos estudantis, as greves operárias e a mobilização dos setores intelectualizados da classe média buscavam três objetivos básicos, que se resumiam numa palavra: liberdade — política (volta dos militares aos quartéis), cultural (fim da censura às artes) e econômica (fim do subcapitalismo brasileiro que gera multidões de miseráveis num país com tantas riquezas). Para atingir esses objetivos, alguns grupos estavam radicalizando: os assaltos a bancos que já vinham sendo praticados em 1968 não eram ações de bandidos comuns.

A fissão resultou no Ato Institucional nº 5, editado em 13 de dezembro de 1968 e que inaugurou o período mais negro do Estado militar, sem ambigüidade retórica, sem esperança de redemocratização em curto prazo, sem espaço até para a oposição liberal, com o Legislativo de todos os níveis em recesso, mais cassações de mandatos eletivos e de direitos políticos, eleições indiretas para governador, oficialização da censura à imprensa e às artes populares (músicas, peças, filmes e livros).

No campo jurídico a maior baixa causada pelo AI-5 foi a extinção do habeas corpus, instrumento essencial para os advogados de presos políticos.

Antes do AI-5, o habeas corpus podia ser requerido após o período máximo da prisão provisória, geralmente reconhecida pelo órgão policial. Agora aumentaria o tempo de incomunicabilidade e a tortura seria consagrada como método de investigação, mais praticada que no Estado Novo.[1] Tornou-se rotina encapuzar suspeitos para que não identificassem o local onde se encontravam e o rosto dos torturadores. Institucionalizou-se o Estado de Segurança Nacional.

O acesso dos advogados aos presos ficou mais restrito. Se procurassem o detido num determinado órgão de segurança, eram barrados na porta, embora o estatuto da OAB (lei 4.215, de 1963) estabelecesse que todo preso tem direito à visita do seu advogado, mesmo quando tecnicamente incomunicável.

Além dos limites jurídicos, os advogados passaram a ser vistos pelo regime como subversivos também, sujeitos a ameaças, intimidações e prisões. A advocacia política virou profissão de risco, com forte conteúdo ideológico.

No dia da decretação do AI-5 Sobral Pinto foi preso em Goiânia, onde seria paraninfo de uma turma de formandos em Direito, e conduzido para Brasília. Antes dele, outro advogado, Vivaldo Vasconcellos, filiado ao PCB, foi seqüestrado pela polícia. Evaristo e George também estavam entre os mais vigiados pelos órgãos de segurança. Suas sucessivas vitórias na Justiça Militar estavam atravessadas na garganta do poder.

Uma semana depois do AI-5, no dia 20 de dezembro, Evaristo vinha do Fórum com George quando percebeu na frente do prédio de seu escritório, rua México, uma Veraneio cinza, com uma âncora pintada na porta. Percebeu logo: Cenimar em ação.

— "Jorge" (era como Evaristo chamava o colega), tenho um pressentimento. Eles devem estar no meu escritório.

Como um dos advogados que mais se destacavam na defesa de perseguidos políticos, sua atuação vinha sendo atentamente observada pelos órgãos de segurança. Mesmo preocupado, Evaristo subiu para o escritório, no quarto andar. Minutos depois George recebeu um telefonema dele comunicando que estava sendo levado preso. Era sexta-feira.

Imediatamente George ligou para os ministros do STM, começando pelos liberais e independentes, e pediu-lhes que intercedessem para soltar Evaristo, sob custódia da Marinha. Um dos mais indignados com a prisão foi o brigadeiro Correia de Melo, ex-piloto celebrizado por suas proezas aéreas, algumas lendárias — teria voado por baixo de um viaduto e feito um vôo rasante numa solenidade ao ar livre onde estava o presidente Getúlio Vargas, fazendo o chapéu dele ir pelo ar. Temperamento ríspido, mas muito prestigiado no STM, o brigadeiro conhecia Evaristo só dos julgamentos, mas não hesitou ao receber o telefonema de George:

— Se não soltarem o Evaristo amanhã até o meio-dia, o senhor me telefona de novo que eu vou buscá-lo pessoalmente.

Outros amigos de Evaristo também se movimentaram e exatamente ao meio-dia de sábado ele foi solto. Já na segunda-feira estava na 2ª Auditoria da 1ª Região Militar para defender um histórico militante, Lincoln Cordeiro Oest, de 62 anos, foragido. Ex-deputado constituinte pelo PCB em 1946, pertencia ao Comitê Central do PCdoB e estava sendo acusado, juntamente com outro revel, Maurício Grabois, de ter editado o livro *Guerra de guerrilhas*, pela Edições Futuro, considerada "célula do PCdoB", segundo a acusação do procurador Osiris Josephson.

— Se Vossas Excelências absolverem esses dois traidores estarão condenando a Revolução de março de 1964, exortou o procurador diante do Conselho de Justiça.

Evaristo não se impressionou:

— Vossas Excelências terão a coragem bastante para não se intimidar com essas ameaças do representante do Ministério Público.

Lourival Nogueira Nunes defendeu Maurício Grabois:

— Imprimir livros não constitui delito previsto na lei, mas sim imprimir e distribuir boletins e panfletos, fato que não ocorreu.

Os dois revéis foram condenados a dois anos de prisão.*

Outro advogado preso, Marcello Alencar (defensor de Vladimir Palmeira, julgado e condenado em outubro de 68), foi levado para o Regimento Caetano de Farias, onde ficou incomunicável. Nos interrogatórios as perguntas mais comuns eram sobre o tipo de relação que ele tinha com os clientes. Por que defendia fulano? Por que os advogados não cobravam honorários? Quais os vínculos políticos deles com os réus? Só podiam ser remunerados por Moscou, Havana ou Pequim.

Um dia George e Evaristo foram ao Regimento tratar de um cliente, e quando o subcomandante abriu a porta de uma cela reconheceram em outra Marcello Alencar, que acenou. Eles retribuíram surpresos, não sabiam que o colega estava lá. Marcello passou 186 dias detido, dos quais 96 incomunicável. Saiu depois de muitos apelos de colegas e de sua mulher, Eugênia. Uma vez ela foi falar com o general Assunção Cardoso junto com os filhos pequenos.

— Seu marido defende subversivos, disse o general.

— Mas ele não solta ninguém. Quem solta são os senhores, refutou ela.

— Mas ele é advogado, ele defende.

Apesar da posição do general, no dia seguinte Marcello estava na rua. O processo continuou. Julgado na 1ª Auditoria da Aeronáutica, foi defendido por Evaristo e George. No dia do julgamento o próprio Marcello começou a fazer sua defesa. Evaristo falou em seguida, dizendo que era um co-piloto assumindo o comando de um avião em pleno vôo. Marcello foi absolvido.

Outro incansável advogado de presos políticos, Modesto da Silveira, foi seqüestrado pela polícia em sua casa, em Botafogo, e levado por um dia para o quartel da PE, na Tijuca.

---

* *O Estado de S. Paulo*, 24.12.1968. Três anos depois Lincoln Cordeiro foi preso, torturado e morto com nove tiros pela polícia do Rio, numa alegada tentativa de fuga.

No STM o ministro Pery Bevilacqua, que apoiara o golpe mas criticava seus excessos, foi punido com aposentadoria compulsória no dia 30 de dezembro, e em janeiro de 69 o mesmo aconteceu com os ministros do STF Evandro Lins e Silva, Hermes Lima e Vítor Nunes Leal. Em protesto, o ministro Antonio Gonçalves de Oliveira requereu sua aposentadoria. Foi seguido em fevereiro pelo presidente do STF, Antonio Carlos Lafayette de Andrada, irmão do deputado José Bonifácio, líder do governo na Câmara. Assim como o Legislativo, o Judiciário perdia a sua soberania.

Preso no quartel

A linha-dura militar manteve a pressão sobre o governo Costa e Silva, concebendo uma Lei de Segurança Nacional mais drástica, o decreto-lei 510, assinado em 20 de março de 1969. A partir daí, "várias penas foram sensivelmente majoradas, notadamente as relativas aos denominados crimes de organização e de propaganda subversivas; os direitos da defesa, no processo, viram-se cerceados".[2]

Três meses depois, George também foi preso. O pretexto surgiu durante uma querela em curso na 24ª Vara Criminal. George defendia o escritor Gerardo Mello Mourão num processo de calúnia e difamação movido por Paulo Lefévre Alcântara Guimarães. Também ex-deputado federal do PTB, cassado, Gerardo tinha sido preso durante a ditadura do Estado Novo, acusado de espionagem a favor da Alemanha. Condenado e anistiado, tornara-se socialista cristão. Em um artigo para a revista *Boletim Cambial*, reproduzido no jornal *Política*, Gerardo denunciou Paulo Lefévre por envolvimento na falsificação de quadros de Djanira. Sem base legal, o coronel Vitorino Portela, chefe do Centro de Informações do Exército, mandou prender Gerardo. Na defesa prévia, escrita, George reiterou que Lefévre era membro de uma quadrilha de falsários de quadros, e concluiu: "Agora, por ação dessa mesma corja, o infeliz do querelado (Mourão) amarga por mais de 90 dias no cárcere do I Exército. É um sinal dos tempos." Lefévre conseguiu uma cópia do texto e levou ao I Exército só a parte final, que se referia à quadrilha como "corja", dizendo ser uma referência ao Exército.

Numa sexta-feira, 13 de junho, George ignorou a superstição e foi à sede do I Exército, na avenida Presidente Vargas, onde funcionava o Centro de Investigações do Exército (CIEx), para falar com o subchefe, coronel Pimentel. Os dois tinham um relacionamento cordial, porque a irmã do coronel era grata a George, por ter defendido em 1964 seu marido, o ex-coronel cassado Marcelo Pires Cerveira, e conseguido a absolvição. Embora os dois cunhados mantivessem incompatibilidade ideológica, Pimentel respeitava George.

O assunto que o levara até o CIEx era a detenção do sociólogo Evaristo de Moraes Filho, irmão do seu parceiro. Mal George entrou na sala ouviu o coronel Pimentel alertá-lo de que tinha ordem para mandar prendê-lo, sob acusação de ter escrito numa defesa prévia que o Exército era uma "corja". George explicou que não tinha se referido às autoridades militares. Mas a ordem devia ser cumprida.

— Pra eu não te prender agora, você tem que sair por aquela porta e desçer de escada. Não tome o elevador. Me diga quando você quer ser preso.

George preferiria responder "nunca", mas diante do inevitável sugeriu segunda-feira, e o coronel combinou o que ele devia fazer.

— Quem vai te prender será a Polícia Federal. Você terá direito a prisão especial, mas vai dizer que deseja ir para a Polícia Militar, não para o Exército. Se você for levado para o Exército, com essa acusação, eles vão te tratar muito mal. O delegado Sena, da Polícia Federal, já está prevenido, vai te mandar para o DOPS, e lá te encaminharão para a PM.

Segunda-feira cedo dois agentes entraram no escritório de George e o levaram para a sede da Polícia Federal. O delegado Sena, cerimonioso, o informou sobre seu direito a prisão especial. George propôs, conforme o combinado:

— Eu gostaria de ir para uma prisão do Estado, não do Exército.

Foi encaminhado para o DOPS e recebido por outro delegado conhecido, Vilarinho, que o mandou para o Regimento Caetano de Farias. O comandante, coronel Quaresma, tinha sido colega de turma de Evaristo na faculdade e recebeu George com um abraço:

— Você vai ficar aqui com menagem.

No jargão militar o termo significa um tipo de prisão especial, com regalias, previsto no Código de Justiça Militar. O detento pode escolher qualquer dependência do quartel para ficar e tem livre circulação, como se fosse hóspede.

O coronel Quaresma ofereceu a George uma sala ao lado de seu gabinete e se dispôs a providenciar cama e escrivaninha. George preferiu o alojamento e foi encaminhado para lá. Havia dois outros presos, um médico e um bicheiro. O médico, paranaense acusado de estupro, fora preso no Rio de Janeiro quando em trânsito para Roma e estava angustiado por ter interrompido uma importante viagem. Seria testemunha do "advogado do diabo" no processo de beatificação de uma freira paranaense.*

---

* Tradicionalmente a beatificação ou canonização feita pelo Vaticano é antecedida de um julgamento das ações da pessoa perante um tribunal eclesiástico. O acusador, chamado "advogado do diabo", apresenta todos os argumentos contrários.

Durante os três dias em que George passou detido, recebeu a visita de Evaristo — chegava de manhã, ficando até o final da tarde — e de Heleno Fragoso, que desistira da defesa de Lefévre e pretendia levar ao I Exército a defesa completa de George, para mostrar que os militares não tinham sido chamados de "corja".

A perseguição e a intimidação continuaram atingindo outros advogados de presos políticos. Barandier, por exemplo, teve seu escritório invadido por agentes do Cenimar no dia do seu aniversário, 30 de julho. Reviraram gavetas e arquivos, deixando papéis espalhados por todo lado.

A contrapartida da radicalização do governo era a crescente revolta da sociedade, expressa com mais veemência pela juventude estudantil. As manifestações pacíficas coletivas deram lugar a ações armadas.

A TEMPERATURA ESQUENTA

— É um assalto!, gritou o rapaz apontando um revólver dentro do Banco Novo Mundo, na rua Senador Vergueiro, Flamengo. Eram pouco mais de 14h do dia 27 de agosto de 1969. Todo mundo pro banheiro! Depressa!

Os cinco funcionários e os três clientes ficaram estarrecidos, sem acreditar no que viam: um bandido jovem, boa aparência e... de óculos. Seus três colegas também jovens apontavam as armas com firmeza, embora demonstrando nervosismo. Enquanto um cortava os fios telefônicos, outro ia para os guichês, o terceiro se posicionava junto à porta de entrada empunhando uma carabina Winchester 7.65 e o quarto obrigava funcionários e clientes a entrarem nos banheiros:

— Fiquem calmos, não vamos machucar ninguém. Isso é um assalto político. Somos estudantes, fazemos parte de um movimento para derrubar a ditadura. Não queremos o dinheiro de vocês, só o do patrão.

A chave do cofre estava com o gerente e ele ainda não voltara do almoço. Os rapazes se contentaram com o dinheiro dos caixas. Espalharam panfletos na agência e fugiram em dois carros que os aguardavam em frente, um Fusca e um Corcel, levando 11.241,53 cruzeiros novos. Comparando, um Fusca 0km, o carro mais popular na época, custava em torno de 9.000 cruzeiros novos.

Durou cinco minutos o assalto, praticado por militantes da Ação Libertadora Nacional (ALN), principal organização guerrilheira em atividade no país, liderada por Carlos Marighella, cujas operações haviam começado em dezembro de 1967, em São Paulo, onde estava sua maior base, entre ex-estudantes, dissidentes do PCB e intelectuais. Tinha ramificações também no Rio de Janeiro e Minas Gerais.

Com os assaltos, ou "expropriações", no jargão dos guerrilheiros, eles levantavam recursos para financiar suas atividades políticas clandestinas — agitação & propaganda (documentos e panfletos, incitamento a greves e protestos nos meios estudantis, operários e rurais), aliciamento e formação de quadros, despesas com viagens e outros deslocamentos, aluguel de casas e apartamentos que serviam de bases temporárias (os "aparelhos"), compra de armas e manutenção financeira dos revolucionários profissionais.

Assaltar bancos era tão fácil quanto assaltar um botequim de madrugada: não possuíam alarme nem portas giratórias nas entradas, ou sequer vigilantes. Ninguém tinha feito isso antes porque não fazia parte da cultura criminal brasileira, como nos Estados Unidos. Curiosamente, os pioneiros aqui foram jovens de classe média sem nenhuma experiência prévia como assaltantes, mas movidos por muito idealismo e abnegação, dispostos a arriscar até a própria vida para combater a opressão política e as injustiças sociais do país.

Assalto com fins políticos era novidade, mas organizações armadas existiam no Brasil desde pelo menos 1962, quando se formaram grupos no interior, como o Movimento Revolucionário Tiradentes, fundado por Francisco Julião, líder das Ligas Camponesas, precursoras do Movimento dos Sem-Terra.

A partir de 1965, como reação à ditadura, outras organizações ganharam impulso. Surgiram o Movimento Nacionalista Revolucionário (MNR), o grupo do coronel Cardim, o foco guerrilheiro em Caparaó apoiado pela Política Operária (Polop), fundada em 1961. Depois do AI-5 as organizações cresceram e se multiplicaram, com o envolvimento sobretudo de estudantes e ex-militares cassados. Inspiravam-se na teoria guevarista do "foquismo", que propunha ações armadas isoladas como tática para plantar no campo as sementes da revolução latino-americana.

No Brasil predominou a guerrilha urbana, em alguns casos como prelúdio da guerrilha rural. Em 1969 havia cerca de 20 organizações atuantes, muitas delas dissidências de dissidências, outras microscópicas.* Dizia-se que havia até uma organização chamada PORRA (Partido Operário Revolucionário Retado e Armado). Na Bahia, claro.

---

* A guerrilha urbana seria o principal fenômeno político mundial na década de 70: os Montoneros e o Exército Revolucionário do Povo na Argentina, os Tupamaros no Uruguai, o Sendero Luminoso no Peru, os Sandinistas na Nicarágua, as Forças Armadas Revolucionárias Colombianas na Colômbia, o Movimento de Esquerda Revolucionária no Chile etc. Também os países ricos e com tradição democrática tiveram nessa época seus guerrilheiros: no Japão o Exército Vermelho, na Alemanha o Baader-Meinhof, na Itália as Brigadas Vermelhas, na Inglaterra a Angry Brigade, nos Estados Unidos o Weathermen, sem falar dos tradicionais IRA, na Irlanda do Norte, e ETA, na Espanha, movimentos separatistas.

Uma das mais ousadas ações da guerrilha brasileira, e inédita no país até então, foi o seqüestro do embaixador norte-americano no Brasil, em 4 de setembro de 1969, pela ALN e o Movimento Revolucionário 8 de Outubro (MR-8), formado a partir de núcleos estudantis de esquerda em Niterói.

Quando houve o seqüestro, o governo estava sendo dirigido por uma junta militar, em caráter interino, porque Costa e Silva fora acometido de uma trombose cerebral em 28 de agosto, curiosamente às vésperas de uma reforma constitucional. O texto, elaborado por uma equipe de juristas coordenada pelo vice-presidente da República, Pedro Aleixo, já estava até impresso, autorizando a reabertura do Congresso Nacional para debater a extinção de todos os Atos Institucionais.

Por ser civil, e contra o AI-5, Pedro Aleixo fora impedido de substituir Costa e Silva. Os três ministros militares que formavam a junta (general Aurélio de Lira Tavares, almirante Augusto Rademaker e brigadeiro Márcio de Sousa e Melo) decretaram no dia seguinte ao seqüestro do embaixador o Ato Institucional nº 14, estabelecendo pena de morte e prisão perpétua para acusados de assassinato por motivos políticos, anteriormente só previstas em caso de guerra externa. Contudo, as exigências dos seqüestradores foram atendidas: leitura de um manifesto nos meios de comunicação e libertação de 15 presos políticos, a maioria da ALN, todos banidos para o México.

A conseqüência imediata, além da pena de morte e da prisão perpétua, foi uma campanha repressiva que levou à prisão centenas de pessoas e uma nova Lei de Segurança Nacional (decreto-lei 898), aprovada no final de setembro. O tempo da defesa em julgamentos políticos foi reduzido para apenas meia hora; assalto, roubo e depredação de instituições financeiras e de crédito passaram a ter penas mais altas, e criou-se a prisão cautelar de 30 dias, dez dos quais com incomunicabilidade, prazo que seria sempre ultrapassado.

O furacão prosseguiu no mês seguinte, com a outorga da Emenda Constitucional nº 1, sem o aval do Congresso, reaberto só dia 22 de outubro, com 93 membros a menos, cassados durante o recesso forçado. Para muitos juristas, Evaristo e George inclusive, não se tratava, a rigor, de uma emenda, no sentido teórico e técnico, mas sim de uma nova Constituição, pois a maior parte do texto era a Constituição de 1967 reformulada.

Parte fundamental da Emenda era pró-forma. O capítulo IV, "Dos Direitos e Garantias Individuais", no artigo 153, mantinha a proibição da pena de morte, prisão perpétua, banimento ou confisco, "salvo nos casos de guerra externa, psicológica adversa, ou revolucionária ou subversiva nos termos que a lei determinar"; o direito de defesa era amplo, sem "foro privilegiado nem tribunais de exceção" (§15), e assegurava que "a instrução criminal será contraditória" (§16). Até o habeas corpus continuava, "sempre que alguém sofrer ou se achar ameaçado de sofrer violência ou coação em sua liberdade de locomoção, por ilegalidade ou abuso de poder" (§20). Nada disso valia na prática, porque acima da Constituição pairavam o AI-5 e a Lei de Segurança Nacional.

Finalmente, a Junta completou sua obra, e num mesmo pacote foram editados os novos Código Penal Militar (decreto-lei 1.001), o Código de Processo Penal Militar (decreto-lei 1.002) e a Lei de Organização Judiciária Militar (decreto-lei 1.003), que orientariam os processos relacionados à Lei de Segurança Nacional.

Assim a Justiça Militar tornou-se oficialmente braço auxiliar da repressão política. O desdobramento dos processos multiplicava as acusações. O princípio jurídico "o ônus da prova compete a quem alegar o fato" foi preservado no Código de Processo Penal Militar, artigo 296, mas não era cumprido pelos Conselhos Permanentes de Justiça. Ninguém seria inocente até prova em contrário. Inverteu-se o axioma: *in dubio contra reo.*

BECO SEM SAÍDA?

No dia em que entrou em vigor a nova Lei de Segurança Nacional um grupo de advogados estava lanchando na cantina do STM antes de um julgamento. Era costume dos advogados de causas políticas, que sempre se encontravam nas audiências, lidando com casos e dificuldades semelhantes, manter esse espírito de camaradagem. Conversavam nas cantinas das auditorias sobre processos ou amenidades. George, por exemplo, gostava de declamar seus poemas e improvisar divertidos repentes.

Mas naquele dia Evaristo, George, Barandier, Modesto da Silveira, Alcione Barreto e Augusto Sussekind não tinham motivo algum para descontração. Pelo contrário. Estavam todos muito preocupados. Questionavam se valeria a pena continuar na advocacia política sob a nova legislação, sem as mínimas condições legais de êxito. Será que não estariam beneficiando o regime, dando-lhe aparência de legitimidade, participando de uma farsa?

Um dos advogados propôs redigirem um manifesto para ser enviado a entidades de classe e à imprensa internacional, explicando que diante de tantas barreiras jurídicas e da nova LSN eles não participariam mais da defesa dos presos políticos, para não coonestarem o fascismo. Outro ponderou: deveriam pensar melhor no assunto. Sussekind foi contra qualquer recuo, sugerindo que se deixasse de lado o aspecto emocional.

— Nós temos que estar ao lado do preso político, por pior que seja a lei. Temos que ir para os tribunais e denunciar essa situação em toda oportunidade. Quanto maior a iniqüidade, mais necessária a resistência dos advogados.

Prevaleceu a sua opinião. Os advogados continuaram na trincheira, tendo mais trabalho para localizar os presos e quebrar a incomunicabilidade. A tática era, antes de tudo, fazer com que a prisão de determinada pessoa fosse reconhecida pelas autoridades. Impetravam petições de habeas corpus no STM solicitando informações que esclarecessem em qual desses lugares estava o preso: comando do I Exército, I Distrito Naval, 3ª Zona Aérea, Polícia Federal, DOPS ou Vila Militar. Também indagavam na petição quando e por que a pessoa fora presa, quem ordenara a prisão, citavam os nomes das autoridades responsáveis e pediam a quebra da incomunicabilidade.

O STM apurava as informações sobre o detido e respondia ao advogado. A segunda etapa era mais desgastante: conseguir falar com o preso e, mais difícil ainda, libertá-lo.

Em certos casos nem o STM conseguia descobrir, porque os órgãos de segurança consultados negavam que a pessoa em questão estivesse presa em suas dependências. Geralmente essa resposta significava que o preso já morrera sob tortura.

Desse modo, as tarefas dos advogados ficaram muito mais difíceis, e perigosas. Para que o trabalho fluísse melhor, faziam amizade com funcionários das auditorias e jornalistas que cobriam os julgamentos, colhendo informações que podiam ser úteis.

Um dia apareceu entre os repórteres setoristas de uma auditoria uma linda jornalista. Além da beleza, dois detalhes incomuns chamaram a atenção: o bloco no qual fazia anotações tinha impresso o nome de um grande jornal paulistano e ela usava crachá. Dizia ser repórter especial. Mas por que o jornal subitamente destacaria repórter especial (geralmente encarregado de reportagens longas e aprofundadas) para ser setorista de julgamentos políticos, escrevendo matérias curtas e censuráveis? Logo se descobriu que a garota era agente do Cenimar, infiltrada para levantar informações sobre jornalistas e advogados, um procedimento muito comum dos órgãos de segurança em geral.

Uma arma na mão e uma idéia na cabeça

Exatamente dois meses após o seqüestro do embaixador americano o governo impôs a maior derrota à guerrilha. Em 4 de novembro Carlos Marighella foi morto a tiros por policiais comandados pelo controvertido delegado Sérgio Fleury, chefe do DEOPS de São Paulo.

Marighella foi um anti-herói, fruto de uma era de mártires ideológicos, dileto membro da estirpe de Che Guevara e do padre guerrilheiro Camilo Torres. Ex-deputado constituinte do PCB em 1946, revolucionário e poeta, rompera com o partido em 1967 e no ano seguinte, enquanto estudantes e intelectuais iam para as passeatas carregando faixas e gritando "abaixo a ditadura", ele já liderava a ALN com Grupos Táticos Armados, cada um formado por no máximo dez militantes, com relativa autonomia para praticar expropriações.

No Rio de Janeiro em 1969 havia dois GTAs, agindo sem uma divisão rigorosa — às vezes membros de um grupo participavam das ações do outro. Eram quase todos ex-estudantes universitários. Como profetizou o cronista Carlinhos Oliveira, a propósito da repressão às manifestações estudantis em 1968: "Que belo material humano estamos jogando na clandestinidade!"[3]

E agora lá estavam os ex-futuros médicos, arquitetos, dentistas, psicólogos, advogados, historiadores, engenheiros, professores, todos jogados na clandestinidade, tentando conquistar pela violência o que não haviam conseguido pacificamente em passeatas, reuniões, assembléias e congressos da UNE.

Três rapazes (dois com embrulhos de jornal nas mãos) e uma garota loura entraram calmamente no Banco Bordallo Brenha, na avenida Calógeras, Centro, na tarde de 5 de dezembro de 1969. De repente um rapaz e a garota sacaram revólveres 38 enquanto os outros dois desembrulharam metralhadoras Ina. Em poucos minutos arrancaram os telefones da gerência, trancaram os seis funcionários no banheiro, distribuíram-lhes panfletos — "Vão se distraindo com isso enquanto nós trabalhamos" — e saquearam o cofre e os caixas.

Os panfletos alertavam: "A guerrilha rural surgirá no momento exato, e ao inimigo não é dado conhecer o que a ALN está preparando e onde desencadeará o próximo golpe, atacando a ditadura militar, o latifúndio e o imperialismo norte-americano. Nenhuma prisão acabará com a guerra revolucionária no Brasil. A Ação Libertadora Nacional prossegue lutando e prosseguirá sempre."

Onze dias depois, um rapaz louro, de terno, carregando uma pasta, e outro de blusão aparentando 17 anos, entraram numa agência do Banco da Bahia S/A, rua Dias da Cruz, a principal do Méier. O de blusão parou junto à porta de entrada e seu parceiro caminhou decidido para o balcão, abriu a pasta e tirou uma metralhadora com o cano desmontado. No mesmo instante entraram mais dois rapazes. Um levou os funcionários para os banheiros e o outro imobilizou o gerente apontando um revólver para sua cabeça. Enquanto o louro saqueava os caixas e o cofre, o de blusão escrevia com spray na parede "ALN" e "Dinheiro para a revolução".

Era um dos primeiros bancos com sistema de alarme instalado e o gerente pensou em pisar no pedal debaixo de sua mesa para acioná-lo. Mas temeu que o barulho provocasse uma reação violenta dos assaltantes, colocando em risco a vida dos funcionários. Os rapazes fugiram com 15.000 cruzeiros novos em dois carros na contramão da travessa Miracema.

Na manhã de 9 de janeiro de 1970 dois rapazes entraram no Banco do Estado de Minas Gerais, agência Lido, na movimentada avenida N. S. Copacabana.

— Levanta! É um assalto!

O funcionário Antonio Nilo de Almeida em sua mesa de trabalho ergueu a cabeça assustado com os revólveres. Um dos assaltantes, alto e magro, pediu a chave do cofre enquanto o outro, baixo e moreno, meio gordo, sotaque nordestino, conduzia os demais funcionários e dois clientes para os banheiros.

Cano frio encostado na nuca, Antonio abriu o cofre.

— Somos da Ação Libertadora Nacional! Esse dinheiro é pra guerrilha e pra soltar nossos companheiros presos! Enquanto eles não forem soltos a nossa luta vai continuar!, gritou o moreno.

Recolheram dinheiro também dos caixas, num total de 28.509 cruzeiros novos. Dentro da agência e na saída eles jogaram panfletos falando de Carlos Marighella e convocando o povo a lutar contra a ditadura. Em cinco minutos estava concluída a operação. Fugiram em dois Fuscas.

No mês seguinte, dia 17, quatro rapazes armados entraram à tarde no Banco Nacional Brasileiro S/A, na avenida General Maxwell, Zona Norte. Fugiram levando 20.645,78 cruzeiros novos, depois de escreverem nas paredes, com spray vermelho: "Verbas para a Revolução", "Morte aos Gorilas", "Comando Luiz Afonso Miranda".

Todas essas expropriações foram praticadas pelos dois GTAs da ALN carioca, desarticulados a partir de março de 1970, com a prisão da maioria dos militantes. Um deles, defendido por George, era neto de um militar conhecido nacionalmente, o marechal Teixeira Lott, ministro da Guerra no governo Juscelino e candidato à Presidência da República derrotado por Jânio Quadros.

Nelson Luís Lott de Morais Costa, 20 anos, fora encaminhado para seguir os passos da família. Seu pai também era militar, assim como cinco tios — o único não-militar tinha o apelido de "Capitão". Nelson desejara seguir a carreira, antes de entrar na faculdade. Estudara cinco anos no Colégio Militar e dois na Escola Preparatória de Cadetes, freqüentava o apartamento do ex-tenente-coronel Kardec Leme, amigo de sua família. Nelson o admirava por ser um herói de guerra, inteligente, contrário às desigualdades sociais, e ficara indignado com as sucessivas prisões que Kardec sofria. Outro motivo de sua revolta fora a cassação do mandato de sua mãe, Edna Lott, deputada estadual eleita duas vezes, pelo PTB e pelo MDB.

Embora inimigo da ditadura, Nelson tivera uma militância política modesta enquanto estudante de História na Universidade Federal Fluminense, em Niterói. Também porque sobrava-lhe pouco tempo livre. Trabalhava como jornalista em *O Dia*, jornal popular especializado em notícias policiais, e ia às passeatas mais como repórter.

Em seu apartamento, na rua Xavier da Silveira, Copacabana, costumava pernoitar o amigo Ronaldo Dutra Machado, que namorava uma filha de Kardec e também estudava na UFF. Uma noite, em meados de 1969, Ronaldo chegou com um rapaz, Jorge Fayal, que teria brigado com os pais e precisava de um lugar para dormir. Na manhã seguinte foi embora. Dias depois Ronaldo apareceu de novo, mas afobado, dizendo que era membro de uma organização política clandestina, Jorge também, e ele havia sido preso, poderia citar o nome de Nelson no interrogatório. Ronaldo sugeriu-lhe procurar rapidamente um lugar para se esconder.

Nelson hospedou-se alguns dias num hotel na Praia de Botafogo. Dali foi para outro hotel, na Barra da Tijuca. Dormiu algumas noites em apartamentos de amigos e até dentro do seu Corcel, presente da mãe no início daquele ano. Finalmente alojou-se no apartamento de uma amiga, em Niterói.

Ronaldo disse-lhe que ele tinha duas opções: ser preso ou aderir à organização, ALN. Nelson preferiu a segunda opção e adotou o pseudônimo "Paulo". Não recebeu treinamento especial de guerrilha, mas de vez em quando ia à Barra da Tijuca com outros militantes treinar tiro ao alvo.

Enquanto participava de expropriações, ele continuou jornalista e estudante. Às vezes ia para a faculdade com a submetralhadora no bolso interno do casaco. Preso com o pessoal da ALN carioca, foi levado para o quartel da Polícia do Exército e mantido incomunicável, como os demais. Da solitária medindo 3 x 2m ele era retirado apenas para ser interrogado. Perguntas entremeadas de choques elétricos, "telefones", pau-de-arara, socos, chutes de coturno, bofetadas, roleta-russa. Colocaram-lhe no peito um cartaz com uma caveira, duas tíbias cruzadas e a frase "sou ladrão de automóveis", ameaçaram ir ao apartamento dele e espancar sua esposa grávida. Queriam mais nomes de companheiros e relatos de ações da ALN. Uma noite foi devolvido à cela falando sozinho, completamente fora de si, e ficou delirando até a madrugada.

A família ignorava o local de sua detenção. A mãe tentou de tudo para descobrir. Em desespero, ousou interpelar o novo presidente da República, general Garrastazu Médici, na saída de uma missa. Foi afastada pelos seguranças.

Defesas políticas e técnicas

Enquanto isso, compareceram à 1ª Auditoria do Exército para a qualificação os seqüestradores do embaixador americano: Fernando Paulo Nagle Gabeira, Paulo de Tarso Wenceslau, Manoel Cyrillo de Oliveira Neto, Antonio de

Freitas Silva e Claudio Torres da Silva. Uma outra indiciada presa, a estudante Vera Sílvia de Araújo Magalhães, não pôde ir à auditoria. Seu depoimento foi tomado na enfermaria do hospital da PE, onde estava internada em estado grave, conseqüência de torturas que lhe deixariam seqüelas para o resto da vida. O líder executivo do seqüestro, Virgílio Gomes da Silva, morrera torturado na sede da Operação Bandeirantes (Oban), órgão que coordenava as operações antiguerrilha em São Paulo, financiado por empresários. Dos 14 acusados sobreviventes, oito estavam foragidos.

Paulo de Tarso, da ALN, e Gabeira, do MR-8, foram defendidos respectivamente por Evaristo e George. O primeiro negou qualquer participação no seqüestro, mas admitiu que não condenava essa forma de luta política. Gabeira surpreendeu admitindo culpa, mas especificou não ter participado diretamente da ação, pois no momento do seqüestro ele estava dentro da casa que serviria de cativeiro. O objetivo da ação, segundo Gabeira, fora comemorar a Semana da Pátria com a libertação de 15 companheiros presos.

Outro integrante da ALN, Manoel Cyrillo, defendido pelo advogado-de-ofício Mário Mendonça, também declarou-se culpado, mas acrescentou ter sido coagido a denunciar Paulo de Tarso como cúmplice. Cyrillo justificou o seqüestro dizendo que o país não tinha plenos direitos, nem liberdade, nem habeas corpus, e citou Marighella como o mentor intelectual.

O gaúcho Claudio Torres, defendido por Augusto Sussekind, já estava condenado a 10 anos de prisão em outro processo, na 1ª Auditoria da Aeronáutica, e também admitiu sua participação. Disse que o embaixador era "representante do imperialismo americano" e denunciou ter sido torturado na sede do Cenimar durante interrogatório na presença do procurador Manes Leitão.

Essa tentativa de politização dos julgamentos era aprovada por alguns advogados, como Sobral Pinto, que costumava afirmar não reconhecer isenção e competência das autoridades militares para julgar cidadãos por causa de suas idéias diferentes a respeito do caminho para a melhoria do país.

Mas Evaristo, George, Barandier, Alcione e alguns outros preferiam uma defesa eminentemente técnica, concentrando-se na situação legal do cliente, pois raciocinavam que de nada valia uma bela defesa política, com denúncia ostensiva do regime, se o acusado fosse condenado ou não tivesse ao menos sua pena reduzida. Quando um preso denunciava em juízo ter sido torturado, os militares do Conselho Permanente de Justiça afirmavam não acreditar na veracidade ou apenas diziam que iriam apurar, sem fazê-lo efetivamente.

Alcione sequer mencionava a palavra "tortura" em suas defesas, como demonstrou nesse processo dos seqüestradores, ao defender Antonio de Freitas Silva, um baiano semi-analfabeto que confessou apenas ser o caseiro e nem conhecia os demais acusados. Alcione apresentou requerimento da perícia médica dizendo que Antonio estava com dores no corpo, principalmente nos ouvidos, insinuando que seu cliente havia sido torturado.

O juiz-auditor indeferiu o requerimento argumentando que nos autos não havia nenhuma informação sobre "tortura". Alcione retrucou, não mencionara nada sobre tortura, somente descrevera o estado de saúde do réu, e solicitou que seu requerimento fosse submetido à apreciação do Conselho, que o aprovou.

Terminada a qualificação, marcou-se o julgamento para o dia 27 de agosto.

Gabeira saiu da prisão antes disso, em junho, com mais 39 presos políticos, libertados em troca do embaixador alemão Ehrefried von Holleben, seqüestrado pela ALN e VPR.*

CONFISSÕES TORTURANTES

Depois de 43 dias incomunicável, Nelson Lott juntou-se aos seus companheiros da ALN, que também haviam estado incomunicáveis, e todos foram transferidos do quartel da Polícia do Exército para uma cela do DOPS, na rua da Relação. Começava a fase de depoimentos no inquérito instaurado pelo delegado Newton Costa.

O grupo era suspeito de várias ações armadas cometidas entre julho de 1969 e fevereiro de 1970: oito assaltos a bancos, dois assaltos a empresas, roubo de metralhadora de uma sentinela da Fábrica de Projetis de Artilharia e roubo de um carro na garagem de um prédio residencial. Foram enquadrados na Lei de Segurança Nacional, artigos 25 ("Praticar atos destinados a provocar guerra revolucionária ou subversiva. Pena: reclusão, de 5 a 15 anos"), 27 ("Assaltar, roubar ou depredar estabelecimento de crédito ou financiamento, qualquer que seja a sua motivação. Pena: reclusão, de 10 a 24 anos") e 28 ("Devastar, saquear, assaltar, roubar, seqüestrar, incendiar, depredar ou praticar atentado pessoal, ato de massacre, sabotagem ou terrorismo. Pena: reclusão, de 12 a 30 anos"). Os foragidos foram indiciados como revéis.

Nelson foi um dos primeiros a depor, em maio. Perdera dez quilos na prisão, estava pesando 60kg. Física e moralmente abatido, subnutrido, assim como seus companheiros, todos confessaram tudo ao delegado.

Em junho Nelson estava de volta ao quartel da PE. Imaginava que ficaria preso o resto da vida. Havia doze processos contra ele, nas auditorias do

---

* A VPR (Vanguarda Popular Revolucionária), segunda organização mais importante de esquerda, nasceu em dezembro de 1968 com dissidentes da Polop e do MNR. Seu líder, capitão Carlos Lamarca, servira no 4º Regimento de Infantaria do II Exército e era o homem mais procurado no país depois da morte de Marighella.

Exército, Aeronáutica e Marinha. Quando a Seleção Brasileira foi tricampeã na Copa do Mundo no México ele estava na minúscula solitária. Ouviu em silêncio o alarido do povo nas ruas comemorando a vitória, os rojões estourando, as buzinas, e continuou com vontade de morrer, corpo e alma dilacerados.

O VERDADEIRO MILAGRE

— A Faculdade Nacional de Filosofia do Rio de Janeiro serviu de palco ao plano de agitação e subversão preconizado e vivamente estimulado pelos nacionalistas e comunistas.[4]

Na linguagem típica do regime, o procurador Humberto Augusto da Silva Ramos leu na 1ª Auditoria do Exército a denúncia contra 29 estudantes da Faculdade Nacional de Filosofia, acusados de agitação subversiva no meio estudantil entre 1961 e 1964. Apenas onze compareceram à audiência — os demais estavam exilados, entre eles o futuro presidente do Viva Rio, Rubem Cesar Fernandes, e o historiador Joel Rufino dos Santos.

Foram defendidos por doze advogados: Evaristo, George, Técio Lins e Silva, Modesto da Silveira, Alcione Barreto, Barandier, Marcelo Cerqueira, Osvaldo Mendonça, Augusto Sussekind, Paulo Goldrajch, Humberto Jansen e Maria Rosa Cardoso, a "Rosinha Metralhadora", apelido dado pelos colegas por causa da contundência de sua oratória.

Em processos coletivos como esse, com vários acusados, os advogados definiam previamente a seqüência de apresentação da defesa, conforme o estilo de cada um. Heleno Fragoso, se estivesse presente, era o primeiro a falar, com a autoridade de doutrinador, catedrático e profundo conhecedor de Direito Penal. Apresentava os fundamentos jurídicos do caso, abordando o lado técnico do processo, de modo frio e didático, mas veemente. Depois vinha um orador que podia ser mediano, sem grandes dotes, seguido de um mais expressivo. Essa seqüência criava um equilíbrio eficiente. Evaristo sempre falava por último. Sintetizava os argumentos dos colegas com sua eloqüência envolvente, feita de emoção e clareza, alternando energia e serenidade, tratando dos aspectos humanos e legais da causa. Falava à razão, erudito sem arrogância.

Nesse julgamento foi levantada a tese de extinção da ação penal e Evaristo, aproveitando a propaganda do governo que afirmava estar o país vivendo um "milagre econômico", disse que o verdadeiro milagre brasileiro, o mais importante, era o "milagre da Justiça Militar, na qual os vencedores são capazes de julgar com isenção os vencidos".

Seguiu-se um comovido silêncio. Todos os réus foram absolvidos.

Bem mais complicado foi o julgamento do MR-8, com 34 réus, 13 advogados e um procurador de extrema-direita, Manes Leitão.

O catedrático: Heleno Fragoso (à esquerda) com a advogada Lídia Siqueira, Sérgio Fragoso e George.

Como alguns integrantes do MR-8 haviam participado do seqüestro do embaixador Elbrick, dois inquéritos foram instaurados, em auditorias diferentes: na Marinha, só para a organização, e no Exército, para o seqüestro.

A 1ª Auditoria da Marinha ficava anexa ao I Distrito Naval, na rua 1º de Março, Centro. Antes do julgamento, iniciado dia 26 de agosto, o juiz-auditor recebeu ofício da Marinha indagando sobre as medidas de segurança necessárias. O juiz pediu segurança máxima, e mais: que todos os advogados fossem submetidos a uma revista completa antes de entrar na sala de audiência. George discordou, irritado. A lei faculta ao advogado o direito de levar para o julgamento documentos reservados sobre o processo e era impensável que algum fosse entrar armado numa auditoria.

Eles se reuniram para discutir a exigência e ficaram divididos. Não se submeter à revista era uma questão de honra profissional. Entretanto, mais importante que tudo era fazer a defesa, pois sempre havia a chance de conseguir a absolvição dos réus. A recusa deles poderia fazer o Conselho adiar o julgamento ou, como ponderou Augusto Sussekind, nomear um beleguim qualquer para a defesa, facilitando a condenação. Após acirrada polêmica, os advogados concluíram ser mais prudente e eficaz permitir a revista. Na fila, quando o soldado apalpou o corpo de George e desceu as mãos, ele esbravejou:

— Passar a mão na bunda não! Isso eu não admito!

Os risos gerais desmoralizaram a revista.

O julgamento começou com toda a área da auditoria cercada por soldados. George defendeu Rodrigo Farias Lima, em seu segundo processo. Ele pertencera ao Partido Comunista Brasileiro Revolucionário (já desmantelado em 1970) e não se filiara a nenhuma outra organização. Mas fora arrolado como integrante do MR-8 depois da prisão de Jorge Medeiros Vale, ex-subgerente de uma agência do Banco do Brasil no Leblon. Rodrigo também trabalhava nessa agência, como auxiliar de portaria, comissionado na Vigilância. Os dois se conheceram e quando Rodrigo soube que Jorge desviava dinheiro do caixa da agência para uma conta secreta na Suíça, convenceu-o a entregar uma parte para organizações de esquerda, porque assim o crime seria político e, caso fosse preso, receberia pena menor ou poderia ser absolvido. Jorge gostou da idéia. Desviou US$ 8 milhões, uma parte dada para o MR-8. Apelidado "Bom Burguês" e enquadrado na Lei de Segurança Nacional, foi defendido por Sussekind e Alcione.

Os advogados sustentaram várias teses em favor dos réus: inépcia da denúncia, falta de provas, erro da acusação, quebra do princípio do contraditório, falta de apoio legal para o enquadramento pretendido.

No dia seguinte, enquanto prosseguia o julgamento do MR-8, a 1ª Auditoria do Exército julgou os acusados pelo seqüestro do embaixador americano. O inquérito tinha 14 réus, mas foram excluídos os banidos Gabeira, Vera Sílvia e Cid Benjamin Queiroz, recém-trocados pelo embaixador alemão. Compareceram quatro à auditoria: Manoel Cyrillo, Paulo de Tarso, Cláudio Torres e Antonio de Freitas Silva. Os demais indiciados estavam exilados ou ainda não tinham sido apanhados, como Joaquim Câmara Ferreira, coordenador do seqüestro. Todos foram condenados. A pena máxima, oito anos de reclusão, foi imposta ao idealizador do seqüestro, Franklin Martins, atual comentarista político da TV Globo.

O julgamento do MR-8, um dos mais longos da Justiça Militar, durou mais de um dia. Após 33 horas de sessão (19 só de reunião secreta dos juízes, com refeições feitas na própria sala), o Conselho Permanente de Justiça aplicou aos acusados penas de 1 a 10 anos, a máxima para o "Bom Burguês". Rodrigo foi um dos sete absolvidos, por falta de provas.

OPERAÇÃO-ARRASTÃO

No mesmo dia em que começava o julgamento do MR-8, Evaristo compareceu ao STM para o julgamento de uma apelação impetrada em favor do jornalista Mury Jorge Lydia, colunista sindical da *Tribuna da Imprensa*, acusado de ter escrito artigo considerado ofensivo ao ministro do Trabalho, Jarbas Passarinho, pois criticara os índices do custo de vida aprovados pelo Ministério para efeito de cálculo do reajuste salarial.

O jornalista fora condenado na 3ª Auditoria do Exército a três meses de prisão. No apelo pela absolvição, Evaristo afirmou:

— Não se pode esmagar os direitos de crítica e de oposição ao governo, marcos distintivos entre os regimes liberais e totalitários. Nestes últimos reina uma paz absoluta, como nos cemitérios. Nesta causa não está em jogo a figura do ministro Jarbas Passarinho. Muito menos os acertos ou erros dos conceitos sobre ele exarados pelo apelante em seus comentários jornalísticos. Julgar-se-á em essência a própria dimensão da liberdade de manifestação do pensamento em nosso país. Mais daninha para o regime democrático que a censura prévia é a autocensura pelo medo. A primeira apenas tolhe a liberdade de manifestação do pensamento, a última abastarda.[5]

O ministro Grum Moss declarou em seu voto:

— Deus me livre que a Justiça seja falha. Deus nos livre que a imprensa seja arrolhada. Há uma diferença substancial entre informação e propaganda. O que o jornalista disse não constituiu propaganda, mas informação, certa ou errada.[6]

O STM decidiu por unanimidade revogar a sentença.

Tantas vitórias dos advogados, as persistentes ações da guerrilha, a panfletagem clandestina, o avanço da imprensa crítica, com *O Pasquim*, e a possibilidade de um fortalecimento da oposição institucional nas eleições parlamentares de novembro daquele ano causavam um crescente nervosismo no governo. E em outubro, após prender e eliminar o novo líder da ALN, Joaquim Câmara Ferreira, o DEOPS paulista afirmou ter descoberto no seu "aparelho" um ambicioso plano guerrilheiro, denominado "Quinzena Marighella", para lembrar o primeiro aniversário da morte do fundador da organização.

Essa conjugação de fatores motivou a maior caçada das forças de segurança desde 1964. A "operação-arrastão" deflagrada em 1º de novembro pelas Forças Armadas, polícias civil e militar, em conjunto com todos os órgãos de repressão política, atingiu principalmente o Rio de Janeiro, onde deveria se concentrar a maioria das ações planejadas pela guerrilha.

Oficialmente a megaoperação policial correspondia à "necessidade de estabelecer-se em termos definitivos a área exata de atuação do esquema terrorista", como informavam os órgãos de segurança.[7] E servia também para intimidar os candidatos oposicionistas nas eleições do dia 15, para deputado federal e estadual, prefeito e vereador. As entidades estudantis promoveram um movimento nacional pelo voto nulo, já que inexistiam no país liberdades de expressão e de reunião, pressupostos fundamentais de uma eleição.

Entre os presos no arrastão estavam os advogados Hernani José de Araújo e Lauro Müller, o desembargador Haroldo Portocarrero de Miranda (incomunicável no quartel do 1º Batalhão de Guardas), o jornalista Alberto Rajá e o ex-deputado federal (cassado) Renato Archer. Quase preso novamente, Sobral Pinto foi salvo pela intervenção do ministro do Exército, general Orlando Geisel. Por sorte, Evaristo encontrava-se em Düsseldorf acompanhando o julgamento de Franz Stangl. O escritor Carlos Heitor Cony também caiu mais uma vez e teve que responder a um longo interrogatório sobre sua vida familiar e o método de educação dos filhos. Outro escritor, Antonio Callado, que morava em Paris como correspondente do *Jornal do Brasil* e estava passando uns dias no Rio, foi aconselhado a não sair de casa. O jornalista e candidato a deputado estadual pelo MDB da Guanabara, Wagner Teixeira, foi chamado à Secretaria de Segurança para ouvir a advertência de que podia "contestar o governo, não o regime". Até um candidato da Arena a deputado federal foi preso, Jaures Guisard, 65 anos, mas por engano. Saiu uma hora depois.

No total, 5.000 detidos só no Rio de Janeiro, 250 em São Paulo e outros tantos em Minas Gerais e Espírito Santo. Mas, de todas as prisões feitas pela polícia naqueles primeiros dias de novembro, as que causaram maior estardalhaço foram as de três eminentes advogados.

"Atos de rotina"

Durante a noite George escreveu com um prego seu nome na parede da cela, para eventual reconhecimento posterior. Heleno Fragoso fez o mesmo. De manhã os dois e Augusto Sussekind foram acordados com o irritante barulho metálico do cano da metralhadora do carcereiro batendo nas grades. Continuaram incomunicáveis, sem interrogatório, em local ignorado por todos — família, colegas e imprensa, proibida de informar detalhes da megaoperação e os nomes dos presos. Notícias sucintas diziam apenas que as forças de seguranças permaneciam mobilizadas.

Numa sessão da OAB, o jurista Seabra Fagundes afirmou:

— O exercício da advocacia é uma temeridade, visto que os direitos individuais não vigoram no país. Falamos com o presidente Médici e com o ministro Buzaid, mas nosso apelo não encontrou eco. Pois então convoquemos o presidente do Conselho de Defesa dos Direitos da Pessoa Humana. Vamos pedir a ele que nos diga afinal se esse Conselho existe ou vale apenas para fazer a propaganda do regime.[8]

O Conselho fora criado nos estertores do governo João Goulart, em março de 64, com representantes da Ordem dos Advogados do Brasil, Associação Brasileira de Imprensa, Câmara dos Deputados e Senado. Era presidido pelo ministro da Justiça, o carrancudo Alfredo Buzaid, e nas circunstâncias políticas vigentes tornara-se um órgão meramente decorativo. Não investigava denúncias e tampouco se reunia.

Em Belo Horizonte o general Sizeno Sarmento garantiu à imprensa que havia "calma absoluta" no país, que as prisões efetuadas em diversos estados tinham sido "atos de rotina" do esquema de segurança nacional e que na relação dos presos pelo I Exército não constavam os nomes dos três advogados.

Mas as pressões da OAB e a intervenção de um ex-colega de George no Colégio Militar, capitão Zaíro de Pontes, que o viu na cela, deram resultado.

Terça-feira de manhã, 3 de novembro, o carcereiro mulato bateu o cano da metralhadora nas grades das celas para acordar os presos. Em seguida entrou e retirou os colchões de cada um, sem explicar nada. Fragoso, Sussekind e George ficaram imaginando o que aconteceria. Era o terceiro dia que estavam ali naquelas celas frias, sem banho, mal alimentados, e sequer sabiam qual teria sido o pretexto para prendê-los ou para onde iriam. A chuva aumentou o clima de suspense durante todo o dia.

Por volta de 21h dois homens retiraram Fragoso da cela e colocaram-lhe o capuz. O advogado perguntou para onde o estavam levando.

— Para o além, respondeu um policial, rindo.

Fragoso sentou-se no banco traseiro do Corcel, onde já estava Sussekind, também com a cabeça coberta por capuz, e os policiais os mandaram se abaixar no banco. Após rodar cerca de 40 minutos, o Corcel parou e um dos homens puxou Sussekind.

— O outro fica deitado.

De costas para os dois homens, Sussekind teve o capuz retirado e ouviu a ameaça:

— Não olhe pra trás, nem pare, senão leva um tiro.

Meia hora depois o Corcel parou com Fragoso em Laranjeiras e o libertou na rua Pereira da Silva, por coincidência (ou não) onde morava Sobral Pinto.

George foi retirado da cela às 23h. Os policiais devolveram seus pertences, o paletó, e colocaram o capuz. No banco traseiro do Corcel estava outro encapuzado com a cabeça abaixada. Era o maestro Erlon Chaves. Enquanto o Corcel rodava na chuva, um dos policiais anunciou:

— O advogado vai cair no Rio da Guarda.

O rio tinha ficado famoso nos primeiros meses de 1963, quando o governador Carlos Lacerda fez uma campanha para acabar com os mendigos da cidade. Muitos deles foram assassinados e jogados no Rio da Guarda.

Mas os policiais que levavam George pararam o carro após 40 minutos, puxaram-no pelo braço e tiraram o capuz. Ele abriu os olhos: estava num descampado escuro, lamacento. A chuva havia cessado. Um dos policiais gritou:

— Corre que agora você vai morrer!

George caminhou a passos lentos, pensando que realmente seria executado, como tantos outros presos políticos. Assustou-se com o estampido seco de um tiro, mas não sentiu nenhuma dor de bala. Esperou o segundo tiro, que não veio. O carro partiu em alta velocidade levando Erlon Chaves, solto em outro lugar.

George estava numa área com poucas casas, em Jacarepaguá. Após caminhar alguns passos na lama, foi surpreendido por latidos de um bando de cães. Não correu, aprendera que correr de cachorro o atiça mais. Foi mordido apenas na barra da calça. Bateu na porta de uma casa, um homem o atendeu, também advogado, Alexandre Marcelino, a quem George resumiu o que acontecera, sendo em seguida levado de carro até o Largo da Ribeira, onde apanhou um táxi.

Depois que os advogados foram soltos a imprensa pôde publicar notícias, editoriais e comentários sobre o que tinha acontecido. O colunista político mais lido no país, Carlos Castello Branco, escreveu: "Onde se causou o dano maior ao prestígio do governo parece ter sido no setor da Justiça, com a prisão injustificada de advogados que se têm distinguido no patrocínio de réus acusados perante a Justiça Militar."[9]

A OAB promoveu uma sessão pública de desagravo, com a presença de conselheiros das seccionais de vários estados, durante a qual os três advogados fizeram relatos dos três dias passados na prisão. George se sentia absolutamente sem garantias, pois os policiais poderiam voltar a qualquer momento, e o fuzilamento simulado que ele sofrera poderia acontecer de verdade. Disse ainda que o seqüestro tivera "todo o aparato de ação ilegal, para que não fossem identificados os seus autores". Sussekind era o mais abatido dos três, perdera vários quilos.

— A minha prisão tem dois aspectos. Eu sofri fisicamente, mas a minha classe é que foi a grande vítima de uma agressão. É pela classe dos advogados que devemos tomar providências.[10]

O jurista Serrano Neves falou que a prisão estarrecera a consciência jurídica nacional; Raimundo Pascoal Barbosa, representante da seccional de São Paulo, garantiu que "os advogados do Brasil não estão dispostos a transigir com aquilo que venha a tolher o exercício da profissão".

Durou seis dias a megarrepressão. O presidente Médici mandou então libertar todos os presos recentes, exceto os suspeitos de envolvimento com organizações clandestinas. O cardeal-arcebispo de São Paulo, Dom Paulo Evaristo Arns, ao falar nas emissoras da arquidiocese, agradeceu ao presidente "a ordem de sustar as prisões que nesta semana vinham inquietando largas camadas responsáveis de nossa sociedade", e pediu medidas concretas, capazes de tranqüilizar as famílias dos presos.[11]

A OAB decidiu enviar um protesto contra a prisão dos advogados e um pedido de esclarecimentos ao presidente Médici e às principais autoridades judiciais do país: ministro da Justiça, procurador-geral da República, procurador-geral da Justiça da Guanabara, presidentes do STF, do STM e do Conselho Federal da OAB. O ofício enfatizou que, com a prisão dos advogados, "mesmo em época de suspensão de garantias constitucionais, atingiu-se mais do que as pessoas das vítimas — o exercício da advocacia como condição mesma de defesa e preservação mínima dos direitos humanos".[12] A OAB paulista divulgou nota de solidariedade às decisões do Conselho Federal e do presidente do Conselho da Guanabara.

Os colegas de profissão prestaram solidariedade e, no caso de George, também um jornalista, Gildo Lopes, mesmo não o conhecendo pessoalmente, escreveu: "Num momento em que todos se escondem atrás de quase todos, numa hora em que todos, ou quase todos, se curvam, subservientemente, nem assim George Tavares se curvou. E não se curva. ... Inútil procurar em George idéias de esquerda e comunizantes. Inútil matar a liberdade prendendo George Tavares. E no episódio da prisão ilegal e arbitrária de George Tavares não sei se há mais estupidez do que burrice."[13]

O general Sizeno Sarmento prometeu ao presidente do Conselho Seccional da OAB, Edmundo de Almeida Rêgo, mandar investigar tudo e punir os responsáveis. Um surrado chavão. O DOPS até abriu inquérito para "apurar" as responsabilidades pelas prisões. Os advogados foram depor, relataram onde estiveram presos. Mas evidentemente o inquérito era uma farsa e não deu em nada.

As eleições foram muito prejudicadas, como tencionava o governo. Dos 30 milhões de eleitores que foram às urnas, 30% votaram em branco ou anularam a cédula.

A escalada repressiva marcou também o início de uma nova fase dos órgãos de segurança, reestruturados para fortalecer o combate à guerrilha urbana e rural. Suspeitou-se nos meios jurídicos de que o principal desses órgãos, o DOI-Codi, havia sido o responsável pelas prisões dos advogados.

Criado em janeiro de 1970, o Destacamento de Operações e Informações-Centro de Operações de Defesa Interna centralizava todas as operações da repressão política. Surgiu como desdobramento da Oban, lançada no ano anterior em São Paulo.

Havia um DOI-Codi em cada um dos quatro Exércitos do país. Os mais importantes eram os do II Exército, em São Paulo, que funcionava numa delegacia policial da rua Tutóia, bairro do Paraíso, e do I Exército, no Rio de Janeiro, no quartel do I Batalhão da Polícia do Exército.

Compunham o DOI-Codi policiais civis e militares das três Armas. Todos os seus agentes usavam codinomes, e mesmo os militares vestiam-se à paisana, deixavam o cabelo crescer, sem adotar o corte tradicional. Os oficiais militares analisavam as informações trazidas pelos agentes e informantes infiltrados, planejavam as ações de combate e dirigiam interrogatórios. O comandante do DOI era sempre um oficial do Exército. Na década de 70 o coronel Adyr Fiúza de Castro ocupava essa função.

Como órgão de inteligência, surgiu ainda em 1970 o Cisa (Centro Integrado de Segurança da Aeronáutica), sediado na Base Aérea do Galeão, comandada pelo brigadeiro João Paulo Burnier, um dos líderes da extrema-direita militar. E outro órgão de inteligência foi reorganizado para se envolver mais na repressão: o Cenimar, que funcionava no 5º andar do Ministério da Marinha, na rua 1º de Março. Esses dois serviços secretos de investigação também efetuavam prisões sem mandado e mantinham presos incomunicáveis por tempo indeterminado. Após os interrogatórios, enviavam os detidos para o DOPS ou Polícia Federal, a fim de se iniciar o inquérito.

O COFRE DE ADHEMAR

Um dia depois de solto, George encontrava-se no seu escritório e recebeu a visita do pai de um rapaz, Gustavo Buarque Schiller, que estava preso no Comando da Aeronáutica (Comar).

Estudante secundarista e militante da VAR-Palmares, em julho de 1969 ele tinha 18 anos e morava com os pais e dois irmãos no andar de baixo de um sobrado em Santa Teresa. No andar de cima morava Ana Capriglione Benchimol, cujo irmão era tio de Gustavo por afinidade — casado com uma tia dele. O rapaz passou para seus companheiros da organização uma informação preciosa: Ana guardava em casa um cofre com US$ 2,5 milhões, em cédulas, provenientes das atividades ilícitas de seu amante, Adhemar de Barros.* Naque-

---

* N. Miranda e C. Tibúrcio, *Dos filhos deste solo*, p.429. Adhemar, um dos líderes civis do golpe, desentendeu-se com os militares e em 1966 foi cassado, oficialmente acusado de corrupção, mas extra-oficialmente porque pretendia emitir títulos da dívida paulista que poderiam desestabilizar a política econômica do governo.

le mês, treze membros da organização invadiram a casa e levaram o dinheiro, a mais vultosa quantia expropriada pela guerrilha brasileira.

Depois de cair na clandestinidade, Gustavo foi preso no início de 1970 em Porto Alegre e trazido para o Rio de Janeiro. Seu advogado, Evaristo, precisou viajar por conta de outro processo e passou o caso para George. O pai do rapaz, Sílvio, estava preocupado porque ele seria transferido para a Delegacia de Vigilância, onde só havia presos comuns e que estava lotada.

George, ainda sob o impacto de sua própria prisão, escreveu na mesma hora uma petição contundente defendendo o direito do preso político a um tratamento humano, e levou-a para o juiz-auditor da Aeronáutica, que ficou pálido ao ler. Disse que não podia receber a petição com aqueles termos. George justificou-se:

— O senhor tem que receber e despachar. Os termos que usei são meus, cabíveis, são termos que um advogado tem o direito de usar. Os fatos que estou relatando podem assustar, mas os termos estão todos dentro da ética profissional.

O auditor propôs um acordo: rasgaria a petição e o preso não seria transferido. George aceitou e Gustavo continuou no Comar.

Depois disso, George pegou mais um processo com vários réus. No dia 9 de dezembro ele foi com Modesto da Silveira, Paulo Argueles, Osvaldo Mendonça e Roberto de Almeida à 1ª Auditoria do Exército para o julgamento de dez integrantes do Movimento Nacionalista Revolucionário, acusados de assaltos a bancos, treinamento de guerrilha em Tinguá, estado do Rio, e assalto a uma sentinela do Museu do Exército, de quem teriam roubado um FAL. Dois dos acusados, os estudantes Marco Antonio e Fausto Machado Freire, foram julgados à revelia — tinham sido banidos em troca do embaixador alemão, Ehrefried von Holleben.

Os advogados sustentaram falta de provas, mas o momento não era nada favorável. Dois dias antes do julgamento outro embaixador tinha sido seqüestrado. A VPR exigia em troca do suíço Giovanni Bücher a libertação de 70 presos políticos.* O Conselho Permanente de Justiça condenou os dez réus a um total de 35 anos — dois a seis anos cada.

Dias depois desse julgamento, e após mais de um mês de tentativas, Evaristo, George e Sussekind conseguiram quebrar a incomunicabilidade e

* Esse seqüestro foi a única grande ação realizada na "Quinzena Marighella", mesmo assim com algum atraso. As negociações demoraram bem mais que nos seqüestros anteriores. Só em janeiro de 1971 foram libertados os 70 presos, entre eles Jean-Marc e Gustavo Buarque Schiller, banidos para o Chile. Gustavo se suicidaria anos depois de voltar para o Brasil.

conversar com os jornalistas do *Pasquim* presos na Vila Militar. Paulo Francis, Jaguar, Flávio Rangel, José Grossi, Sérgio Cabral, Ziraldo, Luiz Carlos Maciel, Fortuna e Tarso de Castro estavam sendo relativamente bem tratados, mas ainda não havia uma acusação definida e tampouco perspectiva de soltura.

Os advogados decidiram aguardar a conclusão do inquérito antes de tomar novas providências. Os jornalistas seriam libertados no final de dezembro de 1970.

Maratona de auditorias

Quando começou a fase de qualificação e interrogatório do grupo carioca da ALN, havia dez foragidos, três banidos (Carlos Eduardo Fayal de Lyra, Tânia Regina Rodrigues Fernandes e Domingos Fernandes, trocados pelo embaixador alemão em junho de 1970) e três mortos recentemente: Aldo de Sá Brito Souza Neto, na ALN desde os 17 anos, morto sob tortura no DOPS de Belo Horizonte dias antes de completar 20 anos; Mário de Souza Prata, ex-estudante de Engenharia, ferido a tiros e torturado até a morte no Rio de Janeiro aos 26 anos (e enterrado como indigente no Cemitério de Ricardo de Albuquerque) e sua namorada Marilene Villas-Boas Pinto, ex-estudante de Psicologia, morta sob tortura no DOI-Codi do Rio, aos 22 anos. Um outro indiciado tinha morrido bem antes das prisões do grupo: Luiz Afonso Miranda da Costa Rodrigues recebera em janeiro de 1970 um tiro acidental disparado dentro de um Fusca por um companheiro que tentava desengatilhar a metralhadora roubada minutos antes na Fábrica de Projetis de Artilharia. Os inquéritos dos banidos e dos mortos foram sustados.

A primeira audiência de qualificação, no dia 6 de maio de 1971, realizou-se na 2ª Auditoria da Aeronáutica. Compareceram os advogados Modesto da Silveira, Paulo Costa Reis, João Alfredo Portela, Alcione Barreto, Mário Soares de Mendonça e o advogado de ofício Lourival Nogueira Lima, além de Evaristo, que defendeu Carlos Roberto Nolasco Ferreira, ex-estudante de Psicologia, e George, que defendeu Nelson Lott. Nessa fase da instrução criminal a defesa só assistia, não podia intervir.

O interrogatório feito pelo juiz-auditor enfocou o assalto ao Banco Bordallo, com cinco acusados presentes: Nelson, Paulo Henrique de Oliveira Rocha Lins, Ana Bursztyn, Epitácio Remigio de Araújo e Rômulo Noronha Albuquerque. Todos haviam confessado no inquérito policial, dando detalhes sobre o esquema da ação, explicando quem fizera o quê. A loura que entrara no banco era Tânia Regina, usando peruca.

Nelson também confessara. Mas agora na auditoria negou tudo, até que pertencesse à ALN. Confissão na polícia durante a fase do inquérito não tem valor absoluto como prova num processo, menos ainda se obtida mediante coação física, moral e psicológica. Ele denunciou que suas declarações tinham sido extraídas nessas circunstâncias e que sequer tinha condições físicas de dirigir um carro em alta velocidade naquela época, pois sofrera dois acidentes quase dois meses antes do mencionado assalto. No primeiro, em 18 de outubro de 69, cortara com vidro o pulso esquerdo, e no segundo, início de dezembro, capotara de moto, ficando com os movimentos da mão esquerda prejudicados.

A maior parte do tempo de seu interrogatório ele aproveitou para falar das torturas sofridas quando ficara incomunicável no quartel da Polícia do Exército. Denunciou também que seu apartamento em Copacabana fora invadido e revirado, tendo desaparecido dinheiro e roupas. Como jornalista ele conhecia o hábito policial de forjar flagrantes, e lembrou que não fora reconhecido por nenhuma testemunha do assalto ao banco.

O próximo interrogado, Epitácio Remígio, ex-metalúrgico com curso de guerrilha em Cuba, quis politizar a audiência e admitiu tudo: era membro da ALN sim, e participara do assalto ao Banco Bordallo, por um bom motivo:

— O dinheiro acumulado pelo banqueiro foi também roubado da classe operária e do povo. ... Para tirar a burguesia do poder é necessário contar com seus próprios recursos, expropriando, tornando a expropriar sempre, enquanto houver exploração e oprimido neste país. Lançaremos a guerrilha onde o inimigo estiver, até a vitória final.[14]

Rômulo Noronha, defendido por Alcione Barreto, seguiu o mesmo discurso: admitiu ser militante da ALN, negou ter participado do assalto ao Banco Bordallo, mas o justificou.

— É justo que as organizações revolucionárias brasileiras façam qualquer tipo de ação, com o objetivo de acabar com a exploração sofrida pelo povo brasileiro. As ações têm o objetivo de financiar a revolução brasileira, expropriando a burguesia para encaminhar a luta de libertação nacional do povo brasileiro.

Citou Brecht: "O que é um assalto a um banco comparado com a fundação de um banco?" e também denunciou ter sofrido torturas, praticadas no quartel central da PM por uma equipe chefiada pelo major Altair Noronha e o tenente Airton Quaresma, e depois na PE.

Ainda em maio, o grupo compareceu às auditorias da Aeronáutica e da Marinha para ser interrogado sobre assaltos à Construtora Presidente e aos bancos do Estado de Minas Gerais, de Crédito Territorial e da Bahia. Nelson negou participação em todos.

O mesmo procedimento ele adotou no mês seguinte, na 1ª Auditoria da Aeronáutica, retratando-se da confissão do assalto ao Banco Nacional. Sobre o Corcel mencionado no inquérito como sendo de sua propriedade ele disse que já o tinha vendido bem antes da data do assalto, fevereiro de 1970, e considerou ilegal o processo, pois sua prisão em casa fora feita por dois supostos oficiais do Exército à paisana que não haviam se identificado.

Interrogado a seguir, Paulo Henrique, um dos líderes da ALN no Rio de Janeiro, confessou ter participado desse assalto, porque era justa a expropriação, prometeu continuar lutando até a libertação do povo brasileiro e também denunciou que seu depoimento no inquérito fora extraído sob tortura e em total incomunicabilidade durante mais de 100 dias.

Outro indiciado nesse inquérito do Banco Nacional, Jorge Raymundo, admitiu ser da ALN e ter participado do assalto, queixando-se do tratamento carcerário na Ilha Grande. Havia mais três indiciados, revéis.

Ao contrário de seus companheiros, que pretendiam fazer da auditoria um palanque de ataques ao regime e defesa do socialismo, a tática de Nelson em todos os processos era negar tudo. Por isso, no interrogatório do dia 31 de agosto na 2ª Auditoria do Exército, ele negou também ter participado do assalto ao Banco Novo Mundo. Não conhecia a agência nem os demais acusados, e até forneceu um álibi: na hora do assalto estava em casa, almoçando. Repetiu ter sido torturado, assinara depoimentos do inquérito sem ler ou em branco, sob ameaça de que sua mulher, grávida, poderia também ser presa e torturada. Indagado sobre o motivo da acusação, Nelson respondeu ser perseguição contra sua família (seu avô, o marechal Lott, fora excomungado pelos governos pós-64). Disse mais: convivera desde a infância com militares, além dos cinco anos no Colégio Militar e dois na Escola Preparatória de Cadetes, e se surpreendera ao ver oficiais compactuando com os maus-tratos e torturas, enxovalhando a honra do Exército. Xeque-mate.

Falhas legais

A fase dos julgamentos começou trazendo otimismo para os militantes da ALN. Na 2ª Auditoria da Aeronáutica todos foram absolvidos por 3 x 2 pelo assalto ao Banco Bordallo. As testemunhas não os reconheceram, e de concreto no inquérito só havia as confissões, retratadas em juízo.

Três dias depois desse julgamento, em 7 de novembro de 1971, um dos foragidos, Flávio de Carvalho Molina, ex-estudante de Química, foi morto a tiros pela polícia de São Paulo e sepultado como indigente no Cemitério de Perus. Ele tinha ido para Cuba quando começaram as prisões do grupo em 1970, e ao voltar para o Brasil deixara a ALN para integrar o Movimento de Libertação Popular (Molipo). Seu inquérito foi sustado.

A mesma auditoria absolveu Nelson pelo assalto ao Banco Nacional Brasileiro, mas condenou a 20 anos de reclusão os demais acusados, entre eles três revéis.

No dia seguinte, ainda nessa auditoria, foram julgados os onze acusados pelo assalto ao Banco da Bahia no Méier. Um deles, Rômulo, negara em juízo a confissão feita na polícia e recusara-se a informar detalhes do assalto, alegando segredo da organização, mas confirmara que companheiros seus da ALN haviam participado, sem citar nomes.

O Conselho Permanente de Justiça analisou o depoimento de Rômulo e o fato de Nelson ter sido reconhecido pelo gerente do banco como o assaltante que o mantivera sob mira de um revólver. Não houve benevolência. Por unanimidade, Nelson foi condenado a 10 anos, João Baptista Xavier Pereira (coordenador da ALN no Rio, revel), a 16, e os demais a 12.

George recorreu ao STM. Enquanto aguardava, o ano terminou com mais uma vitória dos órgãos de segurança: outro foragido da ALN, José Milton Barbosa, ex-3º sargento do Exército cassado em 1964, foi preso e torturado até a morte na Oban de São Paulo, no dia 5 de dezembro.

Três meses depois, em 7 de fevereiro de 1972, Nelson estava novamente na 2ª Auditoria da Aeronáutica, para ser julgado por um assalto ao Departamento de Pessoal da Construtora Presidente S/A, rua Mayrink Veiga 11, praticado por seis homens armados. Um empregado da firma, Moisés Cristino, foi envolvido como cúmplice — teria fornecido detalhes sobre os hábitos do escritório.

Moisés pertencia a uma outra organização, Frente de Libertação Nacional, formada por maioria de ex-militares cassados, inclusive o ex-major Joaquim Pires Cerveira. Os dois, juntamente com Artur Paulo de Souza e Albertina Rodrigues da Costa, também da FLN, teriam sido os autores do assalto ao escritório, coligados com membros da ALN. Nelson teria dirigido o carro da fuga.

Compareceram ao julgamento apenas Nelson e Artur, porque Moisés e Albertina estavam foragidos (foram defendidos como revéis pelo advogado de ofício Paulo da Costa Reis). Outro acusado, Aldo, estava morto e Cerveira fora banido, sustando-se a sua ação penal.*

Nelson negou qualquer participação também nesse assalto. Falou apenas das torturas, desqualificadas pelo Conselho Permanente de Justiça como tática da defesa para denegrir o governo. George fez um retrospecto do processo, demonstrando que faltavam provas e sobravam suposições, o depoimento de Nelson era idêntico em todos os inquéritos, e reiterou mais uma vez que confissões retratadas em juízo, sem corroboração dos autos (reconhecimento, acareações etc), não constituíam provas para condenar. Artur admitira que Albertina e Moisés haviam participado do assalto, mas inocentara Nelson.

---

* Cerveira foi preso em dezembro de 1973 junto com outro banido, João Batista de Rita Pereda, supostamente na fronteira argentina, ao tentarem atravessar clandestinamente para o Brasil através de Foz do Iguaçu. Os dois desapareceram.

O Conselho condenou Albertina e Moisés a 12 anos, absolveu Artur por 3 x 2 e Nelson por unanimidade.

Esses processos demonstraram, mais uma vez, como os encarregados dos IPMs eram leigos em matéria jurídica, não davam muita importância à fundamentação legal. As acusações, mal formuladas, não especificavam as circunstâncias do delito, a hora e o lugar da ocorrência, não apresentavam provas materiais, e o reconhecimento pelas testemunhas era feito diante do suspeito sozinho, não junto de outras pessoas com semelhança física, como exigiam os artigos 368 do Código de Processo Penal Militar e 226 do Código de Processo Penal. Os advogados se aproveitavam dessas falhas e surpreendiam no julgamento com argumentação embasada na doutrina e na jurisprudência. Nenhuma arma ou dinheiro dos assaltos aos bancos foi apresentado pela acusação.

Ainda em fevereiro, a 2ª Auditoria da Aeronáutica realizou mais um julgamento, com 12 acusados pelo assalto ao Banco da Bahia em São Cristóvão, incluindo o frade dominicano paulista Oswaldo Augusto Resende Júnior. A longa e tediosa leitura dos autos feita pelo procurador Eudo Guedes Pereira cansou os membros do Conselho Permanente de Justiça. Alguns cochilaram, e não era para menos. As denúncias tinham a mesma introdução, só mudando o local da ocorrência, duas páginas para os antecedentes políticos de cada acusado, seguidos da acusação específica.

Nelson, como fizera anteriormente, negou tudo. E George tocou fundo na sensibilidade do Conselho ao relatar o histórico militar do réu. Corneta e continência faziam parte de sua formação desde a infância. O primeiro som que ouvira na vida fora uma corneta, pois nascera no Hospital Central do Exército. George prosseguiu falando dos anos de Nelson no Colégio Militar, ambiente que ele próprio conhecia de cor e salteado. Teatral e impetuoso, o advogado bateu com a palma da mão numa mesa, assustando e despertando alguns juízes.

Após seis horas de julgamento, o Conselho declarou sua perplexidade por notar que as únicas provas apresentadas eram as confissões do inquérito, extrajudiciais. Todos foram absolvidos por 4 x 1.

No mês seguinte George enfrentou o implacável procurador Manes Leitão no julgamento pelo assalto ao Banco Novo Mundo, na 2ª Auditoria do Exército. A presença de Manes na acusação exigia um esforço redobrado da defesa. George foi o último advogado a falar. Fez um retrospecto dos depoimentos prestados por Nelson nos inquéritos e mostrou aos membros do Conselho Permanente de Justiça fotocópias para comprovar o teor idêntico de todos eles.

— Apenas variam, em lugares predeterminados, os nomes dos bancos, e por incrível que pareça também alternam os nomes dos escrivães, conforme pode ser averiguado, fazendo as comparações entre uns e outros. Todos os processos, baseados em confissões feitas na Delegacia de Roubos e Furtos, constituem não só uma montagem destinada a levar os acusados ao fundo do cárcere, como também constituem um acinte, um desrespeito e um achincalhe à Justiça! De acordo com a lei, com a doutrina e com a jurisprudência, a prova produzida somente no inquérito policial não é suficiente para condenar.

E finalizou clamando:

— Que os muros caiados dos nossos quartéis, com suas ameias vigiando pelas nossas tradições de liberdade e de amor ao progresso, não se transformem em cemitérios de ilusões perdidas nem em sepulcros de esperanças para nossa juventude.[15]

Pediu a absolvição de todos os acusados, principalmente de Nelson e Carlos Roberto Nolasco, "por ser um imperativo da sacrossanta Justiça"!

Não houve réplica, e o Conselho reunido em sessão secreta decidiu por unanimidade absolver todos os réus, por insuficiência de provas. A procuradoria recorreu ao STM, que manteve a sentença, também por unanimidade.

Veredítos assim contribuíram para que o STM tivesse uma imagem de independência. Os advogados de presos políticos desse período acreditam que na maioria dos casos o tribunal tenha decidido com uma visão democrática do crime político, mesmo após o AI-5. Como escreveu Heleno Fragoso, "nos tempos conturbados que a nação atravessou, notadamente a partir de 1968, vimos sempre o Superior Tribunal Militar como autêntico Tribunal de Justiça, e nunca como um Tribunal de Segurança, ... julgando de acordo com a lei e o direito, e nunca como um tribunal de exceção, decidindo de acordo com supostas conveniências do Estado."[16]

Os motivos disso seriam vários. Qualquer general podia, teoricamente, tornar-se presidente da República, ministro, fazer parte do Conselho de Segurança Nacional (instância superior de decisão do regime) ou presidir uma empresa estatal, um órgão público. Essa possibilidade era mais forte se ele estivesse na ativa. A ida para o STM, cargo vitalício, equivalia a um ostracismo dourado, pois os oficiais perdiam influência política. Geisel foi a única exceção de ex-ministro do STM (mesmo assim, por apenas dois anos) que se tornou presidente da República. Portanto, ao serem nomeados para o tribunal eles procuravam mostrar que ainda tinham poder. Outros agiam com independência motivados também por divergências com os ex-colegas de farda, como Mourão Filho.

Há, contudo, quem considere que a posição mais freqüente do STM nos julgamentos de recursos políticos tenha sido de "coonestação das irregularidades praticadas desde a abertura do inquérito até o julgamento nas auditorias".[17]

No balanço geral, pode-se dizer que a maior parte dos ministros do STM era liberal, tanto os militares quanto os civis, como Romeiro Neto, que concedeu habeas corpus ao líder comunista Astrogildo Pereira no famoso IPM das "Cadernetas de Prestes".* Relator do processo, Romeiro afirmou em seu voto: "A convicção comunista, por si só, não constitui crime."

Não há dúvida, porém, de que alguns membros do STM, ao julgarem um recurso, eram mais militares que juízes, por sua postura ideológica organicamente identificada com o regime, como os generais Octacílio Terra Ururahy e Ernesto Geisel, um "juiz carrasco" segundo o advogado e político Marcello Alencar. Os votos deles eram políticos, não levando em conta as provas dos autos. Em alguns processos Geisel votou pela absolvição ou pela concessão de habeas corpus, mas em geral foi enérgico. O caso do general Sizeno Sarmento é curioso: como comandante do II e do I Exércitos, em São Paulo e no Rio de Janeiro, respectivamente, ele foi tido como incentivador de tortura. Mas depois de nomeado para o STM assumiu um discurso contrário a maus-tratos de presos políticos.

Um dos casos em que o STM decepcionou foi exatamente a apelação em favor de Nelson Lott, para que fosse anulada a pena de dez anos pelo assalto ao Banco da Bahia. Confirmada a sentença por unanimidade, George recorreu ao STF. Argumentou que seu cliente fora absolvido em onze dos doze processos; em cinco julgamentos ficara assentado que confissão extrajudicial sem outros elementos de convicção era nula como prova para condenação; o Código de Processo Penal Militar, no artigo 307, dizia que a confissão só tinha valor se fosse livre, espontânea, feita perante autoridade competente e de modo coerente com as demais provas do processo; o inquérito policial isolado não era suficiente para condenar ninguém, por ferir o princípio do contraditório. Além de tudo isso, asseverou o advogado, nos vários inquéritos abertos contra Nelson havia uma única confissão, idêntica em todos os depoimentos, só alterando os nomes do banco assaltado e das testemunhas, embora fossem textos redigidos por diferentes escrivães e em datas diferentes. Finalmente, mas não menos importante, nenhum dinheiro ou arma dos assaltos fora apresentado. Ou seja: não havia prova material do crime atribuído ao acusado. E pediu revisão da sentença.

No julgamento do recurso, em 13 de novembro de 1973, George fez a defesa oral. Para sua satisfação, o relator, ministro Aliomar Baleeiro, pediu vista do processo, a fim de reexaminá-lo, e o julgamento foi adiado.

Daí a 20 dias o STF reuniu-se novamente para julgar o caso. Aliomar Baleeiro exprimiu sua "perplexidade" ao analisar as provas e constatar que

---

* Em 9.4.1964 a casa em que Luís Carlos Prestes morava, em São Paulo, foi invadida pela polícia, que apreendeu cadernetas com anotações de nomes e endereços. O IPM arrolou 62 pessoas, julgadas em junho de 1966. O episódio provocou um intenso debate no PCB, aprofundando a crise interna que culminou numa cisão.

Nelson "não foi preso em flagrante, não era conhecido das pessoas presentes aos fatos, não tinha em sua posse os frutos e meios do crime, e só muito mais tarde veio a ser indiciado". No seu voto, o ministro relator considerou nulo o reconhecimento feito pelo gerente, porque Nelson não fora colocado entre outros indivíduos com semelhança física e porque outras testemunhas tinham sido contraditórias na descrição física dele.

Mas Aliomar levou em conta a filiação de Nelson a uma organização política ilegal e aplicou a pena base, cinco anos, com redução de 1/5 porque o recorrente era menor de 21 anos na época do delito, réu primário e "sem antecedentes que revelem mau caráter".

George regozijou. Foi a sua maior vitória no STF. Como Nelson já estava preso havia quase quatro anos, aguardou mais um mês para sair. Estava na Fortaleza de Santa Cruz, depois de uma via crucis na PE, DOPS, 1º Grupamento de Canhões Antiaéreos, Vila Militar e Ilha Grande.

Fim de um ciclo

Dois meses depois da libertação de Nelson Lott tomou posse na presidência da República o general Ernesto Geisel. A conjuntura estava mais amena, com a extrema-esquerda derrotada nas prisões, no exílio, nos cemitérios ou na categoria dos "desaparecidos". Geisel iniciou então um processo de parcimoniosa liberalização política, que a retórica oficial batizou de "distensão lenta, gradual e segura", uma estratégia permeada de avanços, contradições e recuos.

As cassações de políticos, a censura à imprensa de oposição e às artes, a repressão à esquerda clandestina, tudo isso continuava, mas em menor escala. Os processos políticos diminuíram. Evaristo e George passaram a ser mais procurados por empresários e personalidades da classe média em complicações com a Justiça, por três motivos principais — homicídios comuns, drogas e fraudes.

4
A Indiscreta Crise da Nova Burguesia

Como pode um advogado defender um guerrilheiro que pega em armas para derrubar uma ditadura capitalista e em seguida defender um empresário bem-sucedido, legítimo representante do capitalismo? Ou defender um assassino hediondo, execrado pela maioria da população?

Essa é a questão mais difícil de ser compreendida pela opinião pública. Sempre reagimos emocionalmente a qualquer tipo de violência, esquecendo de que tudo na vida — fatos, opiniões, atitudes — pode ter um contra-argumento, uma antítese. Nesse conflito dialético reside a essência da missão de todo advogado, ao apresentar o ponto de vista contrário, seja nas causas que atraem a simpatia popular ou nas que sofrem condenação moral antes mesmo da abertura do inquérito. Enquanto ele segue unicamente as normas processuais e as leis em vigor, a sociedade segue paixões momentâneas, não raro amplificadas pela imprensa. O vilão de hoje pode ser o herói de amanhã aos olhos do povo.

Na década de 70 essa pluralidade e independência da profissão do advogado estiveram bem presentes na atuação de George e Evaristo, agora cultivando um bigodão nietzscheniano que lhe dava uma aparência mais solene. Desde a década de 60 eles defendiam estudantes de esquerda e empresários de colarinho branco acusados de crimes financeiros, como um rumoroso caso de falsificação de letras de câmbio da Confiança S/A Crédito e Financiamento e de falsificação de ações envolvendo a Companhia Dominium S/A, empresa de café solúvel, e a CBI-Distribuidora de Títulos e Valores.

Entre dezembro de 1972 e janeiro de 1973 defenderam também os donos do Supermercado Ideal, em Pilares, depois de um desabamento com vítimas. E defenderam até representantes diretos do "imperialismo", como ocorreu num polêmico caso em agosto de 1974.

A Brown Boveri, multinacional suíça de motores e geradores, foi acusada de dumping (vendas a preços até 30% inferiores aos dos concorrentes nacionais) e abuso de poder econômico. O processo corria desde dezembro de 1971, por iniciativa da Codima — Máquinas e Acessórios S/A, cujo diretor, Kurt Mirow, era inimigo declarado dos cartéis e anos depois escreveria um livro sobre o assunto, *A ditadura dos cartéis*. A Codima tinha origem na alemã Herm Stoltz, e Mirow possuía volumosa documentação sobre o que ele considerava cartelização do setor de equipamentos elétricos. Ele culpou o dumping sistemático da Brown Boveri pelo pedido de concordata de sua empresa em 1966, situação que perdurou até 1970, quando a concordata foi suspensa.

O processo contra a Brown Boveri foi o primeiro contra uma multinacional a ser julgado pelo Cade (Conselho Administrativo de Defesa Econômica) desde a criação do órgão antitruste, em 1962. Evaristo e George procuraram mostrar que a Brown Boveri não dominava o mercado de motores e geradores.

— Em mais de 90% dos casos o preço da Codima era inferior ao da Brown Boveri, sendo que em alguns casos era 50% inferior. Se há dumping, não foi a Boveri que praticou. E quando a Codima pediu concordata, não alegou dumping, mas a crise do mercado e a retração de crédito, afirmou Evaristo.[1]

O Cade inocentou a Brown Boveri.

Outra importante multinacional em complicações legais nesse período foi a Coca-Cola. Em outubro de 1975 dois operários morreram supostamente ao cair dentro de um tanque de xarope na fábrica. As vendas desabaram, histórias e piadas sobre o acidente se espalharam pela cidade. Em março de 1976 foi aberto um inquérito policial para apurar as mortes.

Evaristo e George, contratados pela empresa, conseguiram provar que os dois operários citados nunca haviam trabalhado para a Coca-Cola. Um morrera no Hospital Pedro II em setembro de 1974, outro no Hospital do Andaraí, em junho de 1975.

Mas a maioria dos casos da dupla de advogados na segunda metade da década de 70 envolveu homicídios e mortes por excesso de drogas, numa seqüência que estremeceu o mundo das classes média e alta do Rio de Janeiro. Sintoma de uma crise moral muito séria. Os privilegiados filhos do "milagre econômico" estavam se autodestruindo, mesmo em redutos sofisticados.

O PLAYBOY E A PANTERA

Búzios, distrito de Cabo Frio, a 170km do Rio, era na década de 70 um balneário bucólico, freqüentado pelos ricos, famosos e seus coadjuvantes. Hoje está mais democratizado. O lugar ficou internacionalmente conhecido no verão de 1964 com a visita da atriz francesa Brigitte Bardot. Nunca tinha problemas sérios de violência. Mesmo Cabo Frio registrava no máximo quatro homicídios por ano em meados da década de 70.

Mas a placidez elegante de Búzios foi interrompida brutalmente no final da tarde de sexta-feira, 30 de dezembro de 1976. Uma casa na Praia dos Ossos foi o cenário para o desfecho dos desencontros de duas ovelhas negras.

A empregada Ivanira Gonçalves de Sousa, 17 anos, ouviu sua patroa discutir mais uma vez com o namorado, Raul Fernandes do Amaral Street, o "Doca". Não deu muita atenção, porque os atritos já estavam se tornando rotina desde que Ângela viera morar com ele na casa, dois meses antes. Mas dessa vez Ivanira se assustou — durante o bate-boca ouviu um estampido, seguido de mais dois.

Ângela Maria Fernandes Diniz, 32 anos, sentada num comprido banco de cimento forrado com toalha, caiu de bruços, rosto ensangüentado. Doca aproximou-se e desfechou o quarto tiro, na nuca. O sangue encharcou a blusa por cima do biquíni azul, que tinha na parte de baixo a figura de uma pantera.

Doca entrou rápido no Maverick amarelo dela e acelerou em direção a São Paulo. Escondeu-se numa fazenda até ser preso, 18 dias depois, e levado para Cabo Frio. Na delegacia declarou que amava Ângela, ela o rejeitara porque queria ser livre e ele era muito ciumento. No dia do crime, contou, ele se ajoelhou na frente dela implorando para continuarem juntos. Ângela apenas riu, jogou um isqueiro na cara dele e também sua maleta, que se abriu deixando cair a Beretta. Ele apanhou a arma e começou a atirar a esmo. "Quando percebi que havia atingido Ângela fui para o carro, decidido a me entregar à polícia, mas na porta fiquei arrependido. Pensei em meus filhos e segui para São Paulo, onde cheguei às 4 horas da manhã."[2]

Aos 42 anos, 1,80m de altura e boa-pinta, Doca tivera todas as boas oportunidades profissionais disponíveis a um jovem bem-nascido. Mas aparentemente não tinha aproveitado nenhuma. O avô, Jorge Street, fora um grande empresário paulistano, mas falira; a mãe continuava rica graças ao dote do primeiro marido. Doca estudara em colégio francês, cursara Agronomia, gostava de gozar a vida mundana dos ricos, mas tinha alergia a trabalho. Espírito aventureiro, depois de ser professor de natação em Miami e secretário de um embaixador africano em Washington, conseguiu a vida que pedira a Deus, após o segundo casamento, com a socialite Adelita Scarpa, filha do milionário paulistano Nicolau Scarpa Júnior. A mansão do casal no Morumbi era movimentada por festas e reuniões, numa das quais comparecera Ângela, com seu novo namorado, o colunista social Ibrahim Sued, que a apelidara "Pantera de Minas".

Filha de uma família mineira de classe média, mimada, vaidosa, presença constante nas colunas sociais de Belo Horizonte desde adolescente, aos 18 anos se casara com um engenheiro metodista; aos 20 fora eleita uma das dez mais elegantes de Minas. Uma elegância tipicamente latina, extravagante, um tanto perua. Religiosa, mas com estilo: todos os domingos estreava roupa nova na missa da Igreja de Lourdes. Temperamento instável, incapaz de equilibrar suas contradições de provinciana libertária e aspirante a cosmopolita. Essa personalidade complexa fascinara Doca.

O romance já durava dois anos quando decidiram morar juntos na casa de Ângela em Búzios. A convivência não passou de dois meses.

Doca foi indiciado em homicídio qualificado — quando há motivo torpe, surpresa e dissimulação. Mas após seis meses na cadeia ele foi libertado, dia 25 de julho de 1977, beneficiado por habeas corpus impetrado por seu advogado, Evandro Lins e Silva, com base na Lei Fleury, que permitia a réus primários e com bons antecedentes aguardarem o julgamento em liberdade.

Excepcionalmente, George e Evaristo atuariam na acusação.

Cláudia Lessin

No mesmo dia da libertação de Doca, mais um crime chocou a opinião pública nacional. Uma patrulha do Salvamar sobrevoando a avenida Niemeyer, em São Conrado, percebeu um corpo nu enganchado nas rochas do penhasco, poucos metros acima do nível do mar. A polícia e os bombeiros resgataram o cadáver de uma garota marcado por vários hematomas e equimoses. Enrolado no pescoço, um arame preso a uma pesada sacola cheia de pedras.

Também no pescoço um cordão vermelho, que, divulgado nos jornais, possibilitou a identificação do corpo pela mãe: Cláudia Lessin Rodrigues, 21 anos, irmã da atriz Márcia Rodrigues, famosa em 1967 ao interpretar o papel principal do filme *Garota de Ipanema*, de Leon Hirszman.

Os suspeitos do homicídio foram localizados rapidamente. Um operário, Luís Gonzaga de Oliveira, que trabalhava numa obra na encosta da avenida Niemeyer e morava num barraco montado pela empreiteira nas proximidades, vira no começo da madrugada uma Brasília vinho estacionar na beira do despenhadeiro e dois homens jogarem algo volumoso lá embaixo. Um pescador que estava com o operário anotara a placa: SX-5902. O detetive Jamil Warwar, chefe do Setor de Investigação da Delegacia de Homicídios, foi ao Detran e descobriu o nome do proprietário. Também telefonemas anônimos à polícia o citaram.

Era Michel Albert Frank, 26 anos, brasileiro filho do empresário suíço Egon Frank, dono da fábrica de relógios Mondaine e produtor de filmes. As pedras dentro da bolsa amarrada no pescoço de Cláudia eram idênticas às que havia na construção da cobertura do rapaz na Barra da Tijuca. Três dias depois de encontrado o corpo, o detetive Warwar já o considerava principal suspeito.

Ele administrava a Imobiliária Suíça, de seu pai, e morava num apartamento na rua Desembargador Alfredo Russel, Leblon. A polícia foi ao apartamento e encontrou a porta da sala destrancada, o quarto desarrumado e duas malas sobre a cama, como se ele tivesse saído apressadamente.

Assim como o assassinato de Ângela Diniz, esse também causou impacto generalizado, por implicar ainda uma incursão ao submundo das drogas. Cláudia era uma garota bonita, mas de olhar triste; fazia terapia individual diariamente e cheirava cocaína. No ano anterior à sua morte ela passara oito meses nos Estados Unidos. Na volta, a família contratara um terapeuta acompanhante para evitar que ela voltasse à droga.

Dois dias após a descoberta do corpo o advogado João Batista Magalhães, da empresa de Egon Frank, sugeriu contactar Evaristo, que telefonou para George, e combinaram uma reunião no escritório do empresário, no Flamengo. Compareceram Michel e o patologista Domingos de Paoli. O rapaz contou sua versão: na noite de 24 de julho, domingo, ele reunira em seu apartamento oito pessoas, entre as quais o cabeleireiro libanês Georges Khour, o comerciante francês Daniel Jean Robert Labelle e o italiano Enrico Grossi. Havia cocaína, Mandrix (barbitúrico da moda) e uísque. Cláudia aparecera, morrendo de overdose de cocaína e bebida alcoólica. Ele tentou salvá-la puxando sua língua enrolada, batendo em seu peito e até dando-lhe choque elétrico. Junto com Georges Khour ele jogara o corpo no penhasco da avenida Niemeyer. As marcas no pescoço da garota tinham sido causadas pelas mãos dele ao se apoiar para desenrolar-lhe a língua, e seus dedos indicador e médio tinham ficado feridos no atrito com os dentes dela.

Os advogados cogitaram de sustentar a seguinte tese: Cláudia morrera por overdose; Michel era viciado em drogas, e, porque também estava drogado durante a overdose de Cláudia, podia ser inimputável. Desse modo seria indiciado apenas por ocultação de cadáver e facilitação do uso de drogas.

No dia seguinte George e Evaristo ficaram surpresos com o laudo do exame cadavérico feito pelo Instituto Médico Legal. Cláudia morrera por "asfixia mecânica", ou seja, estrangulamento, com hemorragia das meninges. Também sofrera violência sexual. E mais: não fora encontrado vestígio de drogas em seu organismo. O legista Nilson Sant'Anna, diretor do IML, garantiu que Cláudia morrera por esganadura e espancamento. Evaristo ficou preocupado, duvidando da versão de Michel.

O rapaz decidiu mudar de tática: não sabia como Cláudia morrera. Diante disso, Evaristo e George desistiram do caso, sendo substituídos por Wilson

Lopes dos Santos. Logo em seguida Michel, que tinha cidadania suíça, fugiu para Zurique. Tinham se passado apenas 20 dias do crime.

Nenhum desses acontecimentos de bastidores chegou à imprensa e nem às dezenas de policiais destacados para investigar o caso. Vários dias depois da fuga de Michel ainda a imprensa noticiava que ele estaria provavelmente em São Paulo. Começou a haver ciúme e disputa de poder na polícia. O detetive Jamil Warwar foi afastado do caso pelo delegado Helber Murtinho, da Delegacia de Homicídios encarregada das investigações, e substituído pelo delegado José Vanderlei.

Georges Khour, proprietário de um salão de cabeleireiro no Hotel Méridien foi chamado a depor e negou qualquer responsabilidade na morte da garota. Recusou-se a admitir cumplicidade até na ocultação do cadáver, deixando que a culpa recaísse toda sobre Michel.

Estranhamente, após 40 dias de investigações, ninguém estava indiciado no inquérito nem denunciado pela promotoria. Só no dia 6 de setembro o juiz Alberto Mota Moraes decretou a prisão preventiva de Michel e Georges. Mas o Brasil não conseguiu a extradição de Michel, por culpa de erros no processo enviado à justiça suíça.*

Itamaraty e Hélio de novo

Na área política a violência diminuíra, o país respirava por algumas janelas democráticas semi-abertas pelo presidente Geisel. Mas continuavam intactos o arcabouço repressivo e as perseguições por motivos ideológicos. Tanto que em setembro de 1978, no mesmo mês da aprovação, pelo Congresso, de um pacote de reformas liberalizantes, incluindo a revogação do AI-5, a 2ª Auditoria da Marinha julgou nove réus acusados de crimes políticos. Era o "Processo do Itamaraty", envolvendo um diplomata, uma advogada, dois sociólogos, uma jornalista, um engenheiro, um fotógrafo, uma funcionária do Itamaraty e o crítico de arte, professor e escritor Mário Pedrosa.

O processo fora instaurado em 1969 pelo Ministério das Relações Exteriores, que acusara os indiciados de enviarem um relatório sobre tortura de presos políticos no Brasil à Anistia Internacional, à Fundação Bertrand Russell

---

* Georges Khour, defendido por Alfredo Tranjan e depois por Laércio Pellegrino, passou três anos e dois meses preso até ser julgado, em 27.11.1980, sendo condenado a um ano e quatro meses de detenção por ocultação de cadáver. Foi libertado após cumprir mais tempo que a pena. Michel morreu assassinado em 1989 com seis tiros na cabeça e no peito, na garagem do prédio onde morava, em Zurique.

e à revista americana *Monthly Review*. A imprensa da Inglaterra, França, Itália, EUA e Chile noticiara, o governo brasileiro desmentira (nunca admitia a prática de tortura) e os supostos responsáveis pelo relatório foram enquadrados no artigo 16 da Lei de Segurança Nacional, que previa detenção de seis meses a dois anos para quem divulgasse notícias denegrindo a imagem do país e tentasse "indispor o povo com as autoridades constituídas".

Pedrosa teve sua prisão preventiva decretada em 29 de julho de 1970 e asilou-se durante três meses no consulado do Chile, país que o acolheu até a queda de Salvador Allende, em setembro de 1974, quando seguiu para a França. Só voltou para o Brasil em 1977, depois de revogado o pedido de sua prisão. Mas o processo continuava.

Ele foi o único a comparecer ao julgamento, dia 28 de setembro de 1978. Segundo a acusação, os indiciados "articularam-se numa conspiração que objetivava a desmoralização do governo brasileiro através da divulgação na imprensa estrangeira de notícias sobre torturas a presos políticos no Brasil".[3]

Em sua defesa, George afirmou:

— Se fosse crime divulgar notícias sobre torturas no Brasil, faltaria muita gente no banco dos réus, pois o noticiário internacional noticiou amplamente o fato.[4]

Mostrou notícias de publicações estrangeiras com os seguintes títulos: "Vaticano denuncia tortura no Brasil", "Dom Agnelo Rossi envia denúncia de tortura", "Dom Eugênio Sales fala de tortura no Brasil", e perguntou por que essas pessoas e o Vaticano não estavam no banco dos réus.

Evaristo defendeu a funcionária do Itamaraty, Maria Teresa Porciúncula de Moraes, e o fotógrafo Sérgio Rocha:

— Se há algum culpado por denegrir a imagem do Brasil no exterior não são as muitas pessoas, a Igreja, as organizações humanitárias e talvez até os acusados, mas sim as poucas pessoas que, ferindo a tradição humanitária do povo brasileiro, torturam seus semelhantes.[5]

Todos foram absolvidos por unanimidade.

Menos de um mês depois, em 20 de outubro, o ministro Armando Falcão enviou ofício ao procurador-geral da Justiça Militar pedindo o enquadramento do jornalista Hélio Fernandes nos artigos 16 e 36 da Lei de Segurança Nacional. "Num crescendo de ousadia e virulência, o jornal usou os meios mais solertes para imputar improbidade a ministros de Estado, assim ao Governo como um todo",[6] dizia o ofício.

O artigo 36 previa dois a seis anos de prisão para quem ofendesse "a honra ou a dignidade do Presidente, do Vice-Presidente da República, dos presidentes do Senado Federal, da Câmara dos Deputados, do STF, de ministros de Estado, de governadores de Estado ou Território e do prefeito do Distrito Federal".

Em uma série de 15 artigos publicados entre 4 de setembro e 10 de outubro, aproveitando o fim da censura ao jornal, Hélio Fernandes denunciara diversos casos de corrupção no governo Geisel, implicando os ministros Mário Henrique Simonsen (da Fazenda) e Ângelo Calmon de Sá (da Indústria e Comércio).

O processo foi para a 2ª Auditoria da Marinha. Interrogado pelo juiz-auditor, Hélio Fernandes opinou sobre a conjuntura econômica. A respeito da dívida externa, disse que tinha crescido de US$ 2 bilhões em 1960 para US$ 40 bilhões em 1978, e isso ocorria devido à crescente desnacionalização da indústria, ao avanço das multinacionais que controlavam setores estratégicos — indústria de base, remédios, automóveis, cigarro, propaganda — e à corrupção. Criticou o modelo econômico do governo e propôs que o Brasil fizesse como os Estados Unidos 147 anos antes: cancelasse a dívida externa.

Evaristo e George impetraram uma petição alegando que a Justiça Militar não era o foro competente para processar e julgar o jornalista. George lembrou que o Tribunal do Júri fora criado no Brasil em 1822 para julgar exatamente crimes de imprensa:

— Colocar no banco dos réus como subversivo um jornalista que exerce o seu direito de crítica e possivelmente ofendeu a suscetibilidade dos ministros de Estado é demonstrar que estamos ainda massacrados por uma ditadura, espectadores de uma pseudo-abertura. O retorno ao Estado de Direito exige que Hélio Fernandes possa falar livremente sem temer o rigor de uma Lei de Segurança e dentro dos limites da Lei de Imprensa. Quando um jornalista está no banco dos réus, é a própria liberdade que está sendo processada.[7]

Os dois advogados relacionaram vários acórdãos do STM que haviam transferido para a justiça comum processos de jornalistas inicialmente enquadrados na LSN, por não ter sido constatada nenhuma ameaça efetiva à segurança nacional. A Constituição em vigor, no artigo 153, §8, garantia a livre "manifestação de pensamento, de convicção política ou filosófica", condenando apenas a subversão da ordem social. Citaram trechos de Darcy Arruda Miranda no livro *Comentários à lei de imprensa*: "Aquele que não quiser expor-se à crítica, jamais deverá aceitar um cargo de governo."

A petição convenceu a auditoria, que por 4 x 1 declarou-se incompetente para julgar Hélio Fernandes e transferiu seu enquadramento para a Lei de Imprensa. Essa auditoria absolvera recentemente 64 acusados de tentarem reorganizar o PCB, entre eles Luís Carlos Prestes. Sinal dos tempos.

Um cadáver elegante

No mesmo dia do julgamento do "Processo do Itamaraty", o corpo de um homem de 44 anos, com os pés amarrados, foi encontrado entre as rochas da

Prainha, em Grumari, a 50km do Rio de Janeiro. Dois tiros no peito haviam perfurado o paletó Pierre Cardin (marca mais chique da época) e a camisa rosa com etiqueta de Paris, elegância complementada por abotoaduras de aço inoxidável e gravata de seda. Tinha sinais de muita violência física sofrida antes dos tiros: queimaduras de cigarro, hematomas no pescoço, rótulas quebradas.

Um recibo de depósito bancário em seu bolso permitiu identificá-lo como Fernando Moura da Cunha Lima, dono da ITN Comércio Internacional, terceira maior empresa trading do país, exportadora de soja, amendoim e pimenta, ex-sócio do magnata Tião Maia e membro de uma tradicional família de políticos da Paraíba. O próprio Fernando tinha se candidatado a deputado federal pelo MDB daquele estado nas eleições legislativas que seriam realizadas em novembro.

Desaparecera de casa dois dias antes. Sua mulher, Marlene, telefonara ao vice-presidente da empresa, economista José Carlos Succar Farah, que informara ter se encontrado com Fernando na véspera do seu desaparecimento. Mas não sabia de nada. Marlene o convidara para uma reunião no escritório da empresa a fim de tentar esclarecer onde Fernando estaria. José Carlos alegara compromissos, mas diante da insistência aceitara participar. Nesse meio tempo fora encontrado o cadáver.

Aberto um inquérito na 16ª Delegacia de Polícia, da Barra da Tijuca, a polícia tomou os primeiros depoimentos da família e descartou as hipóteses de assalto e crime passional. Como Farah tinha sido a última pessoa a estar com a vítima em vida, quatro policiais foram ao escritório da ITN e pediram-lhe que os acompanhasse até a delegacia.

Seu depoimento teve algumas contradições e uma omissão significativa — não disse que estivera com Fernando na véspera do desaparecimento. As suspeitas sobre Farah aumentaram quando o exame de corpo de delito revelou nele uma equimose avermelhada nos dedos da mão esquerda, escoriações na mão direita, com tumefação dolorosa, e redução motora das articulações.

Mas quem confessou primeiro foi o cúmplice, José Abreu Ferraz, vendedor de automóveis. O promotor Rodolfo Ceglia os denunciou por homicídio triplamente qualificado — motivo torpe e sem dar chance de defesa à vítima — punido com 12 a 30 anos de prisão, de acordo com o artigo 121, §2º do Código Penal.

A família de Fernando contratou Evaristo, George e Geraldo Martins de Araújo para atuarem como assistentes da promotoria. Farah foi defendido por Laércio Pellegrino, e Ferraz por Humberto Telles e Petronilho Caldas.

No IV Tribunal do Júri, presidido pelo juiz José Carlos Barbosa Neto, que interrogou os acusados, Ferraz afirmou que no final da tarde de 26 de setembro tinha ido no seu Fusca à Barra da Tijuca levando Farah, que desejava mostrar um terreno para Fernando, que ia no banco da frente. Na avenida das Américas, já escurecendo, Farah mandou Ferraz acelerar mais. E então, de repente, Ferraz ouviu um gemido sufocado — Fernando estava sendo estrangulado com uma corda de nylon. Ferraz estacionou na rua Gláucio Gil, enquanto Farah dava uma "gravata" e coronhadas em Fernando. Ameaçando Ferraz por tentar fugir, Farah dirigiu o carro até a Prainha, retirou Fernando, já desfalecido, e disparou dois tiros no seu peito. Na volta, Farah revistou a pasta de Fernando e retirou vários papéis, inclusive promissórias. O revólver foi jogado na Lagoa Rodrigo de Freitas.

Farah contou uma outra história: Ferraz é que tinha matado Fernando e até telefonara de São Lourenço confessando o crime, arrependido, dizendo que iria se suicidar.

Duas testemunhas de acusação, funcionários da empresa, complicaram a situação de Farah. Disseram que era péssimo seu relacionamento com Fernando e que este pretendia demiti-lo da vice-presidência, por fazer gastos irresponsáveis. O superintendente-administrativo da empresa, Múcio Ramos Scorzelli, confirmou que Fernando lhe pedira para convocar uma assembléia extraordinária com a finalidade de afastar Farah do cargo. E alguns dias antes do crime Farah comprara um Colt 38, cano curto, cromado.

A defesa solicitou novas diligências, o julgamento foi adiado várias vezes. Os dois acusados passaram a responder ao processo em liberdade, por serem réus primários e com bons antecedentes.

O julgamento só foi marcado para o dia 22 de outubro de 1987, no IV Tribunal do Júri, presidido pela juíza Denise Frossard. Mas não se realizou. Farah compareceu ao tribunal mas, por algum motivo, não entrou na sala de sessões. Fugiu para o exterior e a única informação sobre seu destino diz que ele teria sido assassinado no Peru, envolvido num episódio de atividades ilegais.

Um juiz no banco dos réus

Três dias antes do assassinato de Fernando Cunha Lima, um Juiz de Direito do 2º Tribunal de Alçada, Jacy Nunes de Miranda, 66 anos, ficou muito irritado ao ouvir sua mulher, Enoé, dizer que o capô da camioneta Belina recém-comprada estava arranhado. Pensou logo: era mais um ato de vandalismo praticado por alguém da família do advogado Luiz Mendes de Morais Neto, 67 anos, que morava no andar de cima.

Eram cerca de 22:30h. Jacy e Enoé desceram até a garagem do prédio na Rua Sá Ferreira, em Copacabana, examinaram o carro. Enquanto ela foi falar com o síndico ele caminhou até a 13ª Delegacia de Polícia, a 100m de distância. Deu queixa e pediu a ida de um policial até seu prédio. Meia hora depois o juiz estava de volta, e ficou na calçada com Enoé. Quando chegou a viatura com dois PMs, um ficou na frente do prédio, o outro acompanhou Jacy até a garagem. Ao deparar com Luiz Mendes e a filha Célia, o juiz o acusou pelo arranhão e iniciou-se uma nervosa discussão entre os dois homens. Não era a primeira. Mas seria a última. O juiz tirou do bolso um revólver e disparou sete vezes.

Os dois primeiros tiros se incrustraram na parede da garagem, um deles raspando o braço de Célia. Outros três tiros atingiram o peito de Luiz, que girou o corpo e recebeu mais dois tiros nas costas. O PM ficou tão surpreso que não conseguiu intervir a tempo. O juiz voltou com ele à delegacia, relatou o que acontecera e ficou detido. Pediu para dar um telefonema e chamou Evaristo, que chamou George.

Na manhã seguinte os advogados entraram com um pedido de relaxamento da prisão preventiva, indeferido pelo relator do processo, desembargador Olavo Tostes Filho, que o considerou inoportuno devido ao impacto social causado pelo crime. A imprensa deu grande destaque ao caso. Não é todo dia que um juiz de Direito mata um ex-presidente da OAB, num prédio de classe média alta, em Copacabana. Dois homens tão semelhantes na idade e na profissão, mas de temperamentos bem diferentes.

Luiz Mendes, sobrinho do marechal Mendes de Morais (ministro da Guerra no governo Afonso Pena e ministro do STM), tinha posições políticas ultraconservadoras. Participara da frustrada conspiração de Aragarças, promovida por militares direitistas para derrubar o presidente Juscelino Kubitschek em 1959. Com o então tenente-coronel João Paulo Moreira Burnier, seqüestrara um avião da Panair na rota Rio-Belém (tido como o primeiro seqüestro de avião comercial no mundo), levando-o para Aragarças.* Também contribuíra para o golpe militar de 1964 e depois se filiara à Liga Democrática Radical, tão direitista que fora fechada no governo Castello Branco.

No meio forense a reputação de Jacy sempre fora de homem calmo, recatado, nada temperamental. Mas uma pergunta inquietava a opinião pública: como pôde um juiz, símbolo da Justiça, um homem que pela sua atividade deve ser exemplo de comedimento e moderação, praticar um ato tão violento?

Jacy foi enviado para o quartel do Regimento Caetano de Farias. Em 18 de outubro começou o sumário de culpa na 8ª Câmara Cível, e dois dias depois o desembargador Olavo Tostes Filho atendeu ao pedido de relaxamento da prisão preventiva, concedendo liberdade provisória ao juiz. O Código de

---

* Em julho de 1968, brigadeiro e chefe-de-gabinete do ministro da Aeronáutica, João Burnier tentou fazer com que o Para-Sar, unidade de buscas e salvamentos da FAB, participasse de uma série de atentados contra inimigos do regime. (Ver J.W.F. Dulles, *Carlos Lacerda*, p.546, 547; e O. Mourão Filho, *Memórias*, p.443.)

Processo Penal estabelecia esse direito, em decorrência da Lei Fleury. Mas o juiz ficou proibido de sair de casa após as 22h.

George o acompanhou na saída do Regimento e explicou à imprensa a decisão do desembargador:

— A liberdade provisória do juiz Jacy Nunes de Miranda não foi um favor nem é um privilégio. De acordo com a lei, uma pessoa sob custódia pode sair para responder a processo em liberdade.[8]

Na defesa prévia os dois advogados invocaram os artigos 19 e 21 do Código Penal (legítima defesa), argumentando que o acusado fora ameaçado de morte pela vítima mais de uma vez e que o crime era um "doloroso desfecho de uma série de afrontas, ameaças e violências que a vítima e seu filho, M., desencadearam ao longo de dois anos".

Os desentendimentos haviam começado no dia 31 de julho de 1976, quando o jovem M. insultou e agrediu Enoé durante uma discussão por causa de vaga na garagem. O juiz apresentou queixa na delegacia e no 19º Batalhão da PM. O rapaz foi condenado por lesões corporais a um ano e 10 dias de prisão, com direito a sursis. Menos de um mês depois ele agrediu de novo a esposa do juiz, que estava grávida e por isso abortou. Nova condenação de M. por lesões corporais, na 2ª Câmara do Tribunal de Alçada — três meses de prisão, também com direito a sursis. E no dia 16 de setembro do mesmo ano o próprio juiz recebeu um soco no rosto. M. foi condenado novamente, na 5ª Vara Criminal.

Todas essas agressões tinham acontecido na garagem, e sempre M. recebera apoio do pai. Quando o rapaz cruzava com Enoé e Jacy, dirigia-lhes insultos, provocações. Ela deixou de ir à garagem sozinha, com medo de ser agredida mais uma vez. O juiz pediu, e recebeu, proteção policial na frente de seu prédio. Um dia o carro de Enoé amanheceu com um pneu furado.

No início de janeiro de 1977 Luiz Mendes telefonou para Jacy e ameaçou matá-lo se M. fosse preso em conseqüência dos processos. Depois disso o juiz passou a andar com um revólver. Comprou um carro Landau. A lataria apareceu arranhada, na garagem.

Em setembro de 1978 ele trocou o Landau por uma camioneta Belina, que em poucos dias teve o capô arranhado, na garagem. O porteiro responsabilizou o neto de Luiz Mendes. Como das vezes anteriores, Jacy foi à delegacia apresentar mais uma queixa e Enoé foi procurar o síndico. Ela estava na garagem mostrando-lhe o carro quando surgiram Célia e Lúcia, filhas de Luiz, com um garoto. Enoé o acusou irritada. Lúcia interveio em defesa do filho e seguiu-se uma discussão. Nesse momento chegou Luiz Mendes, que começou a destratar Enoé. Na delegacia, Jacy registrou a ocorrência, pediu que um policial fosse examinar o carro e voltou para seu prédio. Ficou na calçada com Enoé à espera da viatura, que chegou com um cabo e um soldado da PM. Luiz

Mendes estava na garagem somente com Célia. O cabo foi lá falar com ele. Luiz, nervoso, chamou Jacy de "louco" e caminhou em sua direção, numa aparente tentativa de agredi-lo. Jacy tirou o revólver do bolso e disparou.

A fim de evitar que, se condenado, perdesse automaticamente sua função de juiz, Jacy requereu aposentadoria. O julgamento aconteceu um ano depois do crime, no dia 21 de setembro de 1979. Por ser o réu um juiz de Direito, foi julgado num foro especial, o Tribunal Pleno, composto por desembargadores do Tribunal de Justiça, além do presidente, do vice-presidente e do Corregedor-Geral. Pela primeira vez no estado do Rio o tribunal iria se reunir com tal finalidade.

Uma das diferenças entre o Tribunal Pleno e o Tribunal do Júri é que neste os jurados apenas respondem "sim" ou "não" aos quesitos das cédulas sobre o réu e as depositam numa urna; no Tribunal Pleno os desembargadores debatem oralmente as questões apresentadas pela acusação e pela defesa antes de formular a sentença.

No Brasil era a terceira vez que um juiz se sentava no banco dos réus. O primeiro caso aconteceu no Maranhão em 1874, durante o Império, quando o desembargador José Cândido Pontes de Visgueiros matou sua amante e escondeu o corpo dentro de uma mala. Foi condenado às "galés perpétuas", trabalhos forçados em galeões a remo. E em 1947 o desembargador Edgard Joaquim de Souza Carneiro matou a tiros em Salvador o advogado Otávio Martins Barreto, dentro do cartório do Tribunal de Justiça. Foi absolvido, com a tese de legítima defesa.

No dia do julgamento de Jacy, os 200 lugares do plenário ficaram lotados de advogados e estudantes de Direito, além de muitos curiosos. A acusação estava a cargo do procurador-geral da Justiça, Hermano Odilon dos Anjos, e seu assistente Técio Lins e Silva. Hermano não era um grande orador e leu a acusação em voz baixa, monocórdia, pedindo o enquadramento de Jacy em homicídio duplamente qualificado. Referiu-se a Enoé como uma pessoa temperamental que implicava com M. e criava confusão no prédio, tendo ameaçado porteiros e empregados. Um oficial da Marinha e uma síndica haviam se mudado por serem constantemente ofendidos por ela com palavrões. Hermano concluiu dizendo que o juiz Jacy assumira, ao mesmo tempo, o papel de acusador, julgador e executor da pena que impusera às suas vítimas, pai e filha.

Técio procurou demonstrar que Luiz Mendes, como advogado e presidente da OAB, tinha sido um homem sensível, compreensivo, equilibrado, e que sabia perdoar.

— Não quero destilar da assistência da acusação o mesmo ódio que destilou o juiz Jacy Nunes de Miranda ao matar impiedosamente o advogado Luiz Mendes de Moraes.[9]

Técio acrescentou detalhes do laudo revelando a trajetória das balas, para confirmar que dois tiros haviam sido disparados nas costas da vítima, não caracterizando absolutamente legítima defesa.

George definiu Luiz Mendes como "um advogado extremado na defesa de suas idéias e na defesa de seus pontos de vista. Violento. Sim, violento, impetuoso e agressivo". E exemplificou lembrando a participação de Luiz Mendes no seqüestro do avião em Aragarças para derrubar o presidente Juscelino.

— Não podemos deixar de traçar o paralelo entre as duas personalidades, porque, como disse Costa Rego, a beleza da Justiça não está apenas na aplicação da lei, mas em penetrar na razão do fato. E o juiz Jacy sempre foi um homem sereno, pacífico, ordeiro e respeitado pela família forense. É bom lembrar, porém, que não se pode exigir de um juiz a resignação de um Deus. Debaixo de uma toga pulsa o coração de um homem. Ele estava em situação de perigo, frente àquele homem temível e temido. E em perigo o cidadão tem o direito e até o dever de se defender.[10]

George mencionou ainda que um soco de M. no olho de Enoé provocara a perda parcial da sua visão direita e que Jacy fora ameaçado de morte pela vítima.

Evaristo falou em seguida:

— É muito mais crível, verossímil e provável a hipótese de que o acusado agiu em legítima defesa do que a suposição de que este pacífico juiz se transformou, da noite para o dia, num sanguinário Lampião, sequioso de eliminar toda uma família, num ímpeto de ódio jamais manifestado em toda a sua vida.... Tudo fizemos para evitar que este homem, marcado aos 67 anos de idade, vá para o cárcere. Ele hoje encontra em sua filha de 3 anos o único lenitivo para as dores de ter a carreira cortada, a desgraça de matar um semelhante e a perda recente de um filho em plena mocidade. Tudo fizemos para evitar que este homem passe o último quartel de sua existência num catre da Penitenciária Lemos de Brito. Os autos, a prova, o Direito não autorizam isso. Para evitar esse massacre, basta aplicar a lei ao que se encontra no processo. Isto os senhores fazem há décadas. Espero que o façam mais uma vez agora.[11]

A legítima defesa real foi assim justificada: Jacy pretendia apenas assustar seu desafeto, atirou duas vezes contra a parede para intimidar Luiz Mendes, mas este avançou, ao invés de recuar, e tentou apoderar-se da arma. Por isso recebeu os tiros. Duas balas atingiram suas costas porque ele gingou o corpo.

Após doze horas de julgamento, das quais cinco para debate entre os desembargadores, a votação ficou empatada em 14 x 14, comprovando ausência de corporativismo. O desempate veio com o "voto de Minerva" do presidente em exercício do Tribunal, Felisberto Monteiro Ribeiro Filho, a favor da absolvição.

Hermano e Técio impetraram recurso extraordinário pedindo anulação do julgamento, porque segundo eles a tese de legítima defesa não se aplicava, já que dois tiros haviam atingido a vítima pelas costas. Era no mínimo "excesso doloso", ou seja, o réu se excedera na defesa, embora sem intenção de matar.

A absolvição foi mantida.

Suicídio polêmico

Dois meses depois do assassinato do advogado Luiz Mendes, uma família burguesa carioca saiu a passeio num belo domingo de sol. O jovem casal Eduardo Cropalato Frias Filho e Maria Elvira Guimarães Frias foi ao Iate Clube com seus dois filhos, um de 10 anos, outro de 5. Encontraram-se com amigos, almoçaram, percorreram a Baía de Guanabara no iate de Eduardo, empresário do ramo de equipamentos de segurança da construção civil. Tudo muito prazeroso e saudável. Aparentemente.

De madrugada, Eduardo e seu amigo Rogênio Alvarez Canabarro chegaram afobados ao Hospital Miguel Couto, na Gávea, carregando Maria Elvira, com a cabeça ensangüentada no ouvido direito, atingido por um tiro de Beretta calibre 6.35. Ela ficou internada no CTI e morreu três dias depois, 23 de novembro de 1978.

Eduardo afirmou ter chegado à 1h em casa, na rua das Laranjeiras 322, e encontrado Elvira agonizando na cama. Telefonara para Rogênio, que morava perto, no Flamengo, pedindo-lhe que viesse ajudá-lo. Os dois a enrolaram num lençol e a levaram para o hospital. Eduardo foi categórico: Elvira se suicidara.

A família dela não acreditou. A universitária de 28 anos era canhota; o tiro fora disparado no ouvido direito, e não havia vestígios de pólvora na mão direita. Outro motivo de dúvida: se Eduardo a encontrara em casa à 1h, por que só chegara ao hospital às 2:20h, como anotado no livro de ocorrências? Com as ruas vazias naquele horário, não se demorava mais que 20 minutos de Laranjeiras até a Gávea.

Sob suspeita de homicídio, Eduardo contratou Evaristo e George, que centraram a defesa no socorro prestado, prova de que ele não tinha nada a ver com o tiro.

— Qual o criminoso que socorre sua vítima se mais tarde pode ser acusado por ela? Em 23 anos de exercício profissional, jamais vi um homicida socorrer a vítima ainda viva. Ela poderia ser testemunha do seu crime. O fato de Eduardo ter tentado salvar a mulher é o maior argumento em seu favor, ponderou George.

Mas o laudo da necropsia trouxe um fato novo, desfavorável ao cliente. O médico legista anotou a existência de equimose no olho esquerdo de Elvira, indício de uma possível agressão. George rebateu: a equimose poderia ter sido causada pela bala.

— Ao penetrar no ouvido pode ter provocado a equimose ao romper o tecido. Ou então pode ter sido causada pela correria para socorrer a moça, descê-la do apartamento, fazê-la entrar no carro, transportá-la, conduzi-la até o hospital.[12]

Rogênio repetiu essa explicação na 9ª Delegacia de Polícia.

— Na pressa e no desespero da gente, Maria Elvira chegou a cair duas vezes, e deve ter dado mais de uma trombada, no elevador e ao entrar e sair do carro. A nossa preocupação era socorrê-la o mais rápido possível.[13]

Esse depoimento e a leitura do boletim do atendimento médico prestado a Elvira reforçaram a suspeita sobre Eduardo. Assinado pelo dr. Ricardo Pierante, o boletim dizia: "Causa eficiente de lesão: tiro no ouvido — alegado — ferida por arma de fogo. Tentativa de suicídio." A última frase estava escrita com tinta preta e as anteriores com tinta azul.

O caso ganhou mais elementos inusitados após o depoimento de Jaques, casado com uma irmã de Eduardo: ele estivera no apartamento do cunhado depois da remoção de Elvira para o hospital, e jogara fora, inadvertidamente, o travesseiro manchado de sangue, peça importantíssima para as investigações, sobretudo na parte pericial.

Outro aspecto contrário à defesa: mulher não se suicida com tiro na cabeça. Prefere outras formas — cortar os pulsos, saltar de prédio, cheirar gás, tomar veneno.

Seis meses depois da morte de Elvira, o delegado Rescala Bittar, encarregado das investigações, ainda não havia chegado a uma conclusão definitiva. Foi quando o irmão dela, Christóvão Simões Guimarães, prestou um depoimento que dificultaria mais o trabalho de Evaristo e George. Um ano antes de morrer, Elvira havia descoberto que Eduardo estava tendo um caso com a babá, Célia, filha do porteiro do prédio, e por isso decidira se separar. No processo do desquite, que seria oficializado no mês em que Elvira morreu, ela iria pedir uma pensão de 40 mil cruzeiros mensais.* O casal já dormia em quartos separados, disse Christóvão, que também acusou Eduardo de ter espancado Elvira diversas vezes e até de ter feito ameaças com revólver. Sobre os três dias de internação dela no CTI, o irmão afirmou que Eduardo e seus amigos, entre eles Rogênio, tinham tentado de diversas maneiras impedir a família de visitá-la. Christóvão levantou a suspeita de que Elvira teria morrido em conseqüência do desligamento do aparelho de respiração artificial.

---

* O salário médio de um executivo de empresa em 1978 era 15 mil cruzeiros mensais.

Eduardo admitiu ao delegado que o relacionamento do casal estava estremecido, mas não pretendiam se separar. Planejavam até uma viagem ao Marrocos naquele mês fatal. E acusou Christóvão de estar ressentido porque perdera o status que tinha.

— Era Elvira quem lhe dava dinheiro. ... Eu cortei uma renda ilícita que ele tinha: o aluguel de três apartamentos de Elvira, que são destinados aos nossos filhos. Poderia não ter cortado a renda desse infeliz, mas sustei os pagamentos junto aos inquilinos por dois motivos: em primeiro lugar, porque esse dinheiro, que vai a 15 mil cruzeiros, é para meus filhos, e porque eu não poderia permitir que esse pobre infeliz utilizasse esse dinheiro para me difamar.[14]

Um policial apresentou a Beretta com fios de cabelo de Elvira, considerando-se prova de que ela apontara o revólver para sua própria cabeça. E sobre a ausência de pólvora na mão dela, a defesa alegou que, ao contrário da pólvora negra, a pólvora piroxilada não deixa vestígio aparente na mão do atirador. O processo foi arquivado.

Bela e maldita

Ao mesmo tempo George e Evaristo se preparavam para o júri mais importante da década: o julgamento de Doca Street em Cabo Frio. Chegaram à cidade dez dias antes, hospedando-se no hotel Malibu, onde estavam também os familiares de Ângela Diniz. Percorreram o centro da cidade para sentir a atmosfera e a mentalidade da população da qual sairiam os sete jurados. Conversaram com as testemunhas e deram os últimos retoques na estratégia da acusação com o promotor Sebastião Fador Sampaio e o advogado local Eden Teixeira de Mello. O processo tinha mais de 700 páginas.

A opinião pública estava na expectativa, porque o julgamento envolvia personagens da alta sociedade e advogados notáveis. Na defesa, o veterano Evandro Lins e Silva, 67 anos, quase 50 de profissão, voltando à tribuna após quase 20 anos ausente. Para dar um toque mais emocionante ao caso, anunciou que aquele seria seu último júri, o "canto do cisne". Não foi. Atuaria ainda em alguns casos, para honra e glória da advocacia.

Através da imprensa, a acusação e a defesa fizeram uma preliminar do embate que haveria na tribuna. Evandro iria pedir a absolvição de Doca Street com a tese de legítima defesa da honra.

— Às vezes é compreensível que se lance mão da violência para defender a honra e a dignidade ofendidas, declarou Evandro a uma revista.[15]

E depois explicou a um jornal:

— Há pessoas que querem se matar, não têm coragem de fazê-lo pessoalmente e decidem que essa morte deve ser executada pela mão dos outros.[16]

George, por sua vez, contrapôs:

— Lendo o processo e constatando a grande farsa que está sendo montada para impingir à opinião pública um quadro não-condizente com a verdade dos autos, vejo que o acusado cometeu um crime por motivos egoísticos, colhendo a sua vítima desprevenida.[17]

Doca entrou aplaudido no Fórum às 13h do dia 17 de outubro de 1979. A sala do júri, no segundo andar, estava superlotada: parentes e amigos do réu e de Ângela, advogados e estudantes de Direito, políticos, autoridades locais, curiosos e repórteres dos grandes jornais, revistas e emissoras de televisão. Mais 100 cadeiras, emprestadas de um clube, foram acrescentadas às 120 existentes na sala, a pedido do juiz, Francisco Motta Macedo, titular da 2ª Vara Criminal de Cabo Frio.

Como se previa, o julgamento foi tão interessante quanto cansativo. Só a leitura dos autos durou 12 horas, com um histórico de toda a vida pregressa do trágico casal.

Ângela separou-se do marido em 1971, aos 27 anos. Dois anos depois, em circunstâncias misteriosas, seu namorado, Tuca Mendes, matou a tiros o vigia da casa, João Avelino dos Santos, que estava no quarto dela. Fofocas borbulharam. Ângela foi ficando marginalizada na sociedade local. "Belo Horizonte tem medo de mim. Nenhuma mulher da cidade consegue me olhar de frente. Eu encaro cada uma, todas abaixam a vista. Não têm coragem de olhar o meu olhar, um olhar que conhece os valores de cada uma delas."[18]

O escândalo apressou sua mudança para o Rio de Janeiro. Alugou um apartamento na rua Anita Garibaldi, Copacabana, fez novas amizades e freqüentava o restaurante Antonio's, ponto de artistas e intelectuais boêmios. Uma noite chegou lá com o escritor Fernando Sabino e foi "ovacionada" por um coro puxado pelo sarcástico cronista Carlinhos Oliveira: "As-sas-si-na! As-sas-si-na!", acompanhado de palmas.

Passou a circular nos salões com o colunista social Ibrahim Sued e de vez em quando fumava maconha, como quase todo mundo. Em setembro de 1975 a Polícia Federal deu um flagrante e aí começou sua derrocada. Ângela perdeu a guarda dos filhos. No fim daquele ano foi a Belo Horizonte e trouxe Cristiana para passar com ela o Natal e o reveillon no Rio, sem autorização do pai, que deu queixa na polícia. Condenada a um ano e meio de detenção por "seqüestro" da filha, mas com direito a sursis, Ângela ficou obrigada a comparecer uma vez por mês à Justiça de Belo Horizonte.

Nas belas praias de Búzios ela buscou a felicidade pela última vez. Estava numa delas na tarde de 30 de dezembro de 1976, com Doca e um grupo de amigos. Apareceu a sedutora Gabrielle Dayer, alemã ex-dançarina da boate

Scarabocchio, de São Paulo, vendedora de bolsas de praia que, abertas, se transformavam em tabuleiros de gamão. O grupo bateu fotos com uma Polaroid, Ângela bebeu algumas doses de vodca e, segundo Doca, teria aparentado interesse sexual em Gabrielle, o que o enfureceu. Outra versão foi que Doca começou a falar com a alemã em inglês, idioma que Ângela desconhecia e por isso ficou enciumada.

Seja qual for o motivo, o casal discutiu feio na praia. Poucas horas depois a discussão prosseguiu na casa de Ângela, e Doca a matou. A alemã, suspeita de vender também drogas no balneário, desapareceu após prestar um depoimento à polícia. Noticiou-se que ela teria caído (ou sido jogada) de um barco no mar e morrido, mas seu corpo jamais foi encontrado. Comentou-se também que teria saído do país. Seu desaparecimento beneficiou Doca, porque só ela poderia falar do assédio de Ângela, principal indício da sua suposta promiscuidade sexual.

A acusação teve duas horas para falar, mas a maior parte desse tempo foi do promotor Fador Sampaio, que enfatizou a questão das drogas.

— A primeira mulher dele foi viciada por ele em tóxicos. Ela se chama Glória Mariano e disse que não vinha aqui depor porque temia ser assassinada. ... Doca jamais agiu em legítima defesa da honra e dignidade, mas agiu sim em defesa de sua boa vida, de seu oportunismo e em defesa de amigos integrantes do tráfico de entorpecentes e que estão instalados dentro da alta sociedade do Rio e de São Paulo.[19] Mas nenhuma prova material ou testemunha foi apresentada para embasar tal acusação.

Evandro teve a assistência de seu sobrinho Técio Lins e Silva, Arthur Lavigne e Paulo Roberto Pereira. Especialista em crimes passionais nos seus longos anos de júri, Evandro sabia que os jurados são influenciados mais pelo aspecto moral do crime do que pelas sutilezas técnicas da defesa. O mestre italiano Enrico Ferri escreveu: "O júri não julga o crime, julga o homem."

Portanto, a estratégia de Evandro foi reconstituir o ambiente afetivo do relacionamento de Doca e Ângela, aplicando a doutrina da "vitimologia", termo criado pelo advogado israelense Beniamin Mendelsohn em 1945. Importante ramo da criminologia, a vitimologia estuda como e por que alguém torna-se vítima de um assassinato. A tese central é que a vítima, muitas vezes, também participa da origem do crime, dá motivos para ser morta, ao adotar um comportamento que leva diretamente ao seu assassinato. A jurisprudência considera que a vítima provoca isso mediante certas atitudes, como ofensa à honra do agressor, ameaças, perseguições, zombaria, desprezo, apelidos pejorativos.

A propósito, Nelson Hungria comentou em 1955: "A vítima, com a sua conduta, é quem criou para si mesma, pelo menos em parte, a situação de perigo ou de dano."[20] E como observou Laércio Pellegrino, a reforma do

Código Penal Brasileiro de outubro de 1969, com alterações da lei 6.016, de 31 de dezembro de 1973, "mantém, em alguns dispositivos, os dogmas da Vitimologia, inclusive os que já constavam do Código de 1940, sempre levando em consideração a conduta da vítima na prática criminosa, para diminuir a responsabilidade do sujeito ativo ou até mesmo isentá-lo de pena".*

Antes do julgamento Evandro havia distribuído para todos os 21 jurados (dos quais sete sorteados) um memorial resumindo as idéias de sua defesa. Classificava Doca como um "passional, agiu sob o domínio de uma paixão amorosa", e que o criminoso passional "é de reduzida ou nenhuma periculosidade", afirmação inspirada numa frase de Ferri em *Sociologia criminal*: "O valor intimidativo da pena para criminosos ocasionais ou passionais é nenhum." Quanto a Ângela, de acordo com o memorial, ela mesma contribuíra para seu assassinato porque era uma mulher "que perdeu o sentido da moral comum, do respeito às regras de uma decente convivência social", enquanto Doca "pretendia regenerá-la, tê-la só para si, formar um lar. ... A sucessão de provocações ia tornando a vítima aquela figura que os autores denominam 'vítima provocadora', porque o crime resulta da provocação, a conduta da vítima é que gera o delito." Doca Street a matara "após sucessivas afrontas e humilhações à sua dignidade", e concluiu Evandro: "Aos 25 anos, Ângela Diniz fez um testamento. Esperava morrer. Queria morrer."

Seguindo essa linha, Evandro desenvolveu seus argumentos na tribuna focalizando o comportamento de Ângela Diniz. Ela ofendera a dignidade de Doca Street com infidelidade, insultos, insinuação de lesbianismo, além da vida aventureira e cheia de episódios social e moralmente condenáveis — o assassinato de um ex-empregado em sua casa, o flagrante de maconha, o seqüestro da filha. Evandro quis tocar fundo nos sentimentos e valores provincianos de Cabo Frio. Retratou Ângela como uma "Vênus lasciva, dada a amores anormais, prostituta de alto luxo da Babilônia, que com suas garras de pantera arranhou os homens que passaram pela sua vida".[21] Eloqüência suficiente para horrorizar a imaginação moralista da província. E qualificou-a ainda de "libertina, depravada, mulher que não tinha os princípios que nós temos".

— Isso é uma infâmia!, aparteou Evaristo.

— Não! É um laudo!, respondeu Evandro, e ergueu um dos seus trunfos, um laudo médico afirmando que Ângela tinha "perturbações comportamentais especialmente traduzidas por excesso de agressividade".

---

* L. Pellegrino, *Vitimologia*, p.17. A vitimologia é uma tese controvertida. Se levada ao pé da letra, qualquer pessoa assaltada que morre ao reagir pode ser considerada uma "vítima provocadora", pois concorreu para seu próprio assassinato, forçando o bandido a agir por impulso irreflexivo, embora com motivo torpe.

— Senhores! Esta moça teve carrascos demais!, esbravejou Evaristo.

Contrapondo-se à imoralidade e infidelidade de Ângela, Evandro discorreu sobre a nobreza dos sentimentos de Doca, sua paixão amorosa repudiada, as dezenas de cartas de empresários paulistanos, anexadas aos autos, que atestavam seus bons antecedentes. A ex-esposa, Adelita Scarpa, confirmara o bom comportamento de Doca e escrevera que ele a sustentava financeiramente quando eram casados.

No burburinho misturavam-se câmeras de TV e holofotes, fios, microfones, flashes de fotógrafos, garçom circulando com cafezinho e água. Um show de mídia, totalmente em desacordo com as normas do Direito.

Foi chamada uma importante testemunha de acusação, a empregada doméstica Maria José de Oliveira, 61 anos, que trabalhava no apartamento de Ângela em Copacabana. Disse que Doca era vagabundo, vivia às custas de Ângela, queria ter conta conjunta com ela e era muito ciumento. Durante um almoço com Francisco Matarazzo e outros amigos, ele não gostou do vestido de Ângela. Ela trocou. Doca reclamou de novo e Ângela gritou irritada: "Doca, quer parar de implicar comigo! Eu não agüento mais. Você acaba me matando." Depois que as visitas saíram ela se trancou sozinha no quarto. Doca arrombou a porta, discutiram, ele a espancou. E uma vez Ângela anotou na sua agenda: "Não sei de mais nada. Tenho que morrer. Morrer pastando, sabe?" Fragilizada, queria reconstruir a vida, morar com seus filhos novamente, parar com a badalação, sossegar, ser feliz.

Outra testemunha de acusação, a empregada da casa em Búzios, Ivanira Gonçalves de Sousa, ouviu a seguinte discussão no dia do crime, quando Doca agrediu Ângela duas vezes, a segunda depois de ajoelhar-se e pedir perdão.

Ângela — Você não presta, Doca, pode ir embora, você não presta.

Doca — Eu te amo, eu te amo.

Ângela — Você não presta!

Abalado, Doca saiu, entrou no Maverick amarelo dela e foi embora. Mas pouco adiante resolveu voltar, com a Beretta já preparada. Após instantes de silêncio Ivanira ouviu o primeiro tiro, seguido pelo som do corpo caindo no chão, e mais três tiros.

Na tribuna de acusação, Evaristo ressaltou que a emoção ou paixão não excluíam a responsabilidade penal, como previa o artigo 24 do Código Penal. Classificou Doca como um "pseudopassional", havia fugido do local do crime com tranqüilidade para dirigir mais de 600km até São Paulo, usara o meio adequado para executar o crime, a pontaria fora certeira e demonstrara ausência de remorso e arrependimento.

— Não foi um crime passional, e sim premeditado e praticado por simples vaidade de machão inconformado com os direitos da vítima de não mais querer ficar com ele, porque o réu a explorava, escravizava, a usava financeiramente e vivia às suas custas.[22]

Insistiu na brutalidade do crime, na frieza de Doca, incompatível com a de um homem apaixonado que tivesse se deixado dominar por uma forte emoção momentânea. Os três primeiros tiros foram dados a 2m de distância de Ângela, o quarto a 60cm, quando ela já estava caída no chão.

— O verdadeiro passional é aquele que não suja a honra da vítima e se arrepende logo depois, tentando inclusive o suicídio. Mas com Doca aconteceu o contrário: ele passou a ostentar uma condição de *bon vivant* logo que se viu em liberdade. Apenas o amor vivo, em sua cristalina pureza, conduziu Ângela a unir-se ao acusado. Fosse uma interesseira, ou, como diz a defesa, uma "mulher livre e sem princípios", incapaz de distinguir entre o bem e o mal, não iria ligar seu destino a um desprovido de patrimônio, sem emprego certo e sem profissão definida.[23]

Evaristo exemplificou que entre 1972 e 1974 Doca não recebera salário suficiente nem para comprar um terno, e de 30 de setembro a 30 de dezembro de 1976 não exercera nenhuma atividade remunerada. Pediu a condenação por homicídio duplamente qualificado, conforme o artigo 121, §2º, incisos I a IV do Código Penal — cometido por motivo fútil, torpe (vingança, porque Ângela queria interromper o vínculo e deixar de sustentar o amante), com dissimulação e surpresa, sem dar chance de defesa à vítima. Pena: 12 a 30 anos de cadeia.

De madrugada, na platéia e no júri havia gente dormindo, cochilando, lanchando.

Após mais de 20 horas de julgamento, às 10:15h, o juiz leu a sentença, com base na decisão dos jurados, cinco homens e duas mulheres: Doca matara Ângela em legítima defesa da honra, cometendo homicídio culposo, ou seja, involuntário. Isso seria suficiente para absolvê-lo, mas os jurados também concluíram que houvera "excesso culposo" (quando há excesso dos meios utilizados), e por isso Doca foi condenado a dois anos de prisão, com direito a sursis, ganhando a liberdade.

Heleno Fragoso considerou o veredito uma conseqüência do subdesenvolvimento brasileiro e previu que o julgamento seria anulado. Para ele, a tese da defesa, do ponto de vista técnico, "não tem qualquer substância jurídica. É como se o Brasil estivesse vivendo como a Chicago dos anos 20, onde tudo era possível."[24] Anos depois Fragoso retificaria essa afirmação: "... a defesa realizada por Evandro no processo de Doca Street, um caso dificílimo, foi o mais completo trabalho de advocacia criminal que eu jamais vi nestes meus trinta e tantos anos de exercício dessa árdua e difícil profissão."[25]

Doca saiu do Fórum como entrara: aplaudido por uma torcida organizada que portava cartazes: "A justiça de Cabo Frio está de parabéns", "Doca, Cabo

Frio está com você". Algumas garotas tentaram até pedir autógrafos. O assassino teve 15 minutos de pop star.

O promotor Sebastião Fador Sampaio, Evaristo, George e Eden Teixeira de Mello prepararam o recurso de apelação, pedindo anulação do julgamento, e o protocolaram no dia seguinte no Cartório de Cabo Frio, para ser encaminhado ao Tribunal de Justiça do Estado do Rio. Motivos da apelação: a sentença imposta a Doca fora "manifestamente contrária à prova dos autos. ... Doca não matou por amor. Matou por despeito, por ter sua vaidade contrariada, ao ser rejeitado pela vítima, ele que desejava continuar sua vida parasitária num pequeno paraíso na localidade de Búzios. E às custas de Ângela."

O recurso de George e Evaristo foi acatado em setembro de 1980 pelos desembargadores da 2ª Câmara Criminal do Tribunal de Justiça. O desembargador Pedro Ribeiro Lima disse depois que o recurso seria rejeitado se a tese da defesa tivesse sido de "violenta emoção", pois isso não contrariava a prova dos autos. Matar sob domínio de violenta emoção logo após uma injusta provocação é uma atenuante da pena desde o Código Penal Brasileiro de 1940, artigo 121, §1º. Esse dispositivo foi mantido na reforma do Código Penal de 1984 (lei 7.209), no qual o artigo 59 fala do "comportamento da vítima", que deve ser levado em conta.

Um novo julgamento foi marcado para 6 de novembro de 1981. Evaristo não quis continuar no caso, achando que haveria o mesmo circo. George tentou demovê-lo, inutilmente. Evandro também saiu. Doca foi defendido por Humberto Telles, advogado habilidoso, orador arrebatado, vibrante e irônico. O novo assistente da promotoria, Heleno Fragoso, qualificou a tese de legítima defesa da honra como "absolutamente ridícula e sem nenhum fundamento jurídico". Grupos de feministas foram para a porta do Fórum pressionar pela condenação. Veredito: 15 anos de prisão. Dessa vez a defesa pediu anulação do julgamento, mas a sentença foi mantida, em decisão unânime. Doca cumpriu 1/3 da pena, três anos numa penitenciária de Niterói e mais dois em regime semi-aberto.

NAMORO INTERROMPIDO

Pouco mais de dois meses após o primeiro julgamento de Doca em Cabo Frio, o casal de namorados Heitor Luiz Amorim Klaser e Patrícia Teles Franco saiu para um passeio de carro. Numa lanchonete em Ipanema, comeram hambúrguer, fritas, beberam refrigerantes, comentando a festa de Natal, na véspera. Ao saírem dali, Heitor parou o Passat num semáforo na esquina da rua Maria Quitéria com avenida Vieira Souto. Subitamente três jovens armados os abordaram, um deles mandou Heitor sentar-se no banco de trás, tomou o volante, fez o retorno, seguiu na direção do Leblon e subiu a avenida Niemeyer.

Em São Conrado, perto do hotel Sheraton, o Passat bateu de raspão num MP Lafer. O motorista, Alexandre Solmo da Silva, ficou irritado e resolveu perseguir o Passat para tirar satisfação, sem saber quem estava dentro. Conseguiu emparelhar-se, os bandidos aceleraram, o MP foi atrás, mas no elevado do Joá um tiro acertou o ombro de Alexandre e ele parou.

Heitor reclamou pedindo cuidado com o carro, porque era de seu pai. Um dos rapazes não gostou e disparou o revólver no coração de Heitor. Foram em frente. Em Jacarepaguá, na Estrada do Gabinal, estacionaram para se livrar do cadáver. Patrícia aproveitou a distração deles, tirou as sandálias e conseguiu escapar correndo no escuro.

Heitor era soldado da Polícia do Exército, que abriu um Inquérito Policial-Militar. Com base em retratos-falados, no início de janeiro de 1980 foram presos Márcio André de Souza Mendes e Renato de Oliveira Andrade, o "Naninho", moreno baixo, rosto marcado por cicatrizes de um acidente de carro. Acusados de seqüestro e latrocínio, os dois confessaram, apontando o terceiro comparsa, José Fernando Morrison Goytacaz, o "Tico", e informaram que o Passat, dirigido por Márcio, fora vendido para Sílvio Carlos da Silva Coutinho. Presos, Sílvio e Tico negaram qualquer participação no episódio.

A PE indiciou todos, exceto Sílvio, encerrou o inquérito e os devolveu para a polícia civil. Ao ser interrogado pelo juiz Álvaro Mayrink, da 7ª Vara Criminal, Naninho disse que o tiro tinha sido dado por Tico.

Defendido por Evaristo e George, Tico apresentou um forte álibi: no dia do crime estava em São Paulo visitando seu pai, com quem passara as festas de fim-de-ano. No Rio de Janeiro, o rapaz morava com a mãe.

Os dois advogados foram à capital paulista, conversaram com o pai de Tico e com vizinhos, confirmando a veracidade da informação. Obtiveram até fotos do rapaz ao lado de um Papai Noel numa festa de Natal, além de um recibo de estacionamento usado por ele em São Paulo no dia 28 de dezembro.

Márcio André foi interrogado também pelo juiz Humberto Decnop, na 14ª Vara Criminal, num processo sobre o furto de uma Brasília ocorrido naquela mesma noite. Ele admitiu o furto, e aproveitou para negar qualquer envolvimento no seqüestro e morte do soldado, pois não podia ter participado de duas ações ao mesmo tempo em locais diferentes. Em seu favor, policiais o reconheceram como o homem que eles tinham perseguido após o furto do carro.

O advogado de Naninho, Waltencir Coelho, argumentando que seu cliente tinha problemas mentais e era viciado em drogas, pediu um novo interrogatório em juízo. Perante o juiz Mayrink, Naninho negou tudo, alegando que estava dormindo com seu pai, na Tijuca, quando mataram o soldado.

A confusão aumentou. Outro complicador era que a polícia não encontrara o revólver. Evaristo alertou para a possibilidade de um brutal erro judiciário, caso Tico fosse condenado:

— Convencidos da absoluta inocência de José Fernando Morrison Goytacaz, andamos de Ceca a Meca, batemos em inúmeras portas implorando como verdadeiros esmoleres, para que não se encerrassem as investigações, para que se prosseguissem nas pesquisas e se submetessem ao mais severo dos crivos as provas demonstradoras de que Tico estava em São Paulo no dia e hora do crime. Nossos esforços e súplicas foram em vão. Diante de um crime hediondo, foi mais forte a conveniência de fechar-se o caso a qualquer preço e de rumar-se célere na busca de uma condenação que viesse a dar alento a uma comunidade tão açoitada pela violência. E ao invés de aprofundar-se na busca da verdade real, considerou-se encerrado o inquérito, pleno de contradições.

Os dois advogados pediram novas investigações e arrolaram oito testemunhas que tinham visto o rapaz em São Paulo no dia do crime. Os três acusados foram absolvidos, mas a promotoria apelou.

Mais de um ano após o crime, no dia 24 de fevereiro de 1981, o juiz Eduardo Mayr, da 7ª Vara Criminal, julgou a apelação, confirmando a sentença, pela absolvição. O juiz não considerou "verdadeiras e espontâneas" as confissões, porque os depoimentos haviam sido tomados num quartel da Polícia do Exército, "podendo-se imaginar as condições psicológicas e, quiçá, físicas em que se encontravam". Também pesou a prova apresentada por Evaristo e George de que Tico estava em São Paulo no dia do crime.

UMA BOMBA NAS MÃOS DA DITADURA

Como se verificou na sentença do juiz, a Polícia do Exército ainda era sinônimo de abuso dos direitos humanos, embora a lenta abertura política estivesse avançando sob o governo do general João Figueiredo. O AI-5 fora revogado, uma Lei de Anistia aprovada em agosto de 1979 permitira a libertação de todos os presos políticos e a volta dos exilados e banidos. Extinto o sistema bipartidário, novos partidos tinham sido criados, com representantes das diversas correntes de pensamento da sociedade. Evaristo participou da fundação do novo Partido Socialista Brasileiro.

Entretanto, a extrema-direita militar continuava refratária à liberdade e vinha sabotando a estratégia de redemocratização desde o seu início, no governo Geisel. Só em 1976 uma bomba explodiu na sede da Associação Brasileira de Imprensa (ABI), o bispo dom Adriano Hipólito foi seqüestrado em Nova Iguaçu, o padre jesuíta João Bosco Penido Burnier foi assassinado por um PM no Mato Grosso e agentes do Centro de Informações do Exército mataram dois líderes do PCdoB, Pedro Pomar e Ângelo Arroyo, numa casa no bairro da Lapa, em São Paulo. Nos anos seguintes, mais atentados, contra o advogado e deputado federal Marcelo Cerqueira, a editora Civilização Brasileira, a OAB — em 27 de agosto de 1980 uma carta-bomba endereçada ao presidente do Conselho Federal no Rio, Seabra Fagundes, matou a secretária Lyda Monteiro da Silva. No mesmo dia outra carta-bomba, enviada ao vereador e ex-preso político Antônio Carlos de Carvalho, explodiu na Câmara Municipal do Rio de Janeiro, mutilando o funcionário José Ribamar de Freitas, que ficou paralítico.

Esses dois últimos atentados foram reivindicados por um grupo autodenominado Vanguarda de Caça aos Comunistas. O advogado Arthur Lavigne ficou encarregado pela OAB de acompanhar o inquérito. Foi encontrado um suspeito, o técnico em extensão rural Ronald James Watters, 51 anos, ex-agente de informações da Marinha e ex-cabo eleitoral do banqueiro e político Magalhães Pinto. Mas a polícia, sem vontade de investigar a fundo, tratou os atentados como crimes comuns e o inquérito parou.*

Nem o governo nem o Exército se empenhavam na elucidação desses atentados, e por isso os radicais, diante da impunidade, continuaram agindo. Na madrugada de 26 de março de 1981 mais bombas explodiram, na oficina da *Tribuna da Imprensa* e em bancas que vendiam jornais de esquerda como *Tribuna da Luta Operária*, *Movimento* e *Hora do Povo*.

No mês seguinte a extrema-direita preparou aquele que deveria ser o mais audacioso de todos os atentados até então. Mas o que aconteceu confirmou que Deus não é só brasileiro — é também democrata.

O alvo era um grande show político realizado na noite de 30 de abril no Riocentro, um pavilhão na Barra da Tijuca. Desde 1979 músicos e grupos de esquerda comemoravam o Dia do Trabalho no Rio de Janeiro com esses shows coletivos, promovidos pelo Cebrade (Centro Brasil Democrático), entidade vinculada ao PCB e presidida pelo arquiteto Oscar Niemeyer, tendo como vices o historiador Sérgio Buarque de Holanda e o editor Ênio Silveira.

Naquela noite havia cerca de 18 mil pessoas e no palco se sucediam os maiores artistas da música popular — Elba Ramalho, Zizi Possi, Alceu Valença, Chico Buarque, Ângela RoRô, Fagner, Miúcha, Beth Carvalho, Clara Nunes, Gal Costa, Gonzaguinha, Paulinho da Viola. Entre uma música e outra, discursos pediam democracia e eleição direta para presidente da República.

O som era alto e a platéia estava animada. Por isso ninguém ouviu a explosão de uma bomba dentro de um Puma no estacionamento. No mesmo instante entrou um Passat branco dirigido por Andréa Neves Cunha, acompa-

---

* Indiciado, Ronald foi julgado em fevereiro de 1982 e absolvido por falta de provas.

nhada do namorado. Intrigados com o estrondo, sem saber o que acontecera, viram na luz dos faróis um homem cambaleante, com as mãos na barriga ensangüentada. Andréa e o namorado se ofereceram para socorrê-lo e o transportaram até o Hospital Miguel Couto, na Zona Sul.

A garota que por acaso foi testemunha ocular de uma história sem fim era estudante de História e membro de uma família de políticos — filha do deputado Aécio Cunha, do Partido Democrático Social, que congregava os governistas, neta de Tancredo Neves, presidente do Partido Popular, da oposição moderada, e irmã do atual deputado Aécio Neves.

Ela ainda não sabia, mas o homem ferido que levara para ser internado no CTI do hospital era um capitão do Exército, Wilson Luís Chaves Machado, lotado no Pelotão de Motociclistas da Polícia do Exército e agente do DOI-Codi. No volante do Puma estava um morto, o sargento Guilherme Pereira do Rosário, especialista em explosivos e ex-participante do combate à guerrilha na década de 70. A explosão prematura da bomba-relógio em suas mãos deixara seu ventre estraçalhado e as entranhas expostas. O feitiço contra o feiticeiro.

Na manhã seguinte a cúpula das Forças Armadas ficou aflita. O Alto Comando do Exército convocou os oficiais-generais para uma reunião extraordinária no Palácio Duque de Caxias, dirigida pelo comandante do I Exército, general Gentil Marcondes Filho. Ele perguntou a opinião dos colegas sobre qual deveria ser o encaminhamento das investigações. O comandante da 1ª Região Militar, general Ênio Gouveia dos Santos, era favorável a uma apuração completa e transparente. Mas o general José Luiz Coelho Netto, comandante da 4ª Divisão do Exército (Minas Gerais), ressalvou que seria inadmissível qualquer insinuação contra o Exército. A reunião foi encerrada com a posição de que o capitão e o sargento tinham sido vítimas de um atentado cometido por extremistas de esquerda.

Enquanto o sargento era sepultado com honras militares, típicas para oficiais e soldados mortos em combate, no CTI do Miguel Couto o capitão Machado permanecia internado, com soldados da PE na porta 24 horas por dia, impedindo a aproximação da imprensa.

O primeiro presidente do Inquérito Policial-Militar aberto para apurar o caso, coronel Luiz Antônio Prado, estava sinceramente disposto a desvendar toda a verdade. Até se disfarçou de médico, entrou no CTI e ouviu um depoimento do capitão ferido. Mas na saída foi visto por um major do DOI-Codi, responsável pelo serviço de proteção ao capitão:

— Nós só aceitamos uma solução de atentado contra eles.[26]

O coronel, porém, já tinha a hipótese mais evidente: a bomba iria ser colocada pelo capitão e pelo sargento em algum lugar do Riocentro e explodira acidentalmente. O I Exército queria manter a versão oficial e que fosse confirmada pelos dois peritos militares designados para o inquérito — o major Orozimbo Costa Filho, encarregado de examinar o Puma, e o major Iberê Mariano da Silva, engenheiro militar que analisou os restos da bomba e seu mecanismo de acionamento.

Sem condições de realizar um trabalho honesto e imparcial, sofrendo chantagem e pressões, o coronel Luiz alegou motivos de saúde e desistiu de chefiar o inquérito, 15 dias após seu início. Posteriormente desistiria da própria carreira militar e solicitaria passar à reserva. Foi substituído no IPM pelo coronel Job Lorena de Sant'Anna.

Jornais de esquerda que vincularam o episódio à onda de atentados foram apreendidos pela Polícia Federal e os editores processados, como a *Tribuna da Luta Operária*, depois de publicar uma reportagem com a manchete "Figueiredo engoliu a bomba".

Alguns setores do governo propuseram a reformulação da Lei de Segurança Nacional, para enquadrar atentados terroristas. A OAB decidiu aprofundar a questão e designou uma comissão especial formada por Heleno Fragoso, Sobral Pinto e George, este como coordenador. O objetivo era propor sanções contra o terrorismo, mas para serem acrescentadas ao Código Penal.

No relatório final da comissão George sugeriu: "... inexistindo condições de revogar a atual Lei de Segurança, e estando em estudos um novo Código Penal, seria oportuno o momento para em seu texto incluir dispositivos que não só estabeleçam condições democráticas de segurança das instituições públicas, como também assegurem os direitos humanos e a liberdade dos cidadãos".[27] Ele defendeu a reinserção no Código Penal dos crimes contra a segurança do Estado.

Dois meses depois da explosão no Riocentro, o coronel Job Lorena divulgou no auditório do Palácio Duque de Caxias o resultado do IPM, com 700 páginas em quatro volumes. No resumo de 30 páginas lido para os jornalistas, o coronel informou que após 17 perícias e 39 depoimentos concluíra que os dois militares estavam em missão oficial para "observar a influência de elementos da esquerda radical na programação feita para atrair jovens", e o atentado teria sido praticado por extremistas de esquerda, do MR-8 e da VPR.* Insistiu que a bomba era de fabricação caseira, não militar, e fora colocada "para atingir agentes de informação que, tentando observar, estavam sendo seguidos. Talvez ainda para comprometer os próprios órgãos de segurança".[28] Nada falou sobre o laudo do major Iberê, que concluíra ter a bomba explodido no colo do sargento.

---

* A VPR fora extinta em 1974 e o MR-8 abandonara a luta armada na década de 70.

O resultado do inquérito agradou à cúpula militar. Para o brigadeiro Délio Jardim de Mattos, ministro da Aeronáutica, o caso era "pequeno em comparação com os grandes problemas nacionais". E o chefe do Estado-Maior da Aeronáutica, brigadeiro Paulo de Abreu, desafiou a imprensa:

— Qual é a dúvida? É pena que vocês não tenham participado, pois chegariam à mesma conclusão.[29]

O coronel Nilton Cerqueira, comandante-geral da PM do Rio, considerou o IPM "assunto encerrado".

Uma das raras vozes dissonantes que despontaram nos meios militares foi a do Almirante Júlio de Sá Bierrembach, ministro do Superior Tribunal Militar, para onde foi enviada a conclusão do inquérito. O almirante era insuspeito, pois não se tratava de nenhum dissidente do regime, sempre apoiara os governos instalados a partir de 1964 e tinha se posicionado até contra a troca de presos políticos pelo embaixador norte-americano Charles Elbrick em 1969. Mas insinuou sua divergência em relação ao desfecho do IPM:

— Ao que parece, os responsáveis pelo episódio Riocentro não chegarão aos tribunais. ... O que eu penso sobre o assunto é o mesmo que mais de 50 milhões de brasileiros estão pensando.[30]

A OAB decidiu analisar o resultado do inquérito mediante uma comissão especial formada por Bernardo Cabral (coordenador), Evaristo, George, Seabra Fagundes, Virgilio Donnici, Calheiros Bonfim, Hermann Baeta e Sérgio Ferraz.

No dia 1º de julho a comissão divulgou uma nota veemente: "... Embora encapuzados pelo sigilo das investigações, os semeadores do terror já estão identificados pela sociedade brasileira. De lastimar que os outrora eficientes órgãos especializados na repressão aos crimes contra a segurança nacional tenham, nos dias de hoje, quando o projeto democrático está em risco, mais uma vez fracassado em sua tarefa investigatória, embora se trate de um caso que, pelas circunstâncias de que se revestiu, não pareça de difícil apuração. Os advogados — e a História registrará o acerto desta posição — não aceitam os resultados do inquérito. A impunidade dos grupos geradores da violência continuará a estimular o terrorismo. No exercício de sua competência legal de defesa da ordem jurídica, a OAB, superando esta nova frustração, reafirma que continuará vigilante e proclama que mais danoso que o poderio explosivo das bombas é o descumprimento dos deveres de tranqüilizar a Nação e de possibilitar ao povo a escolha livre de seus governantes."[31]

Também os principais partidos de oposição no Congresso (PMDB, PT, PSB e PDT) divulgaram comunicados refutando as conclusões do inquérito.

De nada adiantou. O STM aprovou por 10 x 4 o relatório do ministro Antônio Carlos Seixas Telles, pelo arquivamento do inquérito, com votos contrários dos almirantes Júlio de Sá Bierrembach e Roberto Anderson Cavalcante, do brigadeiro Deoclécio de Lima Siqueira e do juiz togado Gualter Godinho. Em seu voto de 52 páginas, o almirante Bierrembach apontou falhas, contradições e oito omissões do IPM, uma delas sobre o policiamento no Riocentro naquela noite. Também opinou que o capitão Wilson deveria ter prestado depoimento como vítima ou indiciado, nunca como testemunha, o que provocou um tenso debate entre o almirante e o general Carlos Alberto Cabral Ribeiro.

Contudo, o caso estava longe de se encerrar.

MÁFIA TROPICAL

Uma semana depois da votação do relatório do Riocentro no STM, outro grupo influente na vida brasileira entrou em ebulição — os bicheiros. Oito tiros de metralhadora equipada com silenciador acabaram com a carreira errática do ex-policial Mariel Moryscotte, morto pelas costas à queima-roupa ao sair de seu Passat em frente ao número 29 da rua Alcântara Machado, Praça Mauá.

Nesse endereço funcionava a Cap Rio Imobiliária, pertencente a um dos cinco chefões do bicho na cidade, Raul Correa de Melo, o "Raul Capitão". No momento dos tiros, ele e outro chefão, Anísio Abrahão, conversavam no escritório da imobiliária.

Mariel estava marcado para morrer. O ex-salva-vidas, ex-guarda-civil, ex-investigador e ex-membro do Esquadrão da Morte teve seu auge como membro dos "Onze Homens de Ouro", grupo de elite da polícia carioca formado em 1969 por delegados e detetives, uma tentativa da Secretaria de Segurança do então Estado da Guanabara de reforçar o combate à criminalidade, mas que reforçara a "banda podre", como se diz hoje. Atlético, vaidoso e arrogante, Mariel teve uma rápida ascensão na polícia, mas foi destruído por duas forças interiores conflitantes: ganância e imprudência. Ao circular no submundo como investigador, percebeu que passando para o outro lado poderia ganhar mais dinheiro e com maior rapidez. Confundiu as fronteiras que separam legalidade e ilegalidade, até resolver virar bandido em tempo integral, depois de ser acusado de pertencer ao Esquadrão da Morte, grupo supostamente de aluguel que executava bandidos na periferia da cidade, deixando no corpo um cartaz com as iniciais E.M.

A carreira criminosa de Mariel começou com falsificação de cheques de viagem. Em outubro de 1970, já expulso da polícia, respondia a 18 inquéritos, incluindo exploração de lenocínio, tráfico de drogas, seqüestro e homicídio. Condenado a nove anos de prisão, fugiu da carceragem do Ponto Zero, em Benfica. Recapturado, foi para o Instituto Penal Cândido Mendes, na Ilha

Grande. Sua antiga experiência de salva-vidas o ajudou: fugiu nadando 150m. Recapturado novamente, cumpriu pena na Penitenciária Lemos de Brito. Quando morreu, dia 8 de outubro de 1981, estava em liberdade condicional e atuando em um novo empreendimento, o jogo do bicho. Ousara disputar pontos com os poderosos tradicionais — "Capitão Guimarães" (Aylton Guimarães Jorge, capitão reformado do Exército e chefe da contravenção em Niterói), "Jorge Elefante", "Tio Patinhas", Raul Capitão e Anísio Abrahão. Um mês antes de morrer, Mariel teria matado um bicheiro, José Batista Costa, o "China da Saúde".

Pelas leis brasileiras, jogo do bicho é contravenção, não crime. A Lei de Contravenções Penais, criada pelo decreto-lei 3.914, de 9 de dezembro de 1941, definiu crime como "a infração penal a que a lei comina pena de reclusão ou de detenção, quer isoladamente, quer alternativa ou cumulativamente com a pena de multa" e contravenção como "infração penal a que a lei comina, isoladamente, pena de prisão simples ou de multa, ou ambas, alternativa ou cumulativamente". Nelson Hungria via diferença apenas de grau ou quantidade. Contravenção, para ele, seria "crime de menor entidade, o crime anão", punido com prisão simples ou multa.[32]

O acusado pelo assassinato de Mariel era um híbrido de detetive e bicheiro, Francisco Queiroz Ribeiro, o "Chiquinho", ex-sócio de China da Saúde e empregado de Raul Capitão. Por isso a juíza Martha Valle Meira de Vasconcellos, titular da 20ª Vara Criminal, decretou a prisão preventiva de Raul Capitão, como suspeito de ser o mandante.

Baixo, careca, barrigudo, 74 anos de idade em 1981 e 50 de atividade, grandes óculos escuros e um jeito bonachão, era o típico bicheiro carioca — pulseiras de ouro, anel de brilhante e roupas brancas, como os sapatos. Passara fome na adolescência e começara a trabalhar como padeiro, até chegar a dono de uma pequena padaria no subúrbio. Depois de ingressar no negócio do bicho, em 1931, conquistara popularidade em seu bairro, promovendo festas para as crianças no dia de São Cosme e Damião, distribuindo doces, balas, roupas e alimentos para orfanatos. O velho assistencialismo também praticado por alguns políticos.

O apelido "Capitão" viera de seu hábito de beber conhaque português Macieira. Na década de 30 havia dois tipos desse conhaque: de três estrelas e de cinco. Ele gostava do primeiro, e pedia assim:

— Me dá um capitão.

Agindo entre a ilegalidade e as clássicas leis do capitalismo, acumulara dinheiro e expandira seus negócios. Era dono de posto de gasolina, revendedora de automóveis, loja de autopeças e da imobiliária Cap Rio. Considerava-se um filantropo. Em 1981 o volume de seu patrimônio era tão extenso quanto sua ficha policial: 19 processos, oito absolvições e duas condenações. Sofrera tentativa de assassinato e pagava pensão a cerca de 50 mulheres, entre esposas de funcionários presos ou idosos e viúvas. Dizia-se que tinha uma verba exclusiva para doações a policiais e autoridades.

George, seu defensor, com Humberto Telles, argumentou que acusações de contravenção não exigiam prisão preventiva, e requereu a internação de Raul Capitão numa clínica particular, por motivos de saúde. Ele sofria do mal de Parkinson e as mãos trêmulas não conseguiam mais nem assinar cheque. Em resposta ao requerimento, a juíza Martha expediu um despacho determinando que a prisão preventiva de Raul Capitão fosse cumprida no Manicômio Judiciário, como medida de "segurança provisória", com base na periculosidade presumida e na falta de saúde física e mental de Raul Capitão.

O bicheiro foi também convocado a depor perante a juíza, mas não compareceu. Tingiu os cabelos de preto e escondeu-se num sítio em Juiz de Fora. Os advogados impetraram habeas corpus preventivo e George justificou o não-comparecimento de seu cliente:

— Ele tem o direito de não se submeter a uma ordem ilegal e arbitrária. Ele não é maluco para ser internado em hospital psiquiátrico. Para lá só são mandados os doentes mentais, os alcoólatras e os toxicômanos. E ele não se enquadra em nenhuma dessas categorias. A juíza só decretou a medida de segurança provisória porque não cabe prisão preventiva em casos de contravenções penais.[33]

A polícia fechou a Cap Imobiliária e desencadeou uma caçada ao bicho, paralisando o jogo durante alguns dias. George foi ao Departamento de Polícia Especializada para tentar conseguir a reabertura da imobiliária, e na saída criticou a repressão:

— Cria uma situação inusitada, e que poderá ter conseqüências desastrosas, como o desemprego de pessoas que trabalham para o jogo e não poderão exercer outras profissões. Sem emprego, o que essa gente fará para sustentar suas famílias? A repressão é muito mais emocional que de fundo social. Durante o segundo governo Vargas, o chefe de Polícia, coronel Alcides Etchegoyen, quis acabar com a prostituição do Mangue. As mulheres se espalharam pelas ruas e a prostituição não acabou. O jogo é semiliberado desde o governo Lacerda, que recebia dinheiro da contravenção para doar a instituições de caridade. Há ainda subvenções para escolas de samba e clubes de futebol feitas por pessoas que não escondem ser do jogo do bicho.[34]

No mesmo dia dessa declaração, reuniram-se no edifício Central 20 chefões, entre eles Anísio Abrahão, Tio Patinhas (Ângelo Maria Longa), Antonio "Turcão", Jorge Elefante, Capitão Guimarães, "Haroldo da Saenz Peña" e representantes de Castor de Andrade, que estava fora da cidade. Avaliaram os prejuízos e decidiram reiniciar as apostas.

O filho de Raul Capitão, Marco Aurélio Correa de Mello, o Marquinhos, foi depor na 4ª Delegacia de Polícia, acompanhado de George, e negou até que seu pai fosse bicheiro — sua renda vinha de negócios imobiliários, apenas.

Vários setores da sociedade passaram a debater o problema do bicho, jornais e revistas publicaram longas reportagens, com mapas da atuação de cada bicheiro e denúncias da corrupção policial envolvida no esquema. Eram fatos já amplamente conhecidos, que ressurgiam como se fossem grande novidade. No Congresso Nacional tramitava um projeto de lei legalizando o jogo, de autoria do deputado e delegado Péricles Gonçalves. O secretário de Segurança do Estado, general Waldyr Muniz, defendeu a legalização como a melhor maneira de lidar com o problema. O cardeal Dom Eugênio Sales, arcebispo do Rio de Janeiro, discordou.

— Se legalizar resolver, vamos então legalizar o trotoar, estimulando o lenocínio, vamos legalizar o que ocorre com os motéis e outras coisas absurdas que estão por aí. Problemas ligados ao jogo do bicho são mais complexos do que pensar apenas em algumas apostas. O jogo envolve corrupção, tóxicos e numerosas outras irregularidades.[35]

Numa audiência que durou quase três horas, a 3ª Câmara Criminal do Tribunal de Alçada examinou o pedido de habeas corpus em favor de Raul Capitão. Na defesa oral, George reiterou que prisão preventiva "não cabe em contravenção, que nem chega a ser crime", e o pedido de internação no Manicômio Judiciário só podia ser atendido em caso de doença mental manifesta e evidente, alcoolismo ou toxicomania.

— Estamos diante de uma decisão arbitrária, que deve ser cassada por ato de justiça. Suposições nos levam a crer que banqueiro de bicho tem inteligência maior que a nossa. Ganham o dinheiro que querem, patrocinam o carnaval e estimulam o futebol. Isso é ser maluco?, perguntou George.[36]

O relator do processo, Alfredo Tranjan, comentou que a juíza se baseara em suposições, não em fatos, e concedeu o habeas corpus, sendo seguido pelos outros três juízes do tribunal.

Uma semana depois o bicheiro compareceu à 4ª Delegacia de Polícia, acompanhado de George e Humberto Telles, para depor perante o delegado Edgar Façanha. Negou qualquer participação na morte de Mariel, até o ajudara financeiramente quando o ex-policial estava preso na Penitenciária Lemos de Brito. Admitiu que seu filho Marquinhos se relacionava com Mariel, porque os dois iriam produzir juntos um filme intitulado *Ringo de Copacabana*, e tinham ido três vezes a Niterói. A polícia suspeitava que o objetivo dessas visitas era tentar a compra de pontos de Jorge Elefante.

Havia na 24ª Vara Criminal dois processos contra Raul Capitão por contravenção, um porque seria dono de uma fortaleza do bicho interditada pelo promotor Ekel Luís Sérvio Souza, na rua da Quitanda 81, onde haviam sido apreendidos talões de jogo e duas caixas registradoras.

No dia 22 de janeiro de 1982 o bicheiro chegou à 24ª Vara Criminal trajado com um safári cor de areia, sapatos brancos, grossa pulseira de ouro e óculos escuros. No depoimento para o juiz Nascimento Antônio Póvoas Vaz ele admitiu ser dono do imóvel na rua da Quitanda, mas afirmou que abandonara o jogo do bicho para se tornar comerciante. Naquele escritório ele pretendia abrir uma loja de bijuterias. O juiz riu, mas por falta de provas absolveu Raul nos dois processos.

No mês seguinte ele foi a julgamento num outro processo, que corria na 25ª Vara Criminal, também por contravenção, praticada numa loja da rua Buenos Aires 161, qualificada como fortaleza do bicho pelo promotor Ekel, única testemunha do processo.

Na defesa oral, George disse que o imóvel fora alugado para Isaías Folco, e que a polícia fizera "uma devassa na vida deste homem, não conseguindo apurar se ele é contraventor. Ninguém pode ser condenado pelo monstro da presunção, pois a Justiça não condena sem provas".[37] Nenhuma prisão fora efetuada na loja, fechada pela polícia, não havia apostador ou apontador, tampouco dinheiro. George argumentou também que o material apreendido não fora autenticado pela polícia — 50 blocos de apostas numerados em série, carimbo com números removíveis, almofada para carimbo, uma placa de metal com os dizeres "Resultados de hoje" e outros materiais usados no jogo do bicho.

O juiz José Lucas considerou "ridículos" os argumentos apresentados pela defesa e irrelevante a falta de autenticação do material apreendido. Condenou Raul e Marquinhos a um ano de prisão por "exploração de jogos de azar", além de uma multa. Embora os dois tivessem direito a sursis, George entrou com recurso no Tribunal de Alçada. O juiz Rebelo de Mendonça, da 2ª Câmara Criminal, classificou o promotor Ekel de "quixotesco, envolvido em uma cena de teatro absurdo, e caberia até se imputar prática de crime por prevaricação, pois subtraiu da Justiça elementos valiosos para a apuração da extração do jogo naquele local". A condenação foi anulada.

No mesmo dia Raul Capitão conseguiu também ser absolvido no seu último processo de contravenção, na 26ª Vara Criminal. O juiz Nery Fernandes de Souza justificou:

— Não há fundamento moral para a proibição dessa loteria denominada jogo do bicho, que é em essência uma loteria de números. À luz do ordenamento jurídico a loteria não é um mal, pois é explorada pelo Estado sob a forma de loteria de bilhetes, esportiva e loto. Se o réu já foi absolvido anteriormente pelo mesmo fato, nenhum outro juiz poderá julgá-lo de novo. Trata-se de garantia constitucional.[38]

A CLASSE MÉDIA VAI AO PARAÍSO

Um pai desesperado com o vício do filho fez uma denúncia anônima que levou policiais a vigiarem durante 20 dias um prédio na rua Jardim Botânico. Com mandado de busca e apreensão eles bateram na porta do apartamento do engenheiro Roberto Cláudio Silva da Silveira, 38 anos, respeitado funcionário do Departamento Nacional de Estradas de Rodagem. Uma mulher atendeu. Os policiais, à paisana, pediram para falar com o dono da casa. Ela chamou Roberto, que desconfiou dos dois estranhos e tentou fechar a porta. Não foi rápido o suficiente. Os policiais entraram, Roberto correu, foi agarrado e ainda tentou agredi-los. Eles vasculharam o apartamento e encontraram 847g de cocaína pura, balanças de precisão e embalagens da droga, acondicionada em papelotes com anotações do peso, preço e nome dos fregueses. Tudo profissionalmente organizado.

No apartamento estavam também um casal e o médico Jairo Luciano Cabral. Minutos depois o ator Paulo César Peréio chegou e foi preso. Ao depor na delegacia confirmou ter ido comprar cocaína, mas em juízo negou, fora convidar Roberto para uma exposição do fotógrafo Aderi Luiz da Costa, sendo liberado por falta de provas. A polícia descobriu que outro ator famoso saíra do apartamento minutos antes da chegada da polícia. Seu nome constava de uma agenda de Roberto. O ator também depôs na Delegacia de Entorpecentes, mas nada ficou provado contra ele.

Na agenda constavam outros nomes de artistas de televisão e cinema, jogadores de futebol e figuras da alta sociedade carioca. Roberto tinha sido amigo de Cláudia Lessin Rodrigues e até fora ao seu enterro.

O processo arrolou 28 testemunhas. George defendeu o engenheiro, Técio Lins e Silva defendeu Jairo, em cujo apartamento foi encontrada uma porção de maconha, e Evaristo defendeu a bancária Lídia Cristina Esteves, citada numa lista apreendida no apartamento de Roberto como receptadora de 50g de cocaína por semana. Ela seria "avião", intermediária entre traficantes e consumidores.

Roberto foi para o presídio Ponto Zero, em Benfica, com cela especial para quem tem curso superior. Interrogado pelo juiz Mário Ernesto Ferreira, na 28ª Vara Criminal, confessou ser viciado: consumia drogas desde os 16 anos, incluindo maconha, LSD e, quando viajava para o exterior, ópio, heroína, morfina. Era também alcoólatra, bebia uma garrafa por dia. Mas disse que não traficava.

Foi condenado a seis anos de prisão, e Jairo a um ano, com direito a sursis. George recorreu da sentença alegando que Roberto era apenas viciado, réu primário, com bons antecedentes, e além de tudo confessara.

— As conseqüências do crime não são sérias, pois ele não tinha vantagem econômica com o tráfico. Era viciado, intermediário de seus companheiros de infortúnio, apanhando a droga do traficante e ficando com pequena quantidade para seu uso.[39]

Lídia negou que usasse droga e ainda teve senso de humor: só conhecia LSD como iniciais da música "Lucy in the Sky with Diamonds", dos Beatles. Foi absolvida.

Os desembargadores da 4ª Câmara Criminal do Tribunal de Justiça acataram o recurso de George e reduziram a pena de Roberto para dois anos, com direito a sursis.

Faroeste alagoano

Bem longe do submundo dos drogados da classe média carioca um conflito mais grave chegava a um desfecho sangrento. No centro de Maceió, rua Ladislau Neto, o advogado e jornalista Francisco Guilherme Tobias Granja, 37 anos, saiu do seu escritório e se encostou num carro em frente ao prédio para conversar com uma cliente. Dissimuladamente um homem surgiu por trás dele e acertou-lhe um tiro na nuca. Tobias morreu a caminho do hospital. Eram pouco mais de 18h do dia 15 de junho de 1982.

Assim terminava o ciclo de ameaças que o advogado vinha sofrendo nos últimos seis anos, desde que denunciara torturas infligidas em dois clientes por um sargento da PM no município de São Sebastião. O próprio Tobias fora preso e torturado. Passara então a denunciar sistematicamente os crimes cometidos pela polícia do estado. Mas ele morrera por outro motivo.

Antes de se dedicar à advocacia, Tobias tinha sido um jornalista importante na capital alagoana, após experiência de dez anos no Rio, entre 1964 e 1974, quando trabalhara nas revistas *Fatos & Fotos*, *Manchete* e *O Cruzeiro* (chefe de reportagem), além de editor de *O Jornal*.

O velório no salão nobre da OAB atraiu representantes de todas as entidades da imprensa, dos advogados e dos trabalhadores locais — sindicatos, ABI, Federação Nacional dos Jornalistas, OAB. Todos protestaram indignados e clamaram por justiça.

Seis dias antes de morrer, Tobias escrevera um bilhete ao presidente do Conselho Regional da OAB, Marcelo Lavenère Machado: "As denúncias são tantas e tão graves que só pessoalmente e de viva voz, perante o Conselho sob sua presidência, terei condições e garantias para falar e continuar vivo."[40] Tentara, em vão, falar com um cliente, o ex-cabo José Henrique da Silva, preso no quartel da PM e que fora a causa principal de sua morte.

A história começara muitos anos antes, com todos os ingredientes de clássico faroeste. Um manda-chuva da cidade, Dagoberto da Silva, teria encomendado a morte de membros da família Henrique da Silva. Um garoto chamado José Henrique sobreviveu, por clemência dos pistoleiros. Depois de crescido tornou-se cabo da PM e decidiu se vingar. A partir de 1979 começou a matar familiares de Dagoberto. Ao ser preso, foi defendido por Tobias Granja e absolvido. Uma das vítimas, o comerciante e fazendeiro Paulo, morreu no centro de Maceió, perto da igreja do Livramento, que ficou com as paredes furadas de balas. O cabo Henrique era bom no gatilho, e provou isso quando um pistoleiro contratado para matá-lo acabou sendo morto.

Dagoberto pertencia à família Calheiros, uma das principais oligarquias de Alagoas, talvez o estado mais violento do Nordeste, desde os primórdios da colonização. Foi lá que os índios caetés, tribo de canibais, jantaram Dom Pero Fernandes Sardinha, primeiro bispo do Brasil, depois que a caravela dele naufragou na costa alagoana, ao se chocar com recifes na foz do rio Curuípe. Os caetés também tiveram seu dia de caça: foram dizimados. Em Alagoas escravos fugitivos organizaram o Quilombo dos Palmares, sendo chacinados. O empresário nacionalista Delmiro Gouveia, pioneiro da industrialização brasileira, era cearense, mas radicado em Alagoas, onde foi assassinado "misteriosamente" em 1917 quando enfrentava fortes pressões de grupos econômicos estrangeiros que desejavam instalar-se na região. O cangaceiro Lampião morreu em Sergipe, mas baleado pela polícia alagoana, que cortou as cabeças de todo o bando. Em meados dos anos 50, dentro da Assembléia Legislativa foi assassinado o deputado estadual Humberto Mendes, sogro de Muniz Falcão, governador do estado na época, por causa de uma disputa de poder entre a UDN local e o PSP, liderado nacionalmente pelo governador de São Paulo, Adhemar de Barros. E hoje em dia os usineiros, herdeiros dos senhores de engenho, mantêm capangas armados para a defesa de suas propriedades, embora isso não aconteça somente em Alagoas. Mas lá as brigas de famílias e entre grupos políticos são comuns. Um dos maiores escândalos foi a misteriosa morte, em junho de 1996, de Paulo Cesar Farias, tesoureiro de campanha do ex-presidente Fernando Collor.

Tobias Granja morreu vítima de uma trama arquitetada com o requinte de um negócio profissional. No dia 12 de junho de 1982, um sábado, Dagoberto telefonou ao amigo Napoleão José da Silva, 26 anos, e o chamou para conversar em sua casa sobre algo muito importante. No dia seguinte Napoleão foi lá e recebeu uma proposta para ajudar a matar Tobias Granja, porque estava sempre defendendo e conseguindo absolvição do ex-cabo José Henrique.

Napoleão hesitou, não queria se meter em mais confusão. Estava sendo acusado de contrabando de ouro para a Colômbia e falsificação de dólares. Dagoberto insistiu, queria aproveitar o momento de tensão que envolvia o advogado, jurado de morte pelo sargento Pedro Moreira, que fora acusado de um crime cometido contra o prefeito de Campo Alegre. Se Tobias fosse morto naqueles dias, ficaria difícil saber quem tinha sido o autor. E o serviço seria feito por um pistoleiro já contratado. Napoleão apenas iria junto para identificar Tobias.

Marcada a execução para terça-feira, nesse dia Napoleão foi novamente à casa de Dagoberto logo depois do almoço e saiu para cumprir a missão dirigindo um Fusca amarelo. Ao seu lado ia o pistoleiro Manoel Pedro dos Santos, "Nezinho", baixo, forte, bigode espesso, com passagens pela polícia por agressão, dirigir sem carteira, furto e receptação de objetos roubados, além de uma tentativa de homicídio em São Paulo. Atrás do Fusca seguiu um Corcel com mais três homens para darem cobertura.

Na rua Ladislau Neto, Napoleão estacionou quase em frente ao escritório de Tobias e ficou esperando com Nezinho. Quando o advogado saiu do prédio, Napoleão o indicou para o pistoleiro, saiu do carro, foi até o Corcel e avisou aos três homens que estava tudo certo. Nezinho apalpou o 38 na cintura, caminhou sorrateiro e parou atrás de uma árvore, preparando o bote. Com agilidade e precisão, foi por trás de Tobias e desfechou à queima-roupa um único e fulminante tiro, na nuca.

O governador Theobaldo Barbosa ordenou empenho de todos os órgãos policiais do estado para capturar os culpados. Dez dias depois Napoleão foi preso na fazenda de um tio. Inicialmente assumiu sozinho a autoria, dizendo que matara Tobias porque ele falava demais. A polícia não acreditou. Daí a alguns dias, irritado com uma entrevista de Dagoberto a um jornal, Napoleão o apontou como mentor e Nezinho como executor. Mas na qualificação, diante do juiz Auberino Correia Barbosa, negou tudo, disse que fora torturado para confessar. Recolhido ao Instituto Penal São Leonardo, Napoleão fugiu em novembro de 1983, com ajuda de guardas.

Os advogados locais sofreram ameaças e ficaram receosos de trabalhar na acusação. Por isso a regional da OAB pediu ajuda ao Conselho Federal. O vice-presidente Hermann Baeta, alagoano radicado no Rio, sugeriu a indicação de George, que aceitou. Assim o Conselho Federal pretendia dar uma dimensão nacional ao caso e neutralizar possíveis pressões e intimidações por parte da família Calheiros.

O julgamento ocorreria dois anos depois.

Domingo trágico

Enquanto George estudava esse processo e cuidava de outros casos, Evaristo recebeu um telefonema da filha de uma velha amiga sua, Léa Cabral Pereira, que tinha se metido numa encrenca. Com 54 anos, cabelos grisalhos, tranqüila, sorridente e bem de vida, morava em São Paulo, funcionária de uma indústria química, com um bom salário, tinha um Alfa Romeo e quando vinha ao Rio hospedava-se no Sheraton, um cinco estrelas em São Conrado.

Numa dessas vindas, ela estava com Edivan Dantas Matos, de 39 anos, que dirigia o carro. Era 3 de outubro de 1982, um domingo, e os dois iam almoçar. Por volta de meio-dia, no coração do Leblon, cruzamento das avenidas Bartolomeu Mitre com Ataulfo de Paiva, ele avançou o sinal vermelho e colidiu com um Passat dirigido pelo técnico de televisão Walder Naziel, acompanhado de seu irmão Waldair e a esposa.

Os dois motoristas desceram. Walder, irritado, queria receber na hora o dinheiro para pagar o conserto. Léa, dentro do Alfa, disse que pagaria, mas numa delegacia, ou depois de feita a perícia. Walder rejeitou a proposta. De dentro do Passat saiu Waldair e a discussão esquentou. Sem que ninguém visse, Léa, ainda sentada no banco, tirou da bolsa um Taurus 38 e disparou dois tiros contra Walder e Waldair. Acertou só no primeiro. Imediatamente Edivan entrou no Alfa Romeo e pisou no acelerador. Dois PMs que passavam por ali ouviram os tiros e perseguiram os fugitivos, conseguindo detê-los, enquanto Waldair levava seu irmão baleado para o hospital Miguel Couto, onde morreu minutos depois. Léa foi enquadrada em homicídio duplamente qualificado e tentativa de homicídio.

Evaristo a conhecia desde 1953 e aceitou o convite da filha dela para defendê-la, juntamente com George. Eles alegaram legítima defesa, dizendo que Walder tinha apanhado uma barra de ferro no porta-malas para agredir Léa e amassado a lataria do Alfa Romeo.

— Ela disparou a arma para se defender da agressão de dois homens fortes. Como houve contato corporal, está caracterizada a tentativa de agressão, argumentou George.[41]

A principal dificuldade para sustentar a legítima defesa estava nos maus antecedentes de Léa: dois processos por homicídio e um por falso testemunho. Em abril de 1951 fora acusada de ter envenenado com arsênico um ex-amante, o motorista de táxi Avelino Teixeira. Em junho de 1959, no Rio de Janeiro, a Procuradoria-Geral da Justiça a processara por falso testemunho num incidente envolvendo o general Amauri Kruel, então chefe de Polícia do Distrito Federal, e o deputado Geraldo Menezes Cortes. Ela dissera ter visto o general dar um soco no deputado, sendo contestada pelo laudo pericial. E em 1980, em São Paulo, fora acusada de ter matado um homem que teria invadido sua casa para roubar.

O fato de ter sido absolvida das duas acusações de homicídio serviu de argumento para o pedido de relaxamento da prisão preventiva. Os dois advogados destacaram que Léa tinha profissão definida e a prisão preventiva só podia ser decretada "como garantia da ordem pública, por conveniência da instrução criminal ou para assegurar a aplicação da lei penal". Citaram o artigo 310, parágrafo único, do Código de Processo Penal, que previa liberdade provisória. O promotor Gerson Arraes, do I Tribunal do Júri, opinou contra o pedido, porque Léa era uma mulher "violenta, agressiva, fria e com inclinação vertiginosa para o crime". Evaristo e George impetraram um habeas corpus no Tribunal de Justiça, sem êxito. Recorreram ao STF, mas o ministro relator Eloy da Rocha deu parecer contrário: "Não se revoga a prisão em flagrante como se revoga a prisão preventiva."

Ao depor perante o juiz Alberto Mota Moraes, da 1ª Vara Auxiliar do II Tribunal do Júri, dia 20 de outubro, Léa chorou. Walder tentara agredi-la com uma barra de ferro, ela apenas apontara o revólver para assustá-lo e ele segurara a mão dela, fazendo a arma disparar, acidentalmente. Reiterou várias vezes: "Não tive intenção de matar." Explicou que carregava um revólver na bolsa porque fora assaltada em São Paulo, inclusive dentro de casa.

Mas testemunhas a desmentiram: ela não participara da discussão e havia disparado a arma friamente, sem sair do carro. O juiz negou o pedido de liberdade provisória e mandou transferir Léa da 14ª Delegacia de Polícia para o Instituto Penal Talavera Bruce, presídio feminino em Bangu. George e Evaristo insistiram e no dia 6 de dezembro um outro juiz, Sérgio Verani, da 2ª Vara Auxiliar do Júri, relaxou a prisão de Léa, justificando: "Nenhuma indicação certa e concreta foi feita de que a vida social pudesse ser abalada com a liberdade da ré." Ela aguardou em liberdade o julgamento, que só se realizaria dois anos depois.

Um montonero no Rio

Esse começo da década de 80 foi caracterizado pelo fim das ditaduras latino-americanas, com a conseqüente reativação das forças democráticas. Na Argentina os militares deixaram o poder em 1983, sendo eleito o civil Raúl Alfonsin. No Brasil os partidos de esquerda elegeram representantes para o Congresso Nacional; uma nova Lei de Segurança Nacional, em vigor a partir de 14 de dezembro de 1983, suprimiu os dispositivos que equiparavam seguranças externa e interna; o DOPS foi extinto; e em 1984 uma campanha reivindicando eleições diretas para presidente da República transformou-se na maior mobilização política de todos os tempos no país.

Mas o avanço da redemocratização ainda convivia com o autoritarismo revanchista. Exemplo disso foram as duas cartas que o juiz argentino Nicasio Dibur enviou ao Ministério das Relações Exteriores em Brasília, através da chancelaria argentina (Palácio San Martin), em fevereiro de 1984.

Tempos de redemocratização: o general Tulio, ministro do Superior Tribunal Militar, condecora George com a Grã-Cruz da Ordem do Mérito Judiciário Militar. Brasília, 1986.

Nas cartas ele solicitava a prisão preventiva e extradição de dois argentinos foragidos no Brasil, Mário Firmenich e Fernando Vaca Narvaja, acusados de liderarem uma organização paramilitar clandestina. Em anexo, uma carta rogatória da Justiça argentina informava sobre os processos contra eles. Firmenich era o principal ex-líder guerrilheiro latino-americano. Tinha sido secretário-geral dos Montoneros, a mais aguerrida organização de extrema-esquerda argentina. Uma de suas ações espetaculares ocorrera em 1970: o seqüestro e assassinato do general Pedro Eugenio Aramburu, que em 1955 liderara o golpe militar contra Perón e tornara-se presidente.

Firmenich estava exilado no Rio de Janeiro com sua esposa, Maria Elpídia Martinez, e um filho recém-nascido. A Polícia Federal fora alertada em março de 1977 pelas autoridades argentinas sobre uma possível fuga dele para o Brasil, em decorrência da brutal repressão desencadeada pela ditadura implantada na Argentina no ano anterior.

Três dias depois do recebimento das cartas do juiz, Firmenich foi detido e encaminhado à Polícia Federal. Evaristo e George, convidados para defendê-lo, o visitaram na prisão, e na saída denunciaram que o ex-guerrilheiro, um preso político, estava numa cela com cinco presos comuns e sem direito a banho de sol. No dia seguinte Firmenich foi transferido para uma cela individual e o ministro da Justiça, Ibrahim Abi-Ackel, solicitou à Polícia Federal reforço na segurança da prisão, para evitar um eventual atentado.

Um dos processos contra Firmenich era pelo assassinato do empresário Francisco Soldati e seu motorista em Córdoba, em novembro de 1979. Embora a ação tivesse sido executada por montoneros, apenas um integrante da organização a assumira: Raul Yaguer, morto depois pelos militares. Outro processo envolvia a posse de uma pistola Browning 9mm e um revólver Smith & Wesson calibre 38, armas privativas das Forças Armadas, segundo a acusação.

O Brasil tinha tratado de extradição com a Argentina, assinado em novembro de 1961. O pedido do juiz foi encaminhado pelo Itamaraty ao Ministério da Justiça, que examinou o mérito e repassou para julgamento no Supremo Tribunal Federal.

Ao ser interrogado, no dia 12 de abril de 1984, Firmenich alegou razões políticas para a ação dos montoneros e seu depoimento foi anexado à defesa prévia. Representando o governo argentino na acusação estava o ex-senador Josaphat Marinho, professor de direito constitucional.

O pedido de extradição demorou vários meses para ser julgado, permitindo a mobilização de grupos políticos brasileiros e argentinos solidários com Firmenich. Eles divulgaram no Rio uma nota de protesto que qualificava a extradição como "uma clara perseguição política". O movimento de apoio foi crescendo até atingir uma dimensão pan-americana.

Quando faltavam dois dias para o julgamento no STF, em 18 de junho, jornais divulgaram um manifesto de "Solidariedade pela Não-Extradição de Mario Eduardo Firmenich", assinado por entidades de classe, personalidades da sociedade civil e políticos da Bolívia, Costa Rica, Chile, Colômbia, Equador, Guatemala, México, Panamá, Peru e Porto Rico. Firmenich era descrito como "valoroso e digno expoente da heróica luta do povo argentino em prol da implantação de um regime democrático". Invocando a "doutrina latino-americana que impede a extradição de perseguidos políticos", o manifesto agradeceu a "solidariedade recebida do generoso povo brasileiro".[42]

Mas havia pouca esperança. O relator do pedido de extradição era ninguém menos que Alfredo Buzaid, o esquecível ex-ministro da Justiça do governo Médici. Para agravar o clima de tensão, no dia do julgamento a mulher de Firmenich também foi presa em Brasília.

Evaristo, George e outro advogado, Sepúlveda Pertence (atualmente ministro do STF), alegaram na defesa que os objetivos das atividades dos montoneros haviam sido apenas políticos, e isso, de acordo com a legislação brasileira, impedia a extradição. Lembraram também que o assassinato do empresário fora cometido quando Firmenich já estava fora do território argentino.

Como se previa, Firmenich acabou sendo extraditado.

Vivendo perigosamente

No mesmo mês do julgamento de Firmenich, surgiu para George um processo bem diferente, e não menos difícil. Ele recebeu um telefonema do jovem Lívio Bruni Júnior, filho do empresário Lívio Bruni, dono de uma distribuidora de filmes. O rapaz falava do Hotel Sheraton, em Roma. Queria saber se existia algum mandado de captura contra ele no Brasil. George desconhecia, e perguntou o que estava acontecendo. Livinho, como era conhecido, não deu detalhes e desligou sem mais conversa. Em seguida fez outros telefonemas e saiu do hotel apressadamente, deixando toda a bagagem e uma conta monstruosa.

Livinho estava muito preocupado, e com razão. Naquele dia a cobertura onde ele se hospedava no Rio de Janeiro, na avenida Atlântica, fora invadida pela polícia, que prendera seus amigos José Gonçalo da Cruz Alencar e José Carlos Coutinho, o "Tuca", com 15kg de cocaína, trazida recentemente da Bolívia por eles e Livinho num táxi aéreo. Os três haviam desembarcado sem a droga e o piloto a entregara à noite na cobertura. De acordo com a imprensa, Livinho tinha uma personalidade megalomaníaca e paranóica, usava o motorista do pai para ir ao morro Dona Marta a pretexto de freqüentar um centro espírita, mas na verdade para entregar encomendas de cocaína.

A promotora Marilza Matos Mendes, da 1ª Vara Criminal de Niterói, apresentou denúncia contra Livinho e mais 11 homens, acusados de formarem uma poderosa quadrilha de traficantes, com participação de policiais, e que estava sendo investigada pela Delegacia de Entorpecentes, sob chefia do delegado Hélio Vígio. Eles estariam até exportando cocaína para os Estados Unidos, dentro de latas de sardinha das Indústrias Beira Alta.

Foram indiciados Livinho (foragido), Marcos Galvão Fonseca (economista e biólogo, foragido), seu pai Affonso Baião Galvão (dono das Indústrias Beira Alta), Tuca (considerado braço direito de Livinho), José Roberto Plácido da Cunha Freire (dono de uma revendedora de carros importados em Copacabana), o detetive Luiz Gonzaga da Costa ("Gonzaga Preto", chefe da carceragem da Polinter), Luiz Gonzaga Bastos Teixeira ("Gonzagão", ex-informante do DOPS e chefe da segurança de Livinho), Álvaro André da Silveira ("Dedé"), José Gonçalo da Cruz Alencar, Gilson Roberto Le Masson Fernandes (mecânico do Serviço de Coordenação de Freqüência da Secretaria de Polícia Civil), José Dias de Moraes (servente do Departamento de Investigações Especiais, foragido), Manoel Apolinário de Gouveia e Freitas (motorista da família Bruni) e Daniel Leite de Oliveira.

Livinho seria o chefe, e era acusado também de ter metralhado um saveiro com 11 pessoas na costa do Rio de Janeiro, para se apoderar de um pacote com 11kg de cocaína que lhe teria sido roubado por um dos ocupantes da embarcação, Francisco de Assis Régis de Medeiros, o "Chico Rei". Livinho não conseguiu apanhá-lo naquela hora, mas no dia 14 de março de 1984 Chico Rei fora seqüestrado em Búzios, na presença de sua namorada, uma modelo e atriz que ficaria famosa em novelas da TV Globo — alguém telefonara depois para o apartamento da mãe dela ameaçando matar a atriz caso fosse depor na polícia.

O seqüestro foi atribuído a Silso Gomes da Silva (que negou), Tuca e Gonzaga Preto. Este diria em depoimento na polícia que Chico Rei fora estrangulado por Livinho e Tuca no sítio de Affonso Galvão em Teresópolis, porque estava vendendo em Búzios parte dos 11kg de cocaína roubada da suíte de Livinho no Copacabana Palace. Outro assassinato atribuído à quadrilha foi do ex-mergulhador Ângelo Marcos Regis de Medeiros, seqüestrado em 23 de janeiro de 1984 e encontrado morto no dia seguinte, em Campo Grande, Rio de Janeiro.

George foi contratado pela família Baião Galvão para defender Marcos, com prisão preventiva decretada pelo juiz José Carlos Nogueira, da 1ª Vara Criminal de Niterói. O advogado examinou os autos do processo e impetrou habeas corpus preventivo na 1ª Câmara Criminal do Tribunal de Justiça, alegando que o despacho não estava devidamente fundamentado quanto à necessidade da prisão e aos pressupostos legais.

Os desembargadores examinaram o pedido de habeas corpus e negaram por unanimidade a revogação do pedido de prisão preventiva.

Marcos fugiu do Brasil, fixando-se no exterior, e George desistiu de defendê-lo.

FAROESTE ALAGOANO II

Em agosto de 1984 George viajou para Maceió a fim de mais uma vez atuar na acusação, como assistente do Ministério Público no julgamento dos indiciados pela morte do advogado e jornalista Tobias Granja. Com ele foi Hermann Baeta, vice-presidente do Conselho Federal da OAB e que havia sido amigo de Tobias Granja por dez anos.

A capital alagoana estava tão tensa que George usou pseudônimo ao registrar-se no hotel, como medida de segurança. Na véspera do julgamento o Centro estava todo ocupado por policiais, e a rua do Fórum, Senador Mendança, foi interditada para veículos. Uma grande dúvida persistia: os jurados virão? O julgamento já fora adiado duas vezes por falta de quorum no júri, por medo de represálias da família do principal acusado.

Mas dessa vez o juiz Orlando Manso mandou um oficial de Justiça ir buscar em casa todos os jurados para a sessão, completando o número mínimo de 15, dos quais sete foram sorteados. Na platéia, além dos curiosos estavam a viúva de Graciliano Ramos, Heloísa, políticos, representantes da OAB e jornalistas, entre eles Paulo Granja, irmão de Tobias residente no Rio de Janeiro.

A expectativa era de final de Copa do Mundo. O julgamento foi transmitido em telão instalado na frente do Fórum e por emissoras de rádio ao vivo. A Rádio Palmares chegou a colocar um alto-falante junto ao Bar do Chopp, o principal do Centro. Todos os que passavam ali paravam pelo menos um pouco para ouvir o julgamento; outros ficavam, de pé ou sentados até na calçada, encostados nos postes ou bebendo no bar.

George iniciou sua fala prestando homenagem à jurada Maria Augusta Vergetti, que mesmo grávida decidira participar do julgamento.

— Quis o destino que no advento da vida estivesse diante de dois instrumentos da morte. Mas que, pelo menos, com a vida que tem a palpitar dentro de si mesma, seja a esperança da justiça que descerá nesta terra.

Repudiou o "ato sórdido praticado contra um profissional que tombou em holocausto porque defendia a dignidade da sua profissão e a liberdade de seu semelhante". Acusou o "Sindicato da Morte" de tentar eliminar todos aqueles que procuravam desafiá-lo.

— Alagoas, que teve o solo manchado pelo sangue inocente de Tobias Granja, também desfraldará a bandeira da justiça. E os senhores, com a coragem do alagoano, que todo o Brasil reconhece, condenarão os acusados, não pistoleiros que abaixam a cabeça para fingir piedade, mas o altivo Dagoberto da Silva, da família Calheiros, que traz atrás de si um rastro de sangue. ... Mataram um homem corajoso que tombou vítima de um pistoleiro contratado para atirar pelas costas, como fazem sempre contra os que desafiam as organizações de assalariados do crime. ... Alagoas hoje, mais uma vez, está de luto, pois a memória do bravo Tobias Granja está sendo lembrada diante de dois instrumentos de morte. ... Hoje o Brasil está voltado para os senhores jurados. Amamos a liberdade, e porque amamos a vida e a liberdade é que não podemos tolerar os espectros da morte. Dagoberto deve ser o símbolo para que o Brasil veja que um sicário não pode ficar impune. Manda matar um advogado, cuja profissão é respeitada desde a Grécia antiga, e que é a defesa da própria sociedade. ... Não tenho raízes nesta terra maravilhosa. Sou neste momento a palavra isenta de paixões ou rixas pessoais, traduzindo o anseio de milhares e milhares de advogados que clamaram por justiça contra um crime praticado por motivos fúteis, de quem aprendeu a brincar de matar. É em nome da mensagem que Alagoas vai dar, embora, infelizmente, manchada pelo sangue inocente de Tobias, que peço a condenação dos réus."[43]

Na defesa de Dagoberto, acusado de ser mandante do assassinato, o advogado Danilo Freitas Cavalcante afirmou que "a família Calheiros é vítima de alguns coronéis da Polícia Militar que querem ver a sua destruição completa", numa referência ao coronel da PM José Fernandes de Gouveia, que liderara as investigações. Dagoberto atribuiu o crime a políticos, sem especificar nomes.

Djalma Mariano, advogado de Nezinho, também voltou-se contra o coronel Gouveia: seu cliente confessara sob tortura comandada pelo coronel. Mas Nezinho tinha o processo em São Paulo por ter tentado matar a tiros três homens e uma mulher durante uma discussão dentro do bar de seu irmão.

No segundo dia do julgamento a aglomeração aumentou em frente ao telão, com dezenas de estudantes, aposentados, desempregados e curiosos em geral. No começo da noite terminou o mais longo júri popular realizado em Alagoas, com 28 horas de sessão. O juiz Orlando Manso pronunciou a sentença: por 5 x 2 Dagoberto foi condenado a 13 anos e 4 meses de prisão, e Nezinho a 16 anos.

George saiu aplaudido do Tribunal, mas escoltado por policiais, que o acompanharam para o hotel e ficaram com ele até o embarque para o Rio de Janeiro.

Contradições de Léa

Após três adiamentos, Léa Cabral Pereira foi julgada no dia 22 de janeiro de 1985. Evaristo, George e a filha deste, Kátia, estreando no Tribunal do Júri, mantiveram a tese de legítima defesa: o rapaz assassinado, Walder Naziel, batera com uma barra de ferro no Alfa Romeo, tentara agredi-la também com a barra, e o revólver, que Léa apontara apenas para assustá-lo, disparara acidentalmente quando Walder tentara segurar a sua mão.

O promotor Murilo Miguel Bernardes contestou: o Alfa Romeo não apresentava nenhuma parte amassada, não havia comprovação de qualquer luta corporal ocorrida entre Léa e Walder, o laudo pericial não indicava vestígios de pólvora no cadáver e tampouco mancha do sangue da vítima em Léa, inevitáveis se o tiro tivesse sido dado à queima-roupa, com Walder segurando a arma.

George mostrou o laudo do exame de corpo de delito que registrava escoriações na coxa e braço de Léa, alegadamente provocadas por Walder, afirmando que se ela não estivesse armada naquele dia, teria morrido. Evaristo foi o último a falar:

— Estamos diante de uma fatalidade. Este é o processo que reflete nossos dias. O processo da violência, da intolerância, o processo do ter sobre o ser e, sobretudo, o processo da fatalidade. O pedido de absolvição que faço traz em seu bojo um não à violência.[44]

Após dez horas de julgamento, os jurados consideraram Léa culpada, sendo condenada a 12 anos de prisão. A defesa recorreu ao Tribunal de Justiça pedindo anulação do julgamento, devido à contradição dos jurados na resposta dos quesitos, e conseguiu que Léa aguardasse o resultado da apelação em liberdade, por ser considerada tecnicamente ré primária. O Tribunal de Justiça anulou a sentença e mandou o processo a novo júri. Mas antes do julgamento Léa morreu, ironicamente num desastre de carro, em São Paulo.

Soube-se depois que o assistente da promotoria, Clóvis Sahione, teria instruído a viúva e os filhos da vítima a visitarem os jurados em casa, para comovê-los antes do julgamento.

O PROCURADOR-GERAL

Era um jantar político, como gostava o anfitrião, jornalista Hélio Fernandes. Uma homenagem ao primeiro presidente civil do país após 20 anos de ditadura. Tancredo Neves, ainda que eleito pelo Colégio Eleitoral, sem o voto popular, trazia muitas expectativas democráticas. A posse estava marcada para dali a poucos dias, 15 de março de 1985. Um dos cargos do primeiro escalão que faltavam ser preenchidos no futuro governo era o de procurador-geral da Justiça Militar.

A certa altura do encontro, Tancredo disse reservadamente a um dos convidados, George, que desejava para aquele cargo um advogado identificado com os direitos humanos, alguém que tivesse uma história de defesas de perseguidos políticos, para simbolizar a entrada do país na Nova República. Feito o convite, George pediu tempo para pensar. Aceitando, teria que se afastar da advocacia por alguns anos e morar em Brasília; a volta às atividades no Rio poderia ser meio demorada, mesmo para um profissional conhecido e experiente como ele.

Sua preferência era ser ministro do Superior Tribunal Militar, que tinha entre seus membros cinco ministros civis, dos quais três juristas e dois auditores ou procuradores. Todos nomeados pelo presidente da República em caráter vitalício. George tinha o perfil ideal: era um dos melhores criminalistas do Brasil, conhecia bem a legislação militar e os mecanismos de funcionamento desse tribunal, onde estivera inúmeras vezes quando funcionava no Rio de Janeiro.

Fez então uma contraproposta a Tancredo: aceitaria ser procurador-geral se houvesse a possibilidade de uma nomeação posterior para o STM. Tancredo prometeu:

— Na primeira vaga que surgir você será ministro do Superior Tribunal Militar.[45]

Surpreendendo o país, na véspera da posse, Tancredo teve que se submeter a uma cirurgia de emergência. O problema era mais grave do que aparentava e o vice José Sarney assumiu interinamente, comprometido a manter toda a equipe do novo governo já formada.

Alguns dias depois George recebeu telefonema do colega Marcelo Cerqueira, assessor jurídico do ministro da Justiça, Fernando Lyra, informando que em julho surgiria uma vaga no STM, com a aposentadoria do ministro civil Jorge Alberto Romeiro, que completaria 70 anos.

O país ainda estava em suspense, Tancredo hospitalizado em São Paulo enfrentando sucessivas complicações. George tomou posse no Ministério da Justiça como procurador-geral da Justiça Militar e em seu discurso anunciou mudanças alvissareiras nas relações do Estado com a sociedade:

— Nenhum cidadão será submetido a tortura nem sofrerá tratamento desumano, qualquer que seja o crime porventura perpetrado. ... A Justiça Militar deve retornar às suas honrosas tradições, julgando tão-só os crimes perpetrados contra a Pátria, contra as instituições militares e os puramente militares. A polícia civil é que deve reprimir e a jurisdição comum é que deve processar e julgar os crimes contra a ordem e contra a organização política do Estado.[46]

Estreou no cargo provocando debates polêmicos. Numa entrevista ao programa "Haroldo de Andrade", da Rádio Globo do Rio, abordou a questão da segurança e a violência policial, a propósito de uma chacina recém-cometida na cidade por quatro policiais — eles haviam seqüestrado nas imediações do aeroporto do Galeão um advogado português, uma guia de turismo e uma modelo fotográfica, todos mortos a tiros em Austin, Baixada Fluminense.

— A chacina de Austin comprova que o sistema policial do estado do Rio está em processo de falência e desagregação moral.

E criticou também a tolerância do governador Leonel Brizola com o jogo do bicho:

— O policial que recebe propina de "banqueiro" para não reprimir a contravenção se acostuma a receber dinheiro de forma ilícita e passa depois da corrupção para a concussão, isto é, extorquir dinheiro de pessoas que exercem atividade ilegal. Da extorsão é fácil chegar ao seqüestro e à formação de quadrilhas organizadas, integradas por policiais. Estes, com a proteção do jogo do bicho, passam a proteger outras atividades criminosas, como o tráfico de entorpecentes, o contrabando, a prostituição etc. ... Ai daqueles que baterem à porta de uma delegacia, como vítimas ou como acusados. A população não sabe para onde correr: se correr dos bandidos para a polícia encontrará lá outros malfeitores.

Por tudo isso, sugeriu na entrevista à emissora uma reforma completa na polícia fluminense, a começar pela cúpula:

— O governo tem que apurar todas as atividades ilícitas de seus funcionários e colocá-los na rua quando ficar provado que praticaram atos criminosos. O que não pode é um criminoso se travestir de policial para a prática de delitos.

O porta-voz da Secretaria de Polícia Civil, delegado Paulo Patrício, não gostou das afirmações do procurador-geral:

— Quando fica provada a culpa, os maus policiais são apresentados à Justiça. A polícia nunca procura escondê-los e os denuncia publicamente, como agora no caso da chacina de Austin. Se há corrupção, que ela seja apontada.

Um representante do jogo do bicho no Rio de Janeiro, Luciano Carlos Pereira, defendeu sua categoria:

— Não podemos ser responsabilizados pelo comportamento de alguns policiais que partem para ligações com o tráfico de tóxicos e outros crimes.[47]

O governador e as autoridades policiais lançaram imediato contra-ataque. No Palácio das Laranjeiras, Brizola reuniu a imprensa e afirmou que as declarações de George eram "pouco responsáveis. Ele prestará um grande serviço ao governo do Rio de Janeiro se, realmente, apontar e denunciar situações concretas sobre as denúncias que fez." E sobre as ligações de policiais com bicheiros, Brizola tinha uma velha frase feita:

— Qualquer autoridade que entre nessas promiscuidades de entendimento com bicheiros será motivo de nossa ação saneadora.[48]

Simultaneamente, o Secretário de Polícia Civil, Arnaldo Campana, distribuiu nota à imprensa: "... Toda vez que se tem notícia de que policiais civis derivam de seu dever e praticam atos irregulares ou mesmo ilícitos penais, são os mesmos submetidos, incontinenti, aos rigores do Estatuto do Policial Civil e da Lei Processual Penal, conforme atestam recentes prisões preventivas decretadas pela Justiça, em pronto atendimento à solicitação das autoridades desta Pasta. A afirmação de que se a população correr à Polícia lá encontrará outros malfeitores é ingratamente injusta e custa crer tenha sido feita por quem até pouco menos de dois meses militou na Justiça Criminal, em perfeita harmonia com todos os policiais deste Estado, e por isso é repelida com repulsa em nome da honra da classe policial deste Estado."[49]

Diante das reações oficiais, George também explicou numa nota que na entrevista à Rádio Globo fizera "uma análise da situação da crise moral, econômica e social que o regime antigo legou ao sistema atual. ... O governador Leonel Brizola também herdou a situação crítica que atravessou o país. ... Preconizo uma ação fiscalizadora maior da própria polícia ou até mesmo do governo federal nos estados, para coibir os abusos existentes, respeitando a autonomia que o estado tem na Federação. É claro que implicitamente não me referi aos bons policiais que honestamente exercem suas atividades e nem culpei o governador Leonel Brizola por essa situação difícil que atravessa o estado."[50]

No dia seguinte *O Globo*, que fazia oposição a Brizola, endossou a opinião de George num artigo do editor-chefe, Luiz Garcia. "Há falência e desagregação, sim, e de fato chegamos ao grau inadmissível de corrupção. ... Na verdade, a segurança pública é uma das áreas em que menos funciona a administração por slogan."[51] O governo Brizola preconizava um "socialismo moreno". Mas a crise na polícia continua até hoje.

O procurador Sérgio Ribeiro da Costa entrou na polêmica. Em uma longa carta enviada também ao *Globo*, elogiou a posição do jornal e apoiou George, lembrando sua história de defensor de presos políticos.

No mesmo mês de junho caiu na mãos de George, em Brasília, o caso mais controvertido da história recente do país: um pedido de desarquivamento do IPM da bomba do Riocentro. Seria o mais duro teste para a renascente democracia.

A BOMBA SEM FIM

O pedido de desarquivamento do IPM foi requerido na Procuradoria-Geral da Justiça Militar pelo ex-diretor de Segurança do Riocentro, coronel Dickson Melges Grael, demitido poucos dias antes da explosão da bomba, em abril de 1981. Sua justificativa era a seguinte: duas testemunhas, o tenente da reserva César Wachulec e o engenheiro Nilton Ferreira Nepomuceno, respectivamente ex-chefe da segurança e diretor técnico do Riocentro, afirmavam que duas outras bombas tinham sido retiradas do Puma, uma terceira explodira na casa de força abrindo um buraco de 60cm de profundidade e 1m de diâmetro, e uma quarta bomba fora recolhida embaixo do palco. Essas informações não constavam do inquérito arquivado.

Pelo Código de Processo Penal Militar, artigo 25, uma ação penal arquivada por despacho de juiz podia ser reiniciada se surgissem novas provas, e estas eram as outras bombas mencionadas pelo coronel Dickson. Cabia ao procurador-geral da Justiça Militar autorizar o desarquivamento do IPM, mas a decisão final, ainda conforme o citado Código, era exclusiva do STM, por ter sido o responsável pelo arquivamento do inquérito.

Após ler o requerimento, George requisitou diligências à 3ª Auditoria do Exército para dar mais consistência às novas informações apresentadas. A procuradora Hermínia Célia Raymundo Pinto da Silva tomou depoimentos de Dickson, Nilton Nepomuceno e César Wachulec, que fora afastado da chefia da segurança do Riocentro sete horas antes do início do show. Eles confirmaram que mais duas bombas tinham sido recolhidas dentro do Puma por um policial, antes da perícia, e outra embaixo do palco. Acrescentaram que as 28 portas de emergência do Riocentro tinham sido trancadas a cadeado, o que traria conseqüências trágicas se a multidão tentasse sair correndo, em pânico, após as planejadas explosões.

A procuradora Hermínia encaminhou a George os quatro volumes dos autos do processo e quatro páginas com as conclusões sobre os novos depoimentos. Na opinião dela existiam "novas provas" que justificavam a reabertura do IPM.

George ficou diante de três alternativas: discordar do parecer da procuradora e manter o arquivamento, solicitar ao STM a reabertura do inquérito ou oferecer denúncia contra o capitão Wilson Machado. A terceira hipótese era remotíssima, já que ainda não havia elementos concretos para uma ação penal.

Seu desejo era resolver o caso com a maior rapidez possível e mediante uma decisão jurídica, tudo de modo transparente, divulgado para a imprensa. Afinal, a Procuradoria-Geral da Justiça Militar era um órgão do Judiciário, portanto independente do governo.

Enquanto isso, em julho abriu a vaga de ministro no STM. George recebeu apoio de diversos lados. Um grupo de deputados estaduais do Rio de Janeiro e o advogado Sobral Pinto escreveram ao presidente Sarney destacando os 30 anos de advocacia exercidos por George, quase 20 como defensor de perseguidos políticos processados pela Lei de Segurança Nacional, além de ser professor de Direito Penal. Sobral Pinto destacou que ele "honra a sua classe pela bravura, honestidade e competência com que a tem exercido, sobretudo na área criminal, na qual salientou-se no período de arbítrio de que acabamos de sair."[52]

Mas o jogo do poder é disputado num terreno imprevisível e movediço, onde medram ambições ocultas ou ostensivas, conforme as circunstâncias e conveniências. O deputado Ulysses Guimarães, presidente da Câmara, estava de olho no STM para colocar lá o seu amigo e chefe de gabinete, ex-deputado Aldo Fagundes, que na década de 70 pertencera ao grupo dos Autênticos, ala mais combativa do então MDB. Também um irmão do ministro do Exército, o procurador substituto Eduardo Pires Gonçalves, postulava a vaga, mas sem chance, pois não podia ser preenchida por membro de carreira do Ministério Público.

Setembro chegou e a nomeação de George não estava definida. Começaram a surgir rumores de que ele estaria sob pressão dos militares para não desarquivar o IPM, e poderia pedir demissão do cargo.

— Puro boato e especulação. Neste momento não admito um pedido de demissão e nem posso dizer que passarei a admiti-lo, após decidir sobre o caso do Riocentro, pois pareceria que estou pressionando o governo.[53]

Pela primeira vez admitiu publicamente ser candidato a uma vaga no STM, e estava confiante, por cultivar ótimo relacionamento com os ministros do tribunal.

Mas a conjuntura militar estava ficando mais inflamável. Além da ressurreição do caso Riocentro havia uma investigação sobre outro rumoroso episódio, o seqüestro e assassinato do jornalista Alexandre von Baumgarten, ocorrido em outubro de 1982. Os principais suspeitos de serem os mandantes eram os generais Newton Cruz e Octávio Medeiros, comandante militar da Amazônia. Na época do crime eles eram, respectivamente, chefe da Agência Central do SNI e ministro-chefe do SNI. A cúpula militar considerava tais acusações "revanchismo" dos que tinham sido punidos pela ditadura. Também esse caso se arrastaria por muitos anos, sem nenhuma condenação.

George acreditava que o país estava maduro, política e institucionalmente, para assimilar uma eventual reabertura do inquérito do Riocentro. Mas a idéia não agradava aos ministros do Exército, general Leônidas Pires Gonçalves, da Aeronáutica, brigadeiro Octávio Moreira Lima, e da Marinha, almirante Henrique Saboya. Também o ex-ministro da Marinha, almirante Maximiano da Fonseca, criticou a tentativa de reabrir o inquérito.

— Sou contra revolver a lama. Deveríamos esquecer o passado e olhar para o futuro. Revolver coisas que ficaram para trás não vai trazer nada de construtivo ou de produtivo para o país.[54]

O Globo condenou a reabertura do IPM em editorial e no dia seguinte publicou uma carta do ministro do Exército que concordava com a posição do jornal. Com um enfoque mais democrático, o *Jornal do Brasil* também manifestou-se em editorial: "Não se cuida do julgamento do autoritarismo e sim da apuração de eventuais responsabilidades, estritamente marginais ao exercício do poder."[55]

Outro assunto que ocupava a atenção do procurador-geral da Justiça Militar era o projeto do governo de extinguir a Lei de Segurança Nacional, reformulada em 1983. O ministro Fernando Lyra pediu-lhe uma exposição de motivos para que o Congresso Nacional elaborasse um anteprojeto de lei. George era contra a simples extinção da LSN. Preferia a inclusão dos crimes políticos no Código Penal, e que os crimes contra a segurança externa, os crimes militares e contra instituições militares fossem julgados pela Justiça Militar, como estabelecido na Constituição de 1946. Ele propôs que a futura Assembléia Nacional Constituinte, convocada por emenda constitucional votada no Congresso, mantivesse esse texto. "Os militares e as pessoas que lhes são assemelhadas terão foro especial nos delitos militares. Este foro poderá estender-se aos civis, nos casos expressos em lei, para a repressão de crimes contra a segurança externa do país ou contra as instituições militares."[56] Para ele, "por mais condenáveis que sejam os atos dos adversários políticos, atentando contra a ordem jurídica do Estado, eles não podem ser considerados como inimigos da Pátria."[57]

A Constituinte só seria instalada em fevereiro de 1987. O que a imprensa mais queria saber em Brasília era a decisão de George sobre o Riocentro. Ele tentou despolitizar o assunto, enfatizando que seu parecer seguiria critérios puramente jurídicos. Após intensa análise do IPM do coronel Job Lorena, do relatório da procuradora e dos depoimentos anexos, George passou a noite de 7 para 8 de outubro concluindo seu parecer — favorável ao desarquivamento do IPM.

Tecnicamente não restava dúvida nenhuma. No depacho de 11 páginas ao STM George escreveu que as testemunhas, "de forma precisa e convincente, indicaram novos elementos de convicção que poderão esclarecer a verdade sobre o fatídico episódio em que morreu o sargento Guilherme Pereira do Rosário e ficou gravemente ferido o capitão Wilson Luís Chaves Machado, pondo em perigo a vida de milhares de pessoas. ... Apresentadas as novas provas, chega-se à conclusão de que os fatos trazidos pelos informantes são elementos novos que não foram apreciados no IPM, ainda que se tenham de reinquirir algumas testemunhas já ouvidas naquele procedimento. Entretanto, as várias pessoas que ainda não foram inquiridas e outros indícios apontados são suficientes para a reabertura do IPM."

Se acatasse o seu parecer, o STM remeteria o inquérito para o I Exército, a fim de que tudo fosse apurado novamente.

Um corpo que cai

No Rio de Janeiro, Evaristo também estava envolvido com um processo que galvanizava a opinião pública. A história era uma mistura exata dos casos Aída Cury e Cláudia Lessin — uma tragédia bem carioca. Garotas de classe média mortas por se envolverem com garotões desajustados. A primeira caíra ou fora jogada de um prédio na praia mais turística da cidade; a segunda morrera num apartamento e o corpo fora jogado numa paisagem turística.

Mônica Granuzzo Lopes Pereira, 14 anos, saiu de seu prédio no Humaitá acompanhada de um rapaz na noite de domingo, 16 de junho de 1985, e na manhã seguinte seu cadáver foi encontrado no fundo de uma ribanceira da estrada Dona Castorina, no Horto Florestal, perto da Vista Chinesa, um dos lugares mais bonitos do Rio, visitado por turistas, casais e gente que gosta de contato com a natureza. O corpo envolto por um cobertor vermelho estava repleto de marcas de sangue, inclusive no rosto, como se tivesse sido espancado com um objeto contundente.

A mãe dela, Marieta, sabia que Mônica havia saído com um rapaz chamado Ricardo, residente na rua Fonte da Saudade, Lagoa. Descobriu o número do prédio e avisou à 10ª Delegacia de Polícia. À tarde policiais bateram na porta de um apartamento do sexto andar, onde moravam Ricardo Peixoto Sampaio, 22 anos, e Alfredo Erasmo Patti do Amaral, 19. Eles ainda tentaram fugir subindo para um apartamento do sétimo andar pela janela que dava para a parte interna do prédio, mas foram presos e levados para a delegacia, onde o delegado Clayde Ribeiro Filho os autuou em flagrante.

Interrogado, Ricardo informou ter conhecido Mônica sábado à noite na discoteca Mamão com Açúcar, e que ela se jogara pela janela de seu apartamento, caindo na área de serviço do térreo. Motivo? Ele a tinha chamado de travesti... Admitiu apenas ter transportado o cadáver para a estrada com ajuda de Alfredo e outro amigo, Renato Orlando Costa, que também foi preso.

No Instituto Médico Legal o laudo revelou ruptura no coração, pulmões, fígado e fratura de diversos ossos. Sem ingestão de drogas. O pai da garota, Nilson Lopes, jurou à beira do túmulo lutar com todos os meios até colocar os culpados na cadeia.

Renato e Alfredo disseram à polícia que na noite de domingo estavam numa festa junina no Santo Inácio, tradicional colégio em Botafogo. Ricardo foi pedir-lhes ajuda para resolver um problema ocorrido em seu apartamento — um "travesti louco" havia se jogado da varanda. Eles foram e, mesmo depois de saberem que se tratava de uma garota, ajudaram o amigo. Renato foi em casa, e pegou a Brasília branca de seu pai. Colocaram o corpo no porta-malas, foram jogá-lo na estrada do Horto Florestal, voltaram para o prédio e limparam as manchas de sangue no piso.

Ricardo foi indiciado por rapto, corrupção de menor, homicídio doloso e ocultação de cadáver. De quebra, tráfico de drogas, porque no apartamento foi encontrada uma porção de maconha. Alfredo, que tinha manchas de sangue numa calça, e Renato foram indiciados como co-autores, embora Ricardo garantisse que nenhum dos dois amigos se encontrava no apartamento na hora em que Mônica morrera.

Filho de um cabeleireiro do Méier, Zona Norte, Ricardo fazia trabalhos eventuais de modelo, em comerciais e desfiles. O apartamento em que morava era de sua mãe. Alfredo também disse ser modelo e que vivia de mesada. Renato era estudante universitário, ex-jogador de vôlei, filho da classe média alta de Ipanema.

Na promotoria, Ângelo Glioche, com assistência de Técio Lins e Silva, traçou o que teria acontecido: Ricardo levou Mônica para o apartamento, saindo em seguida para o Colégio Santo Inácio; encontrou-se com os dois amigos, que o acompanharam, e os três quiseram ter relações sexuais com a garota. Rejeitados, passaram a hostilizá-la, Mônica tentou fugir pela janela, pois a porta da sala estava trancada, e chegar a um apartamento vizinho, mas escorregou e caiu na área de serviço. O pai da garota aventou uma versão um pouco diferente: eles teriam feito tudo juntos e depois foram para o colégio, a fim de forjarem um álibi. Mas os porteiros do prédio disseram ter visto Ricardo entrando com Mônica depois que Alfredo já havia saído.

A imprensa ecoou a indignação popular. Algumas reportagens disseram que Ricardo freqüentava festinhas regadas a sexo, drogas e rock'n'roll. A cantora Ângela RoRô compôs uma música para Mônica e criou-se um grupo para combater a violência contra as mulheres.

Ricardo, defendido por Wilson Mirza, ficou preso na Polinter. Evaristo e Barandier defenderam Alfredo, com a estratégia de livrá-lo da acusação de co-autor de homicídio, admitindo a participação apenas na ocultação do cadáver.

Nas alegações finais os advogados mostraram que a denúncia omitira uma circunstância muito relevante: a hora da morte de Mônica, para se verificar o álibi apresentado por Alfredo e Renato — de que estavam no Santo Inácio quando a garota morreu. Testemunhas confirmaram tê-los visto lá no começo da noite. Eles realmente tinham saído do colégio para ir ao apartamento de Ricardo, mas não havia prova testemunhal de que quando chegaram Mônica estava viva, como alegou a promotoria.

Evaristo refutou as "informações falsas e tendenciosas, que envenenaram a opinião pública", e classificou a denúncia de "inepta e fantasiosa", por não haver determinado a hora do suposto homicídio nem oferecido provas de que Alfredo e Renato estavam no apartamento no momento em que Mônica morrera. "Tudo permaneceu no terreno da mera suspeita vulgar, estribada exclusivamente na colaboração na ocultação do cadáver, o que não basta para integrar a chamada suspeita jurídica, resultante da existência de indícios."[58]

Evaristo e Barandier sustentaram que Alfredo jamais vira Mônica em vida. Atribuíram à queda as lesões internas no corpo da garota e argumentaram que ajudar na ocultação de cadáver era um "delito autônomo", desvinculado de cumplicidade ou co-autoria no homicídio. Negaram a existência de indícios que permitissem concluir ser Alfredo co-autor do homicídio só porque ajudara a ocultar o cadáver. "Indício não é presunção, nem conjectura, nem mera e vulgar suspeita", e citaram a definição de indício do artigo 239 do Código de Processo Penal: "... circunstância conhecida e provada que, tendo relação com o fato, autorize, por indução, concluir-se a existência de outra ou outras circunstâncias."*

---

* *Alegações finais*, p.17. Alfredo e Renato foram condenados a um ano e cinco meses de prisão cada um, mas cumpriram em liberdade, beneficiados com sursis. Ricardo ficou preso

ESQUECER O PASSADO?

Em Brasília, George estava confiante na reabertura do inquérito do Riocentro, pois considerava o STM um "tribunal isento que procura agir dentro da Justiça. Tenho certeza de que não haverá qualquer influência de cunho político na decisão do Superior Tribunal Militar, mas apenas de natureza técnica"[59]

A imprensa levantou a possibilidade de reabertura dos inquéritos de outros atentados a bomba, contra a ABI, a OAB e a *Tribuna da Imprensa*. Mas as esperanças se diluíram quando o STM indicou seu vice-presidente, o ministro-togado Antonio Carlos de Seixas Telles, para ser o relator. Era o ministro que mandara arquivar o inquérito em 1981. E na mesma semana o deputado Ulysses Guimarães, político mais influente do país, tido como modelo de democrata liberal, surpreendeu a opinião pública declarando ser a favor da manutenção do arquivamento do IPM. "Precisamos apagar o passado e esquecer as desavenças."[60] Uma linguagem idêntica à dos chefes militares.

Dia 29 de outubro, na sessão plenária do STM, o advogado Hugo Wanderley fez a sustentação oral da petição do coronel Dickson. Afirmou que havia fatos novos justificando a reabertura do IPM: as declarações das testemunhas sobre a existência de outras bombas e a evidência de que as portas de emergência tinham sido trancadas a cadeado. George falou em seguida:

— Não se trata de denunciar a, b ou c, ou de indiciar o capitão Wilson Machado, mas apurar fatos novos trazidos à baila, que não constavam do IPM inicial.[61]

O ministro Seixas discordou: os depoimentos das testemunhas não possuíam "força suficiente para instauração de novo IPM". O ministro Sérgio de Ary Pires seguiu na mesma direção: os novos depoimentos "sequer trazem algo de objetivo, além de meras declarações que não alteram o quadro probatório".[62] Foi marcada uma outra sessão para votar o despacho de George.

Seu ingresso no STM como ministro foi ficando cada vez mais distante. Apareceram outros candidatos: o Corregedor da Justiça Militar, Célio Lobão, que em 1981 pedira o desarquivamento do IPM sobre a bomba no Riocentro, e o vice-presidente da OAB, Amaury Serralvo. Também continuava no páreo o ex-deputado Aldo Fagundes, apadrinhado por Ulysses Guimarães. É bem provável que, ao se posicionar contra a reabertura do IPM do Riocentro, o sagaz Ulysses já estivesse deliberadamente pretendendo ganhar a simpatia dos ministros militares e enfraquecer a postulação de George.

---

até ser julgado, em agosto de 1990 no III Tribunal do Júri, com Técio Lins e Silva na assistência da promotoria. Foi condenado por unanimidade a 20 anos e seis meses de reclusão. Como ficara preso cinco anos aguardando o julgamento, ganhou liberdade condicional em janeiro de 1994, após cumprir mais de 1/3 da pena.

Dia 12 de novembro veio a grande decisão do STM, reunido em sessão plenária. Votariam 13 ministros, porque a vaga de Jorge Alberto Romeiro ainda não fora preenchida e o presidente só votava em caso de empate, o "voto de Minerva". Os quatro ministros que tinham votado contra o arquivamento em 1981 permaneciam no STM. Os demais eram os generais Heitor Luís Gomes de Almeida (presidente), Túlio Chagas Nogueira, Aziz Benjamim Chaloub e Sérgio de Ary Pires; o almirante Rafael de Azevedo Branco; os brigadeiros Antonio Geraldo Peixoto e George Belham da Motta, além dos civis Seixas Telles, Ruy de Lima Pessoa e Paulo Cesar Cataldo.

Como previsto, o relator Seixas Telles apresentou seu voto contra a reabertura do IPM. Foi seguido por sete ministros, enquanto quatro votaram a favor: almirante Júlio de Sá Bierrembach, brigadeiro Deoclécio Lima de Siqueira, tenente-brigadeiro-do-ar George Belham da Motta (recém-empossado) e o ministro togado Gualter Godinho. O almirante-de-esquadra Roberto Andersen Cavalcanti colocou em debate uma proposta dissonante. Em seu voto de sete páginas afirmou que a reabertura do inquérito do Riocentro não cabia ao STM, mas ao Ministério Público, "o dono da ação", órgão independente.

— Como integrante desta egrégia Corte, entendo que não pode e não deve o Poder Judiciário cercear qualquer legítima medida no sentido de ser devidamente esclarecido este hediondo crime contra a incolumidade pública, pois a impunidade de seus mentores e autores constitui inaceitável afronta à consciência jurídica de toda a nação brasileira. ... Não cabe ao STM decidir se as novas provas trazidas ao conhecimento do procurador-geral da Justiça Militar, George Tavares, prestam-se ou não à finalidade pretendida. Decidindo sobre a representação em julgamento, estará o STM desvirtuando-se de suas funções e assumindo atividade típica de um órgão do Poder Executivo, como é o Ministério Público.[63]

Após duas horas de debates, a proposta do ministro Cavalcanti foi colocada em votação, e derrotada por 8 x 5. Repetia-se a decisão de 1981, quando o STM votara pelo arquivamento dos inquéritos do Riocentro e da morte do operário Manuel Fiel Filho no DOI-Codi do II Exército, em São Paulo.

O almirante Cavalcanti comentou o resultado com um jornalista:

— O caso Riocentro, meu filho, é que nem a Loteria Esportiva. Nós tentamos sempre reabri-lo e as contagens a nosso favor vêm aumentando durante os anos. Numa hora dessas, quem sabe se conseguimos?[64]

Nos anos seguintes haveria novos capítulos dessa novela político-militar, refletindo os limites e as contradições da redemocratização à brasileira.*

---

* Em setembro/outubro de 1987 houve outra tentativa, inútil, de desarquivar o IPM do Riocentro. Em julho de 1999 o procurador-geral da Justiça Militar, Kleber de Carvalho

Quanto à ida de George para o STM, o chefe do Gabinete Civil, Célio Borja, telefonou-lhe já o cumprimentando como "ministro George Tavares". Acabara de encaminhar ao Senado o ofício da nomeação.

— Pode se considerar ministro.

George dormiu tranqüilo, certo de que o Senado não colocaria obstáculo. Alguns dias depois, sem ter recebido nenhum comunicado oficial, telefonou à presidência do Senado perguntando sobre o assunto e foi informado de que o ofício não se encontrava lá. Intrigado, George ligou para Célio Borja, que explicou: Ulysses Guimarães mandara retirar o ofício da nomeação, porque desejava Aldo Fagundes no cargo. George ficou estarrecido.

Colegas se mobilizaram em seu favor. Segundo George, Evandro Lins e Silva telefonou para Ulysses lembrando-lhe de que haveria outra vaga em março e Aldo Fagundes poderia ocupá-la. Mas o deputado teria sido inflexível, dizendo:

— A vaga de março, se o George quiser, é dele. A minha eu quero agora.

George ainda pediu a Fernando Lyra para perguntar ao presidente Sarney se a nomeação em março estaria garantida. Sarney afirmou que George era seu nome para o cargo, mas em política não se podia garantir nada, "haja vista o que aconteceu".

Diante dessa incerteza, após sete meses como procurador-geral George pediu exoneração do cargo e reassumiu seu escritório de advocacia no Rio de Janeiro. Antes de deixar o cargo em Brasília apresentou ao ministro Fernando Lyra a minuta de um anteprojeto de emenda constitucional que transferia da Justiça Militar para a Justiça Federal a competência para julgar e processar civis por crimes políticos. Como a Lei de Segurança Nacional de 1983 havia suprimido a equiparação conceitual entre seguranças externa e interna, a Justiça Militar não podia mais julgar civis por crimes contra o Estado. A proposta de George alterava o parágrafo 1º do artigo 129 da Constituição e

---

Coelho, determinou ao Comando do Exército a abertura de novo IPM, presidido pelo general-de-divisão Sérgio Conforto. O IPM concluiu: Machado não foi vítima de atentado e o ministro-chefe do SNI na época, general da reserva Octávio Medeiros, soube da ação com uma semana de antecedência pelo seu subordinado, general Newton Cruz; além dos dois ocupantes do Puma, havia mais três militares e um civil no Riocentro: sargento da Aeronáutica Carlos Alberto Henrique de Mello, soldado PM Hiroito Peres Ferreira, coronel Freddie Perdigão Pereira, ligado ao SNI e o carpinteiro Hilário José Corrales. Todos em missão de acompanhamento do show. O novo IPM responsabilizou o capitão Wilson Machado, o sargento Guilherme Rosário, o general Newton Cruz e seu subordinado, coronel Freddie Perdigão, que teria sido o mentor do atentado. Mas em maio de 2000 o processo foi novamente arquivado, com oito volumes e 1.836 páginas. O crime prescreveu em maio de 2001.

revogava o artigo 7º da LSN, mantendo a Justiça Militar encarregada apenas dos crimes contra a segurança externa, praticados por militares ou civis.

Fernando Lyra encaminhou a proposta ao presidente Sarney para apreciação, e seria encampada pela nova Constituição promulgada em 1988.

Esse ano terminou com uma das maiores tragédias coletivas ocorridas no Brasil, envolvendo Evaristo e George em mais uma grande guerra judicial.

5

Colarinhos Brancos, Mãos Sujas

Era um ótimo passeio de despedida do ano velho. Mas inúmeras pessoas entre as 142 que partiram no charmoso barco da enseada de Botafogo na noite de 31 de dezembro de 1988 estavam festivamente se despedindo da vida.

Turistas estrangeiros, um ex-ministro, uma atriz famosa, casais, famílias, todos elegantes em suas roupas brancas, iriam contemplar o espetáculo dos fogos de artifício lançados da praia de Copacabana e comemorar a chegada do Ano-Novo com um buffet da melhor qualidade, bebidas importadas e música animada na pequena boate do porão. Estavam tão felizes que nos primeiros minutos nem perceberam a agitação do mar por onde navegavam, na Baía de Guanabara.

O *Bateau Mouche IV* não era o único barco circulando por ali, mas certamente o mais chique, e mais lotado. Depois de contornar o Pão de Açúcar, seguiu rumo a Copacabana, atravessando a barra que separa a baía do mar aberto. Nesse ponto os passageiros foram surpreendidos por ondas de até dois metros.

Eram cerca de 22:30h quando alguém foi ao banheiro no convés inferior e tomou um susto: o piso estava ficando inundado com a água que entrava aos borbotões pelo vaso sanitário. Minutos depois o *Bateau Mouche* balançou mais que o normal e adernou para a direita. Copos e garrafas caíram das mesas, garçons e passageiros escorregaram, tentaram se equilibrar, a alegria transformando-se em nervosismo.

No balanço cada vez mais forte das ondas, as vigias submergiram e as águas começaram a inundar o convés inferior. O *Bateau Mouche* prosseguiu, como se cumprindo um destino inexorável. Faltavam 15 minutos para meia-noite, próximo à ilha de Cotunduba, e a casa de máquinas estava toda alagada. Foi então que os motores silenciaram.

O mestre-arrais perdeu o controle do leme, não conseguia voltar nem continuar, o barco se inclinou totalmente para a direita, susto e pânico em todos os olhares, as ondas atacaram a proa e num segundo o barco emborcou. Os passageiros se espalharam pelas águas se debatendo desesperados na escuridão, gritos engasgados e gemidos, cada um por si, uns se agarraram às mesas e cadeiras flutuantes, outros se apoiaram no casco do barco que, no entanto, afundou em menos de dois minutos. Ocupantes de barcos e traineiras que estavam nas imediações ouviram a gritaria e foram ajudar, atiraram bóias e coletes salva-vidas, iluminaram a área, recolheram diversas pessoas.

Os relógios da cidade marcavam meia-noite em ponto e na praia de Copacabana uma multidão eufórica se abraçava e sorria contemplando os fogos de artifício que explodiam lindas cores no céu.

Só na manhã seguinte a cidade e o país souberam da tragédia, que teve repercussão internacional, por diversos motivos: 55 mortos, entre eles a conhecida e veterana atriz Yara Amaral; o incidente acontecera na passagem do ano e na paisagem turística brasileira mais conhecida no mundo, além de haver no barco diversos estrangeiros — um americano, dois alemães, dois noruegueses, oito dinamarqueses, um francês e um italiano. Com exceção do último, eles sobreviveram, assim como o ex-ministro do Planejamento, Aníbal Teixeira, que no entanto perdeu a mulher, dois cunhados e um sobrinho.

Demorou vários dias o difícil trabalho de resgate dos corpos. Alguns apareceram boiando em Niterói, outros ficaram presos dentro da boate do barco, como a modelo gaúcha Dione Alves Camargo, 25 anos, resgatada ainda com a bonita roupa usada na noite fatal, um vestido branco rendado e luvas do mesmo tecido. Ao lado dela estava o corpo de seu marido, o engenheiro e empresário Amir Abud.

Começou também a dramática e emocional busca dos culpados pelo acidente. A Marinha instaurou dois inquéritos: um administrativo, da alçada do Tribunal Marítimo (órgão disciplinar da navegação), no qual a Capitania dos Portos foi encarregada de investigar as causas técnicas do naufrágio, e um Inquérito Policial-Militar para apurar denúncias de suborno contra dois sargentos da Capitania que haviam interceptado o barco dez minutos depois de zarpar e o teriam liberado em troca de dinheiro. O principal acusado dessa corrupção passiva era o sargento Antônio Braga Vasconcelos. Um terceiro inquérito foi aberto, pela Polícia Civil, para apurar a responsabilidade criminal pelo naufrágio do *Bateau Mouche*.

Construído originalmente como iate para 20 passageiros no máximo, pertencera ao empresário Alfredo Saad, que o vendera em 1980 para a Bateau Mouche Rio Turismo Ltda. Depois de reformado (acréscimo de piso de concreto e duas caixas-d'água no convés superior, anteparas retiradas para abrir um salão e uma pequena boate), recebeu a classificação de embarcação de turismo. Ao afundar, tinha seis anos de passeios turísticos na Baía, passando sob a ponte Rio-Niterói e indo até Paquetá, com refeições a bordo.

Devido à repercussão do acidente, as autoridades agiram com rapidez. Já no dia 2 de janeiro de 1989 o secretário de Polícia Civil, Hélio Saboya, mandou interditar a empresa e os bens foram bloqueados: não poderiam ser vendidos, emprestados, transferidos ou doados a terceiros.

Os proprietários eram cinco espanhóis e seus filhos nascidos no Brasil: Avelino Fernandez Rivera e José Ramiro Gandara Fernandez, Ramon Rodriguez Crespo e Juan Carlos Rodriguez, Pedro Gonzalez Mendes (sócio também de Chico Recarey no Scala e no restaurante Un Deux Troix), Gerardo Morgade Senra e Carlos Gambino Morgade, Faustino Puertas Vidal e o português Álvaro Pereira da Costa. Imigrantes, tinham começado a vida no Rio de Janeiro como garçons, motoristas, copeiros, padeiros.* Eram donos também do restaurante Sol e Mar, na avenida Nestor Moreira 11, Botafogo, em frente a um píer de onde partira o barco.

De início só Faustino e Álvaro foram indiciados no inquérito da Polícia Civil, porque estavam presentes na hora do embarque e o naufrágio foi atribuído ao excesso de lotação. Os dois acusados contrataram Evaristo e George para defendê-los. Estava iniciada a guerra.

Como sempre acontece em tragédias coletivas que causam grande comoção popular, a primeira batalha foi entre o Direito e a opinião pública, o clamor social adverso, a "publicidade opressiva", na definição do jurista Nelson Hungria, embora reconhecesse na liberdade de imprensa um corolário do Estado de Direito.

O Globo atacou num editorial: "O respeito pela vida humana exige que não se use o termo acidente para designar o que se passou com o *Bateau Mouche IV* na noite de 31 de dezembro: ... A palavra acidente pode caber para a perda de bens que se pode livremente dispor; ou para uma perda passível de ressarcimento. Ela se torna descabida e moralmente inaceitável para a perda definitiva e sem restituição alguma do perdido. ... A figura jurídica que cabe para o que se passou com o *Bateau Mouche IV* é a de homicídio culposo; e sem pretender aliviá-la da carga de repulsa, moral e social, que leva."[1]

---

* As colônias espanhola e portuguesa do Rio são tradicionalmente donas de restaurantes, discotecas, motéis, bares e casas noturnas.

No mesmo tom bradou o *Jornal do Brasil*: "O afundamento do *Bateau Mouche* é bem o símbolo de um certo Brasil, por reunir, de uma única vez, boa parte dos vícios que teimam em permanecer à tona: o suborno, a irresponsabilidade, a incompetência, a indigência moral, o desprezo às leis, a cupidez, a corrupção e a omissão — para ficar apenas nestes."[2]

O ministro da Marinha, almirante Henrique Sabóia, colocou mais lenha na fogueira: só admitia como válido o inquérito da Capitania dos Portos, não o da Polícia Civil, presidido pelo delegado Wladimir Sérgio Reale. O governador do estado do Rio, Moreira Franco, discordou exigindo que tudo fosse apurado até as últimas conseqüências. O ministro do Exército, Leônidas Pires Gonçalves, garantiu que não haveria impunidade.

— Como qualquer brasileiro, desejo ver esclarecidas as causas desse naufrágio que causou a morte de dezenas de pessoas no reveillon.[3]

Até o presidente da República, José Sarney, manifestou sua repulsa, no programa matinal "Conversa ao Pé do Rádio". Referiu-se ao naufrágio como "episódio criminoso que manchou de tristeza e revolta a passagem do ano".

George encarou todas essas reações com tranqüilidade:

— Não há causa impopular. O que há é que a população fica alarmada com um fato. É aí, nesse momento, que o advogado tem que se esforçar para não haver injustiça.[4]

O terceiro indiciado foi o dono da Itatiaia Agência de Viagens e Turismo, o espanhol Francisco Garcia Riveiro, que arrendara o barco por US$ 13 mil, ficando responsável pela organização do passeio, inclusive a venda dos ingressos, US$ 220 cada. Defendido por Nilo Batista e Felippe Amodeo, contra ele pesava ainda a acusação de corrupção ativa, pois teria subornado o sargento Antônio.

A pena para naufrágio culposo seguido de morte (causado involuntariamente, por negligência, imprudência ou imperícia) é de um ano e quatro meses a seis anos de detenção, com as atenuantes de praxe quando se trata de réu primário.

Evaristo e George dedicaram dias e noites a pesquisas sobre Direito comercial marítimo, consultando autores brasileiros e estrangeiros: *Trattato di Diritto Maritimo*, de Umberto Pipia; *Manuel de Droit Maritime*, de Daniel Danjon; *Derecho Comercial Marítimo*, de Francisco Farina; *O Comércio Marítimo e o Navio*, de Waldemar Martins Ferreira. Entre as informações que descobriram, uma era decisiva: tradicionalmente, no sistema organizacional das empresas marítimas há uma rígida divisão de tarefas — a administração das embarcações é confiada a um "armador-gerente", que na empresa Bateau Mouche era o engenheiro eletricista Mário Rodrigues Triller, vitimado no naufrágio. Nenhum dos nove sócios da empresa gerenciava diretamente os barcos que possuíam; sua responsabilidade jurídica era cuidar apenas do restaurante. Portanto, não se podia imputar-lhes culpa pelo naufrágio. E quem era responsável pela fiscalização, controle e vistoria das embarcações que circulavam na Baía de Guanabara? A Capitania dos Portos. Esta seria a espinha dorsal da defesa.

A próxima batalha dos dois advogados transcorreu na Capitania dos Portos, que os impedia de conhecerem o andamento dos inquéritos administrativo e policial-militar. No máximo, podiam acompanhar seus clientes nos depoimentos. Contra essa decisão, eles impetraram na Justiça Federal um mandado de segurança para garantir o livre exercício da profissão.

Enquanto isso, numa operação que virou espetáculo ao vivo nos principais canais de TV, o barco foi içado por guindaste e rebocado para o Arsenal de Marinha, na Praça XV, para ser submetido à perícia técnica.

O esboço da linha de defesa ficou pronto: o naufrágio fora causado por uma conjunção de falhas — humanas, técnicas e naturais —, mas a culpa por eventuais irregularidades no barco era da Capitania dos Portos, órgão incumbido de conceder licença de navegação, fazer vistorias periódicas, formular exigências ou impedir o tráfego de embarcações que julgasse deficientes. Os sócios da empresa haviam cumprido sempre as determinações da Capitania, que autorizava a navegação até a um pequeno trecho de mar aberto. A responsabilidade penal podia ser ainda atribuída ao mestre-arrais, Camilo Faro da Costa, que teria deixado abertas as escotilhas, por onde entrara muita água, fazendo o barco adernar. Mas ele também morrera. Outra causa possível do naufrágio seria um problema no lastro da embarcação, o que implicaria novamente o engenheiro Mário Rodrigues Triller.

— Como se pode dizer que houve omissão do dono da embarcação, se este dono designava um técnico para dirigir os serviços de manutenção?, questionou George.[5]

E quanto à superlotação, a Capitania autorizara 153 passageiros, onze a mais do que havia no *Bateau Mouche*.

Mas as autoridades precisavam avançar nas decisões, nem que fosse apenas para dar uma satisfação imediata à opinião pública, aos sobreviventes e parentes dos mortos. Dia 22 de janeiro, um domingo, o juiz de plantão no Fórum, Paulo César Salomão, da 7ª Vara de Falências e Concordatas, atendendo a pedido do delegado que presidia o inquérito da Polícia Civil, decretou a prisão preventiva de Faustino, Álvaro e Francisco.

O Código de Processo Penal permite que a prisão preventiva seja decretada por um juiz em qualquer fase do inquérito policial ou da instrução criminal, a pedido do promotor ou da autoridade policial, mas sob as seguintes justificativas: garantia da ordem pública e da aplicação da lei ou por conveniência da instrução criminal. Esses critérios visam a evitar fuga de acusados, destruição de provas, coação, suborno ou desaparecimento de testemunhas. O delegado Wladimir argumentou que, além do clamor público, havia a possibi-

Tal pai, tal filho: Evaristo em seu escritório, com a foto do pai na parede.

lidade de os indiciados coagirem testemunhas ou fugirem do país, pois eram estrangeiros e tinham negócios fora do Brasil.

Os empresários ficaram detidos na Divisão de Vigilância e Capturas da Polinter. George e Evaristo consideraram ilegal a prisão, porque as causas do naufrágio sequer tinham sido totalmente esclarecidas e os inquéritos, em andamento, ainda não haviam responsabilizado ninguém. Três dias depois a prisão foi revogada pelo juiz Jasmin Simões Costa, titular da 12ª Vara Criminal, que alegou falta de provas materiais e de indícios suficientes da autoria ("dúvida quanto ao dolo do sujeito", dizia o despacho), e também porque a perícia técnica sobre as causas do naufrágio ainda estava sendo realizada pela Marinha.

Evaristo ponderou:

— A sociedade não quer se conformar com a hipótese de não serem apontados culpados pelo acidente, por isso está havendo um esforço para se criar réus de qualquer forma. O que está havendo é especulação, debaixo de um clima de natural emocionalismo".[6]

George repudiou a prisão preventiva:

— Medida demagógica e abuso do poder. Se a polícia quisesse apurar o caso seriamente, não iria pedir uma medida desnecessária, que só iria obrigar a encerrar o inquérito.[7]

O I Distrito Naval apresentou as causas técnicas do naufrágio, conforme a perícia feita no barco no Arsenal da Marinha. O laudo de 400 páginas apontou um festival de erros. Os principais: o *Bateau Mouche* estava com superlotação (a capacidade máxima seria de 80 passageiros, segundo padrões da International Maritime Organization); o convés superior tinha peso excessivo devido a uma camada de cimento e aço, duas caixas d'água, mesas com tampo de mármore e cadeiras com armação de aço, além dos instrumentos musicais do grupo que iria tocar durante o passeio; a bomba de esgoto funcionava precariamente e as vigias estavam mal vedadas; antes da saída do barco já havia infiltração de água nos vasos sanitários do convés inferior e no casco, que estava em mau estado de conservação, resultando no alagamento da casa de máquinas.

A Capitania dos Portos lavou as mãos, alegando que todas as suas obrigações previstas no regulamento tinham sido cumpridas. A autorização de navegação do barco fora concedida em 1980, após vistoria, e no cartão de lotação fora fixado um máximo de 150 passageiros e três tripulantes. No ano do naufrágio o barco tinha sido vistoriado pela Capitania em 12 de janeiro, e se verificara o cumprimento das exigências. As últimas vistorias tinham sido nos dias 18 de julho, 28 e 29 de dezembro, quando o barco fora novamente liberado para passeio. E todas as falhas técnicas descritas já existiam durante esse período.

Depois de conhecer o laudo técnico e saber que a mais recente vistoria tinha sido dois dias antes da tragédia, Evaristo viu reforçado seu argumento de que a Capitania dos Portos era no mínimo co-responsável pelo naufrágio.

— Ela é que tinha a obrigação de impedir a saída do barco naquelas condições. ... Será um escárnio se a Capitania continuar responsável pelo inquérito administrativo.[8]

Os dois advogados decidiram requerer que os peritos da Capitania dos Portos prestassem depoimento no inquérito policial. "Somente no período entre 10 de dezembro de 87 e 29 de dezembro de 88 o *Bateau Mouche IV* foi vistoriado quatro vezes pela Capitania e inspecionado outras tantas, para verificação do cumprimento das exigências formuladas. Se o *Bateau Mouche IV* estava minado por defeitos que teriam contribuído para seu naufrágio, a investigação sobre possíveis negligências deve, necessariamente, abranger o pessoal da Capitania dos Portos", dizia a petição.[9]

George insistiu:

— Se houve negligência, foi da Capitania dos Portos. Houve uma vistoria da Capitania dois dias antes do desastre, e na ocasião os itens verificados foram, entre outros, as vigias e os banheiros, que, de acordo com o laudo, não estavam bem. Mas nenhuma observação foi feita a esse respeito. Agora espero que as autoridades estaduais e federais apurem as responsabilidades por completo e não tentem a solução cômoda de usar dois ou três donos do Sol e Mar como bodes expiatórios, só para satisfazer a justa indignação popular.[10]

Em apoio a essa tese, o advogado José Haroldo dos Anjos, especialista em Direito Naval, afirmou que o laudo incriminava primeiro a Capitania dos Portos e em segundo lugar a Bateau Mouche Rio Turismo Ltda. No primeiro caso, os responsáveis seriam os que tinham feito a vistoria e liberado o barco para navegação.

O laudo da Polícia Civil, redigido por dois engenheiros navais, confirmou as conclusões do inquérito da Marinha: a causa principal do naufrágio tinha sido o alagamento da casa de máquinas, provocado pela corrosão do casco, deficiência do sistema de esgoto e superlotação.

No início de março de 1989 os três inquéritos estavam concluídos, com mais de seis mil folhas em 20 volumes e 22 indiciados. O inquérito da Capitania dos Portos responsabilizou os nove sócios da Bateau Mouche Rio Turismo e do Restaurante Sol e Mar, o mestre-arrais Camilo Faro Costa, o engenheiro Mário Rodrigues Triller e o mecânico do barco, Edson Gonçalves de Carvalho, que cuidava da manutenção dos motores, também defendido por Evaristo e George.

O IPM sobre a denúncia de suborno contra o sargento indiciou nove oficiais e um praça da Marinha. O inquérito da Polícia Civil, que tinha 125 depoimentos (incluindo 14 testemunhas de acusação e 30 de defesa), indiciou os empresários Álvaro Pereira, Faustino Puertas e Francisco Garcia Riveiro nos artigos 261, 263 e 258 do Código Penal (sinistro com morte e expor pessoas a perigo em embarcação própria ou alheia) e o mecânico Edson Gonçalves, por negligência.

A promotora Leny Costa de Assis denunciou nos artigos referidos os demais sete sócios da Bateau Mouche Rio Turismo, acusados de naufrágio doloso, e Francisco Riveiro, por corrupção ativa. A denúncia foi entregue ao juiz Jasmin Simões Costa, o mesmo que revogara a prisão preventiva. Ele deu início à ação penal.

Em agosto o Tribunal Marítimo condenou a Bateau Mouche Rio Turismo a uma multa e seus proprietários à perda do registro de armadores, ficando impedidos de participar de qualquer empresa de navegação. Era apenas uma sanção administrativa, já que o tribunal não tem poder de impor sentença de prisão.

Quase dois anos depois do acidente, no dia 16 de novembro de 1990, onze acusados — nove donos da Bateau Mouche Turismo Ltda., Francisco Riveiro e o mecânico Edson — foram julgados na 12ª Vara Criminal, não por Tribunal do Júri, pois este julga somente homicídios.

George e Evaristo argumentaram que os sócios da Bateau Mouche desconheciam os riscos do passeio, não haviam contribuído nem se omitido de modo a causar o naufrágio. Como prova disso mencionaram a presença do mestre-arrais e do engenheiro Mário Triller no barco. Os dois advogados citaram juristas alemães para reforçar a tese de que os princípios da confiança e o de "atuar em nome de outrem" isentavam os empresários de qualquer culpa, já que a responsabilidade criminal é de caráter pessoal, definida até na Constituição (artigo 5º, XLV): "nenhuma pena passará da pessoa do condenado". E o número de passageiros, insistiram, fora autorizado pela Capitania.

O juiz concordou com o argumento da defesa e absolveu todos os réus:

— Não há para os réus, leigos em matéria de mar ou de náutica, a previsibilidade objetiva do resultado, como não houve para os dois falecidos, o mestre-arrais Camilo Faro e o engenheiro Mário Triller.[11]

Ele também criticou a "exploração política e jornalística" em torno do caso, lembrando que muitos naufrágios ocorriam (e ocorrem) no Brasil, sem receber atenção da mídia, e atribuiu a repercussão do *Bateau Mouche* a duas circunstâncias: naufragara no Rio de Janeiro e as vítimas tinham alto nível social.

Evaristo ficou satisfeito:

— A absolvição reflete exatamente o apurado no processo. Ficou provado, inclusive pelo depoimento das testemunhas de acusação, que os donos não administravam diretamente o barco. Como não entendiam do assunto, eles deram carta branca para o mestre-arrais e o engenheiro Mário Triller.

George corroborou:

— Tanto não se podia prever o que aconteceria que os dois responsáveis pelo barco saíram com ele na noite fatídica, transmitindo segurança aos proprietários.[12]

A promotoria recorreu e o processo se arrastou por mais um ano. No julgamento em segunda instância, dia 30 de novembro de 1991, Faustino e Álvaro foram considerados culpados por atentado culposo contra a segurança de transporte marítimo (artigo 261, §3º do Código Penal) e condenados a quatro anos de detenção. Na auditoria da Marinha houve três condenados: o capitão-tenente Clovis Schons, responsável pela perícia de 28 e 29 de dezembro de 1988, por homicídio culposo, e dois sargentos acusados de suborno. Os três foram beneficiados com sursis.

Evaristo e George embargaram a condenação de Faustino e Álvaro, por não ter sido unânime. Um ano e meio depois, dia 5 de maio de 1993, a sentença foi confirmada por unanimidade pelas quatro câmaras criminais do Tribunal de Justiça. Os dois empresários fugiram da prisão, mas seis meses depois se entregaram, passando a cumprir a pena em regime aberto — apenas dormiam na cadeia.

Os outros sete sócios da Bateau Mouche perderam a licença de armadores, por decisão do Tribunal Marítimo.*

* Os sobreviventes do naufrágio criaram a Associação Bateau Mouche Nunca Mais. Até o momento em que este livro foi escrito as famílias das vítimas ainda não tinham sido indenizadas, nem mesmo as dos doze garçons e marinheiros mortos. Faustino, Francisco Riveiro e Álvaro fugiram do Brasil para seus países de origem. Em março de 2000, a 2ª Vara de Falências e Concordatas decretou a falência da Itatiaia Agência de Viagens e Turismo, em conseqüência de uma dívida de R$ 4.294,32 com a Intermundi Agência de Passagens. Isso tornou impossível para a agência pagar as indenizações.

CRIMES COM CHAMPAGNE

Na década de 40 o advogado francês Maurice Varsin preconizou que num futuro não muito distante os crimes violentos acabariam, só restando os sofisticados. Cerca de 30 anos depois isso já estava acontecendo em termos, pelo menos nos países ricos. A Máfia dos Estados Unidos renunciou às disputas armadas com os concorrentes e passou a lavar dinheiro mediante grandes negócios legalizados — indústria, comércio, agricultura, mercado financeiro, obras públicas e construção civil, mercado imobiliário, boates de alto nível, comércio exterior, esportes profissionais, navegação (controle de sindicatos) e até bancos.

O progresso foi grande. Na lista dos 400 homens mais ricos dos EUA publicada pela revista *Forbes* em setembro de 1982 figuravam três notórios chefões da Máfia, como Meyer Lanski, em oitavo lugar. Mas não são apenas os mafiosos que misturam negócios e crime. Muitos políticos, burocratas e empresários praticam o chamado "crime de colarinho branco", expressão criada por Edwin Sutherland.

"Não é novidade que empresas americanas dão propinas a funcionários do governo para obter influência política e favores especiais. Em quase todos os países em que se aventuraram, como investidores ou comerciantes, os empresários americanos encontraram o fenômeno da propina — o hábito de subornar funcionários do governo como condição para se fechar um negócio, a extorsão de dinheiro por parte de funcionários governamentais, políticos extraindo contribuições para a campanha e para o partido. Políticos corruptos geralmente designam uma conta numerada num banco suíço para depósito de pagamento, embora os políticos japoneses pareçam preferir remuneração em ienes, recebendo diretamente. Ao fazer um pagamento ao antigo presidente-general de Honduras, Oswaldo Lopes Arellano, a United Brand depositou 1,25 milhão de dólares numa conta bancária numerada na Suíça. ... A ilegalidade substitui a legalidade como estrutura normal do comportamento comercial, industrial e financeiro."[13]

O escândalo do Banco Ambrosiano, na Itália, foi um dos melhores exemplos da simbiose entre o mundo dos negócios, a corrupção e o Estado. O banco faliu em 1982 deixando um rombo de US$ 1,7 bilhão. Seu presidente, Roberto Calvi, mantinha estreitas relações com lideranças do Vaticano, a loja maçônica P2 e a Máfia. Foi encontrado morto em Londres, presumivelmente assassinado.

No Brasil a previsão de Maurice Varsin se concretizou em parte. Os crimes de colarinho branco proliferaram a partir da década de 80, mas os de sangue também. Cabe a pergunta: aumentou a corrupção ou o inconformismo da sociedade, resultando em sucessivas denúncias depois de reconquistada a democracia? A melhor resposta é que o inconformismo aumentou porque a corrupção também aumentou. Desde os tempos coloniais temos empresários, políticos e funcionários do governo envolvidos em suborno, nepotismo, peculato, clientelismo, propina, fraude, extorsão. A reação da sociedade começou só depois do Estado Novo. Entre 1947 e 1968 foram instaladas mais de 100 Comissões Parlamentares de Inquérito para investigar denúncias de corrupção. Sintomaticamente, o número de CPIs diminuiu a partir de 1966, e entre 1969 e 1979 nenhuma foi requerida, apesar das diversas denúncias, sobretudo depois de 1974, quando teve início a descompressão do regime militar.

Uma imprensa censurada ou autocensurada não denunciaria, pelo menos com destaque, as manipulações do empresário libanês naturalizado brasileiro, Naji Robert Nahas, que provocou a maior crise no mercado de ações brasileiro, em junho de 1989.

Dono da Selecta, uma holding de 20 empresas, Nahas foi acusado de praticar operações especulativas com ações da Companhia Vale do Rio Doce (CVRD), que derrubaram as bolsas do Rio e de São Paulo, afundando dez corretoras e distribuidoras, o que causou um prejuízo no mercado financeiro equivalente a US$ 600 milhões.

O esquema de Nahas funcionava assim: ele comprava fiado ações na Bolsa, para pagar cinco dias depois; vendia essas ações a bancos, recebendo um empréstimo antecipado, e aplicava o dinheiro. No quinto dia pagava a Bolsa. Quando as ações subiam ele ganhava muito dinheiro com a diferença. Quando a Bolsa caía, ele tinha prejuízo. Mas o megainvestidor aumentou demais o volume das operações e os bancos que financiavam seus negócios cortaram seu crédito. Inadimplente, ele emitiu um cheque sem fundos no valor equivalente a US$ 25,7 milhões, para comprar ações da CVRD.

Nahas jogou a culpa no presidente da Bovespa na época, Eduardo da Rocha Azevedo, que teria mudado as regras do jogo na última hora. Nahas queixou-se também de ter perdido sua carteira de ações e parte de seu patrimônio, sofrendo, ele sim, um prejuízo de US$ 200 milhões.

A base do processo era um relatório da Comissão de Valores Mobiliários. Nahas já havia sido condenado pela Justiça de Nova York a pagar US$ 6,7 milhões à empresa norte-americana Conticommodity Service Inc., por não ter saldado uma dívida acumulada de operações realizadas no mercado de prata.

Três anos depois do escândalo, no dia 28 de maio de 1992, o juiz da 13ª Vara Federal do Rio de Janeiro, Augusto Diefenthaeler, condenou Nahas por crime contra a economia popular: quatro anos de prisão, sem direito a sursis. Quatro corretores também foram condenados, a dois anos de detenção, com direito a sursis. Os advogados Nilo Batista e José Carlos Dias conseguiram anular a sentença de Nahas, alegando cerceamento da defesa.

George defendeu Sérgio Barcellos, ex-presidente da Bolsa de Valores do Rio de Janeiro.

— Vamos continuar sustentando que o volume de operações e o sistema montado, de operar através de outras pessoas e por corretoras não controladas pela Bolsa, tornaram impossível constatar se estava havendo manipulação no mercado.[14]

Sérgio Barcellos foi absolvido e Nahas conseguiu anular o processo.

Lama collorida

No ano em que Nahas foi condenado, 1992, a democracia brasileira caminhava relativamente bem, mas a moral pública ia de mal a pior. Até advogados participaram de esquemas fraudulentos, como o escândalo da Previdência, que resultou na condenação de 14 deles, em julho. Foram defendidos por Evaristo, George e outros ex-advogados de presos políticos, o que causou um certo mal-estar.

Foi nesse ano também que o país ficou estarrecido com a apoteótica corrupção infiltrada nos altos escalões do governo federal, envolvendo o próprio presidente da República, Fernando Collor, e a primeira-dama, Rosane. Durante a campanha eleitoral, o tesoureiro Paulo César Farias arrecadara vultosas contribuições financeiras de empresários que temiam a eleição do candidato das esquerdas, Luís Inácio Lula da Silva. A partir daí PC Farias montou uma vasta rede de extorsão, estelionato, suborno, peculato, empréstimos fraudulentos e outras transações que poderiam qualificá-lo para o Guinness como *capo di tutti capi*. Comparado com esse esquema, que prosseguiu durante o governo Collor, o "mar de lama" denunciado no segundo governo Vargas foi um lago transparente.

Uma Comissão Parlamentar de Inquérito provocou o indiciamento de várias pessoas e a Câmara dos Deputados autorizou o processo de impeachment do presidente, por crime de responsabilidade. O julgamento seria no Senado, "um tribunal político que julga com consciência, muito parecido com o júri. Os senadores não são bacharéis, julgam muito mais eticamente do que apegados a critérios puramente legais ou doutrinários", como ensinou Evandro Lins e Silva, que atuaria na acusação com Fábio Konder Comparato, de São Paulo.[15]

Collor tinha um advogado particular, José Guilherme Vilela. Mas para sua defesa no Senado convidou Evaristo, que pediu uns dias para pensar. Era a causa mais impopular do século para qualquer advogado. E Evaristo era um homem de esquerda, filiado ao Partido Socialista Brasileiro, tendo sido inclusive membro da Executiva Nacional e do Diretório Nacional. Até fora indicado pelo partido para ser vice de Lula na campanha presidencial de 1989 — recusara o convite, preferindo continuar advogado. Por que defenderia um inimigo político repudiado por todo o país? Pessoalmente ele desejava a queda de Collor.

— Tive medo de ser acusado de mercenário, de estar ali por dinheiro. Tive que vencer os preconceitos meus. Afinal, eu não tinha votado em Collor. Eu era contra ele, diria anos depois.[16]

Mas todo ser humano, por mais execrável que seja o seu crime, tem direito a defesa. Esse é o princípio fundamental do Direito, conquista da Revolução Francesa, e consagrado na Declaração Universal dos Direitos do Homem e do Cidadão, na Declaração Universal dos Direitos do Homem, da ONU, cláusula pétrea da Constituição brasileira. Se o acusado não dispuser de dinheiro para contratar advogado, a lei garante um defensor público, o advogado dativo, pago pela União. O humanista católico Sobral Pinto, por exemplo, defendeu o comunista ateu Luís Carlos Prestes.

Ainda em dúvida se aceitava ou não, Evaristo conversou sobre o assunto com George, que lembrou-lhe da carta de Rui Barbosa, escrita em 26 de outubro de 1911 ao pai dele, Evaristo de Moraes. Este consultara Rui sobre um convite para defender um adversário político de ambos, o intendente municipal Mendes Tavares, acusado de ser mandante do assassinato do capitão-de-fragata Luís Lopes da Cruz. Mendes. Rui respondera na carta: "A defesa não quer o panegírico da culpa, ou do culpado. Sua função consiste em ser, ao lado do acusado, inocente, ou criminoso, a voz dos seus direitos legais."

Assim como seu pai, Evaristo aceitou o desafio e convidou George para juntar-se a ele em mais uma batalha. George recusou. Também era adversário político do presidente, participara ativamente da campanha nacional pelo impeachment, em entrevistas e locais públicos.

— Neste caso eu não vou te acompanhar. Esta missão foi reservada somente para você. Se você não existisse e eu fosse solicitado, seria diferente. Pediu apenas que Evaristo fizesse uma defesa com bastante transparência.

Evaristo convidou então para auxiliá-lo os advogados Cláudio Lacombe e Fernando Neves da Silva, ambos de Brasília. Ficaram um mês preparando os argumentos. Evaristo traçou a seguinte tese: corrupção só pode ser provada com a existência material de um ato de ofício que tenha efetivamente beneficiado de alguma forma uma pessoa física ou jurídica. No montanhoso processo contra Collor não havia nenhum ato de ofício assinado por ele com esse sentido.

Mas o presidente, cada vez mais acuado pela imprensa e pela opinião pública, estava preocupado. Sabia que, apesar da enorme competência de Evaristo, tinha pouca chance de vitória, porque o julgamento no Senado seria político e Evandro Lins e Silva na acusação era perigoso. Collor reuniu os advogados na Casa da Dinda e pediu que tentassem adiar a data do julgamento, marcada para 22 de dezembro. O meio para conseguir isso era simples: bastava não comparecerem ao Senado naquele dia. A ausência da defesa forçaria o adiamento. Collor acreditava que ganhando tempo até pelo menos fevereiro poderia acumular forças para tentar permanecer no cargo. Evaristo desaprovou a manobra. Diante da grande repercussão do caso, aquilo iria parecer chicana. Daí o presidente decidiu que, para poupar Evaristo e seus auxiliares de qualquer insinuação constrangedora, tentaria o adiamento recorrendo a outro advogado, e eles continuariam no processo que corria no Supremo Tribunal Federal, por corrupção passiva. Contrafeito, Evaristo aceitou.

Na véspera do julgamento, Collor divulgou à imprensa uma nota curta informando: "Resolvi não comparecer nem pessoalmente nem pelos meus advogados constituídos ao tribunal instalado no Senado."[17] Justificou-se alegando que o Senado não oferecia condições de imparcialidade, pois havia "pressões políticas" sobre os senadores para votarem pela condenação.

O presidente do Supremo Tribunal Federal, ministro Sydney Sanches, que presidiria o julgamento, transferiu-o para uma semana depois, e se preveniu contra outra possível manobra semelhante, deixando de sobreaviso um advogado dativo para atuar na eventual ausência da defesa de Collor.

Todas as atenções do país no dia 29 de dezembro se concentraram no julgamento, transmitido ao vivo por TV e rádio. O novo advogado do presidente, José de Moura Rocha, tentou impedir o início da sessão alegando a ausência de uma testemunha de defesa, o ex-deputado Thales Ramalho. Isso não foi considerado motivo suficiente e a sessão começou. Minutos depois, quando a primeira testemunha começava a depor, o advogado interrompeu para ler um bilhete manuscrito de Collor, renunciando à presidência da República, e em vista disso Moura Rocha solicitou a suspensão do julgamento. A manobra surpreendeu a todos, mas o experiente Evandro reagiu imediatamente: a renúncia não tinha validade, por ter sido oficializada depois do início do julgamento. O tiro saiu pela culatra. Um fatal erro de cálculo — de Collor, se ele orientou assim, ou de Moura Rocha, se tentou jogar. Por 76 x 3 o Senado aprovou o impeachment. Collor perdeu o mandato e o direito de ocupar cargo público durante oito anos.

Evaristo jamais teria cometido o erro de apresentar a carta de renúncia durante o julgamento. Como disse George, "advogado jamais deve ser orientado pelo cliente. É exatamente o contrário". Dias antes ele conversara com Evaristo sobre a possibilidade de renúncia de Collor para evitar o julgamento no Senado e, conseqüentemente, o impeachment. Renunciando ele perderia apenas dois anos de presidência da República, sem ficar inelegível por oito anos.

Mas ainda restava o julgamento no STF, no qual Evaristo faria uma brilhante defesa que lhe custaria muitos aborrecimentos.

A morte imita a arte

A transmissão ao vivo do julgamento de Collor estava sendo assistida pelo advogado Luís Guilherme Vieira no seu apartamento, em Ipanema, quando o telefone tocou. Era um desconhecido, primo de um rapaz que às 6h daquela manhã fora levado por três policiais para uma delegacia na Barra da Tijuca como suspeito de ter matado uma atriz na noite anterior. Ao ser convidado para defendê-lo, Luís ainda desconhecia a ocorrência, pois resolvera ficar em casa acompanhando pela TV o julgamento do presidente e os jornais não haviam noticiado o crime, por terem fechado a edição antes da descoberta do cadáver.

Minutos depois Luís recebeu outro telefonema, de seu antigo colega Barandier, com quem havia iniciado sua vida profissional. Barandier informou ter sido também convidado para defender o rapaz. Nenhum dos dois via novelas e, portanto, não sabiam se a atriz era importante. Combinaram trabalhar juntos no caso, e Luís pediu a Barandier que mandasse naquele momento seu filho Márcio, recém-formado em Direito, para acompanhá-lo até a 16ª Delegacia de Polícia, na Barra da Tijuca, onde estava detido o rapaz.

No caminho, Luís percebeu a dimensão da causa que estava pegando, ao ouvir pelo rádio do carro as notícias ininterruptas sobre o hediondo assassinato de Daniela Perez, bela atriz de 22 anos cuja promissora carreira estava florescendo. Às 21h da noite anterior ela saíra do estúdio da TV Globo, na Barra, dirigindo seu Escort, depois de gravar mais um capítulo da novela "De Corpo e Alma", de sua mãe, Glória Perez, na qual interpretava Yasmin, um dos papéis principais. Pouco mais de uma hora depois seu cadáver fora encontrado pela polícia num matagal ao lado da rua Cândido Portinari, no mesmo bairro, com 18 perfurações de tesoura no peito e no pescoço, além de hematomas no rosto e arranhões. O ator Guilherme de Pádua, que fazia o papel de seu intempestivo namorado Bira, tinha saído com ela do estúdio, cada um em seu carro.

Durante a manhã toda ele foi interrogado pelo delegado titular, Mauro Magalhães, e sua equipe. Afirmou, tranqüilo, que depois de sair do estúdio fora direto para o BarraShopping, onde se encontrara com sua mulher, Paula Thomaz, grávida de quatro meses. Passearam um pouco e voltaram para casa. Mas o carro que ele dirigia, um Santana pertencente ao sogro, tinha sido visto perto do local onde estava o corpo da atriz. Um advogado que passava por ali, Hugo da Silveira, anotara a placa e telefonara para a polícia. Guilherme baixou o olhar.

— Acompanhei Daniela até lá porque ela queria fumar maconha num lugar escondido. Mas depois eu fui embora e ela ficou.

Os policiais indagaram sobre a causa das escoriações no braço e na testa de Guilherme. Ele se machucara na obra de reforma do apartamento onde iria morar. Pediram detalhes desse acidente. Guilherme titubeou, não se lembrava, mas sugeriu que podia ser também arranhão de alguma fã. Os policiais se entreolharam. Ele repetiu a história do shopping diversas vezes, e quanto mais falava, mais se enredava em contradições. Cansado e confuso, colocou as mãos na cabeça e decidiu confessar.

Nos últimos meses vinha sendo assediado por Daniela e, por rejeitá-la, a atriz ameaçou contar a Paula que eles eram amantes. Naquela noite saíram do estúdio da Globo, pararam numa rua deserta para conversar e se desentenderam. Daniela ameaçou fazer macumba para prejudicar seu casamento. Guilherme ficou nervoso e deu-lhe uma "gravata" (golpe de asfixia), a atriz desmaiou. Pensando que estivesse morta, ele pegou uma tesoura no porta-luvas do carro e perfurou-a diversas vezes, para simular um latrocínio.

Quando Luís e Márcio chegaram, a delegacia estava cheia de curiosos na porta e jornalistas circulando lá dentro. O delegado encarregado do inquérito, Cidade de Oliveira, transmitiu a Luís a história contada pelo ator. Por telefone, Luís chamou Barandier, que foi à delegacia, e os dois conversaram com Guilherme, que repetiu sua versão e em seguida prestou depoimento escrito ao delegado.

O crime foi a principal notícia nos jornais, rádios e televisões, transmitido inclusive pela CNN para o mundo inteiro. No Rio de Janeiro a renúncia de Collor era já uma página virada da História, um alívio após tantos meses de denúncias sobre complexas maracutaias financeiras e mobilizações populares. O assunto mais comentado nos bares, cabeleireiros, apartamentos, escritórios, faculdades, praças, fábricas e praias era a trágica morte de Yasmin, uma novela da vida real, com enredo simples e dramático, como o povo gosta.

O meio artístico ficou perplexo e revoltado. Nem Hollywood imaginou um filme assim. Lá houve apenas dois casos com alguma semelhança: no primeiro, o assassino era um famoso comediante do cinema mudo, Fatty Arbuckle, que em 1921 tentou estuprar uma garota e a matou involuntariamente com seus 130 quilos. E em Los Angeles uma atriz com alguma projeção internacional, Sharon Tate, foi assassinada brutalmente com mais quatro amigos em casa por hippies em agosto de 1969. O caso Daniela Perez foi uma mistura de ambos, pois tanto o assassino quanto a vítima eram do mesmo ramo do show business e bastante conhecidos.

Pior: a vítima contracenava com seu algoz, e na última cena que tinham gravado juntos Yasmin rompera o namoro com o ciumento Bira. Era como se o personagem, fugindo ao controle da autora, saísse da ficção para a realidade a fim de se vingar por ter sido rejeitado. Teria o ator incorporado seu personagem a ponto de confundir fantasia e realidade? Teria o casal reproduzido fora da novela os papéis que interpretavam e Guilherme não suportara o rompimento? Teria ele assediado Daniela sem sucesso? Teria Paula o induzido a matar Daniela por ciúme?

Com 23 anos, Guilherme era um astro em ascensão. Estreara na TV Globo num papel importante depois de chegar de Minas Gerais como um total desconhecido, mas cheio de ambição. Segundo a imprensa, antes da TV ele interpretara dois michês assassinos em duas peças, outro michê num curta-metragem e participara de um espetáculo gay em Copacabana.

Seu ingresso na principal emissora de TV do país era a concretização do sonho de muitos jovens atores, a porta para um futuro de realização profissional e felicidade pequeno-burguesa — estava casado, iria ser pai dentro de cinco meses e concluía a reforma de seu próprio apartamento, para onde se mudaria, deixando de morar com os sogros. Paula Thomaz era filha única, bonita, embora com um olhar intimidativo. Um grafólogo examinou um bilhete que ela escreveu à imprensa e a definiu como imatura emocionalmente, com um trauma de infância não-resolvido e que a tornara infantil, insegura, egoísta, egocêntrica, com uma personalidade fria e calculista.[18]

No dia seguinte à confissão de Guilherme na delegacia, Luís impetrou um pedido de relaxamento da prisão, por não ter havido circunstância de flagrante e tampouco as hipóteses que justificariam a necessidade de prisão preventiva.

Concedido o alvará de soltura, Luís e Barandier foram à noite retirar Guilherme da delegacia. Saíram num táxi, quase apedrejado por populares e seguido em alta velocidade por carros da imprensa. O motorista conseguiu driblá-los e seguiu para o endereço indicado por Luís, uma casa onde estavam Paula e familiares do casal, na Barra da Tijuca. Mas nessa mesma noite um desembargador do Tribunal de Justiça cassou o alvará e decretou a prisão preventiva de Guilherme. Ele voltou para a carceragem da 16ª Delegacia de Polícia no dia seguinte, 31 de dezembro, instruído por Luís a não prestar mais nenhum depoimento. A linha de defesa mais nítida para o advogado naquele momento seria a hipótese de "violenta emoção".

Por motivos de saúde, Barandier informou a Luís que não pretendia continuar no caso. Os dois pensaram em George e foram convidá-lo em casa. George recalcitrou. Sabia que casos assim, de grande comoção popular e voracidade da imprensa, tinham muitos complicadores no início, e além de já estar repleto de trabalho era dia de reveillon. Sua filha e assistente Kátia também se manifestou contra. Mas o desafio era interessante demais para um criminalista entusiasmado.

Na noite de 1º de janeiro de 1993 ele foi à delegacia com Luís para uma conversa preliminar com o ator. Paula já estava arrolada como cúmplice. Procurada pela polícia no apartamento de seus pais, admitira dentro da viatura ter participado do crime, mas depois negara e estava agora internada numa clínica, sem ter ainda prestado depoimento.

George procurou transmitir segurança a Guilherme.

— Você pode confiar em mim. Eu sou um bom advogado, um dos melhores que você podia arranjar, mas ainda não estou na causa. Se você quiser que eu te defenda, vai ter que confiar em mim. Sei que há coisas importantes que você ainda não disse, e só depois de me contar tudo é que vou poder traçar minha linha de defesa. Nós só podemos nos entender desta forma.

Guilherme contou sua versão anterior com modificações e incluiu Paula. Ela era muito ciumenta, não conseguia nem assistir na TV às cenas de beijo entre Bira e Yasmin, telefonava todos os dias para ele no estúdio de gravação, controlando. Naquela noite, pretendendo provar-lhe que não tinha nenhum caso com a atriz, Guilherme deixou Paula se esconder no banco de trás do carro, coberta por um lençol, para ouvir a conversa dele com Daniela. Quando os dois carros pararam na rua deserta, Daniela se transferiu para o carro de Guilherme e ficaram conversando. Minutos depois ela percebeu Paula no banco de trás, as duas saíram do carro e começaram a discutir, Guilherme deu uma "gravata" em Daniela, arrastando-a desfalecida para um matagal. Ergueu a blusa dela para sentir se o coração estava batendo. Não estava. Então Paula pegou uma tesoura no porta-luvas do carro e Guilherme, como se fosse um cirurgião (sem nunca ter estudado Medicina), tentou uma traqueostomia para fazê-la respirar. Em seguida Paula deu os golpes de tesoura para deixar a impressão de assalto.

Guilherme insistiu que Daniela já estava morta quando recebeu as tesouradas. George discordou:

— Vocês pensaram que ela estivesse morta. É possível que tenham se enganado. Existe um fenômeno que ocorre às vezes quando a pessoa desmaia, faz com que a pulsação fique mais lenta e o coração parece não bater ao auscultá-lo. Isso pode ter acontecido com esta moça. Vocês estavam muito nervosos para avaliar as coisas.

Mas Guilherme disse que em juízo não iria envolver Paula. Pretendia poupá-la, assumindo toda a responsabilidade.

Depois desse encontro, George conversou também com o delegado Mauro de Magalhães e examinou uma foto do corpo de Daniela tirada no local em que fora encontrada, com a blusa levantada no lado esquerdo. Para o advogado, esse detalhe serviria como prova de que Guilherme havia tentado auscultar o coração dela para saber se estava viva depois da "gravata". Segundo afirmou o delegado, na confissão Guilherme dissera que Daniela morrera por asfixia, provocada pela "gravata", mas o Instituto Médico Legal informara pouco depois que a causa da morte fora hemorragia causada pelas tesouradas. Diante disso Guilherme ficara desesperado, tendo um breve desmaio. George perguntou a Mauro se estaria disposto a testemunhar no tribunal sobre isso. O delegado concordou.

George queria reunir o máximo de elementos. Era preciso investigar a vida de Guilherme antes e depois do casamento com Paula, e também o casamento de Daniela com o ator Raul Gazolla, para saber o que haveria de verdadeiro na alegada infidelidade da atriz, algo que era contestado por seus colegas da TV Globo. Para eles, Guilherme é que a assediara, sem êxito.

A situação dele era muito difícil. A imprensa dava diariamente grandes reportagens e comentários dos formadores de opinião — colunistas, psicólogos, sociólogos, escritores. Um pedido de habeas corpus seria fatalmente negado, e se concedido teria um efeito contraproducente, dificultando mais a defesa, por causa da revolta que causaria na opinião pública.

Escaldado pelo caso Bateau Mouche e outros, George manteve-se tranqüilo. Iria estudar o processo. Poderia conseguir um abrandamento da pena, se a acusação contra Guilherme, homicídio qualificado, mudasse para homicídio culposo. Alegaria que o ator, ao dar a "gravata", não tivera intenção de matar Daniela; caso contrário teria desfechado os golpes de tesoura antes de arrastar o corpo. Essa linha de defesa pressupunha a participação de Paula no crime, o que era recusado por Guilherme.

George marcou um almoço com Luís para conversarem sobre a possibilidade de um novo depoimento do ator ao delegado Cidade de Oliveira, admitindo a participação de Paula. Foram à delegacia e tiveram uma longa conversa com Guilherme, que ainda se recusava a envolvê-la. Considerou a possibilidade de prestar novo depoimento incluindo a presença da mulher, desde que antes disso ela própria confessasse.

Mas o advogado de Paula, Ronaldo Machado, adotou como estratégia negar a presença dela no local do crime, e afirmou isso numa reunião com George e Luís, no escritório deste.

A causa crescia em impopularidade, com pressões diárias da imprensa e dos atores da TV Globo — Gazolla estava deprimido e "indignado com os advogados que ainda defendem um caso como esse. Eles deveriam ter vergonha."[19]

No dia 7 de janeiro, Cidade de Oliveira enviou para o II Tribunal do Júri o inquérito, com 240 folhas, incluindo 48 depoimentos, laudos e necropsia, bem como um resumo de cinco páginas. Na avaliação do delegado, o homicídio fora motivado por "ciúme doentio obsessivo de Paula com relação a Guilherme", com quem teria feito um pacto de fidelidade. E imputou ao casal o mesmo peso de culpa, sem co-autoria, embora ela ainda não tivesse prestado depoimento.

No mesmo dia, George, Luís e Barandier anunciaram que estavam se retirando do caso, porque o ator insistia em preservar Paula. Outro motivo para a desistência foi que a família de Guilherme dissera estar disposta a vender sua parte no apartamento comprado em conjunto com a família de Paula — e onde o casal iria morar — para pagar os advogados. Eles não queriam aceitar honorários nessa circunstância, e nem cobraram nada pelo trabalho que já haviam feito. Luís indicou um defensor público, Paulo Ramalho.

O casal foi denunciado por homicídio duplamente qualificado.*

Um governador armado

Ciúme, dinheiro e vingança são os principais motivos que levam alguém a se tornar assassino, em qualquer classe social. Raros são os homicídios sem motivo aparente, mas eles existem, sobretudo nos Estados Unidos. A mencionada chacina em que morreu Sharon Tate e o assassinato de John Lennon, por exemplo, não tiveram motivo aparente. Muito comum também é o homicídio por disputa de poder, cuja expressão mais exacerbada é a guerra, esse homicídio coletivo institucionalizado mediante o qual os Estados resolvem suas hostilidades.

Ao nível individual, a disputa de poder culmina às vezes em atitudes desesperadas, como a que aconteceu na Paraíba, um estado onde violência política tem uma tradição.

Na capital que recebeu o nome de um governador assassinado no Recife em 1930, João Pessoa, aconteceu um crime típico de botequim da periferia. Só que os protagonistas eram o governador Ronaldo Cunha Lima, homem poderoso e poeta repentista conhecido nas rodas boêmias, e o ex-governador Tarcísio Burity, e o cenário, um dos melhores restaurantes da cidade.

Tarcísio, antecessor de Ronaldo no cargo e antigo rival político, deu uma entrevista à TV O (repetidora do SBT) criticando a corrupção na Superintendência de Desenvolvimento do Nordeste (Sudene). Disse que as verbas estavam sendo usadas para favorecer as bases políticas da família Cunha Lima. Era fato notório que havia irregularidades na concessão de financiamentos a projetos industriais e agropecuários. A imprensa denunciava que, para obter incentivos fiscais, empresas pagavam propina de até 20% a técnicos da Sudene, cujo superintendente era o filho do governador, Cassio Cunha Lima. As denúncias vinham se sucedendo nos últimos meses.

Depois da entrevista, no dia 5 de novembro de 1993, Tarcísio foi almoçar com os diretores da emissora no restaurante Gulliver, praia de Tambaú. De

---

* No dia 25.1.1997, no II Tribunal do Júri, os promotores Maurício Asayag e José Muiños Piñero Filho conseguiram a condenação de Guilherme a 19 anos de prisão. Após cumprir 1/3 da pena, conforme a lei, obteve liberdade condicional em outubro de 1999. Paula foi condenada em 16 de maio de 1997 pelo mesmo tribunal a 18 anos e seis meses. Em 1998 a 2ª Câmara Criminal reduziu sua pena para 15 anos e no ano seguinte ela também obteve a condicional.

Pausa dos guerreiros: Evaristo e George em uma sala de aeroporto, durante uma das inúmeras viagens de trabalho.

repente entrou Ronaldo, acompanhado de um assessor, um segurança e um irmão, que trazia na cintura uma pequena bolsa estilo capanga. Ronaldo estava irritado e dirigiu-se com o grupo para a mesa de Tarcísio. Perguntou-lhe se mantinha as declarações transmitidas na TV. O ex-governador confirmou e justificou:

— Seu menino vem fazendo muitas trapalhadas na Sudene.

— Seu canalha, você quer destruir meu filho!, esbravejou o governador, e rapidamente apanhou um revólver na bolsa do irmão e desfechou três tiros à queima-roupa em Tarcísio. Apenas uma bala o atingiu, entre o nariz e a boca, estraçalhando parte da língua e arrebentando três dentes.

Ronaldo foi preso no final da tarde pela Polícia Rodoviária Federal em Campina Grande, a 130km de distância. Ficou apenas seis horas detido, sendo libertado graças a um habeas corpus impetrado pelo advogado Saulo Ramos no Superior Tribunal de Justiça. Licenciou-se do cargo por dez dias e chamou Evaristo e George para irem a João Pessoa.

Após uma conversa de duas horas, eles aceitaram a causa, convencidos de que não houvera premeditação. Pretendiam alegar legítima defesa da honra.

— Atirar pessoalmente no adversário serve, sobretudo, para comprovar o caráter de Cunha Lima. Como governador, ele tinha inúmeros meios possíveis para se livrar de um desafeto. Podia simplesmente mandar alguém matar, como sempre os políticos fizeram na história da República, disse George.[20]

A Assembléia Legislativa do estado negou autorização para abertura do processo contra o governador. No ano seguinte ele se candidatou a senador e foi eleito, ficando protegido pela imunidade parlamentar. Até hoje o Senado não examinou o caso para autorizar ou não o processo criminal. Mas no final de 2001 o Congresso Nacional acabou com a imunidade parlamentar para crimes comuns.

Collor absolvido

Então chegou o grande dia do julgamento do ex-presidente Collor, acusado de corrupção passiva, no Supremo Tribunal Federal. Havia uma grande diferença em relação ao julgamento no Senado, um foro eminentemente político. No STF seria um julgamento jurídico, técnico, subordinado à lei. Os ministros levam em conta as provas dos autos, o corpo de delito. O Direito Penal estabelece que é preciso haver absoluta certeza da autoria do crime, pois ninguém pode ser condenado sem provas. E o artigo 5º da Constituição, com cláusulas pétreas, diz que toda pessoa é considerada inocente até seu processo ser julgado, mesmo se já tiver sido denunciada e indiciada.

As acusações contra Collor eram, em síntese, o recebimento de "vantagens indevidas" como presidente da República. Várias despesas pessoais suas tinham sido pagas com recursos financeiros intermediados por seu tesoureiro de campanha, Paulo Cesar Farias, dono da EPC-Empresa de Participações e Construções Ltda. PC Farias arrecadara muito dinheiro, principalmente na Vasp, na Mercedes-Benz (que financiou também a campanha eleitoral de Sebastião Curió a deputado federal pelo PRN, partido de Collor), na Tratex (US$ 295 mil), empresa de Marcelo Ribeiro, nomeado para o cargo de Secretário Nacional de Transportes por indicação de Paulo César Farias, além de inúmeras doações ilegais de outros empresários que financiaram a campanha de Collor. Essa fortuna foi depositada na conta da EPC e justificada como "sobras de campanha", com as quais eram pagas as despesas pessoais do presidente, inclusive a luxuosa reforma de sua mansão em Brasília.

No julgamento, 12 de dezembro de 1993, Evaristo rebateu cada uma das acusações: as despesas de Collor tinham sido pagas com sobras de campanha e um empréstimo concedido por uma trading do Uruguai, operação da qual tinham sido fiadores dois empreiteiros de Brasília, Luiz Estêvão (futuro senador cassado por corrupção) e Paulo Octavio, futuro deputado federal. Como as doações de campanha tinham sido recebidas antes da eleição, Evaristo argumentou que não era ilícito penal utilizar as sobras para pagar despesas pessoais depois que Collor já ocupava o cargo de presidente.

Nas alegações finais, Evaristo escreveu: "O crime de corrupção passiva reclama, para sua configuração, um liame entre a solicitação ou percepção da vantagem indevida e o exercício de uma função pública. Se a dádiva é feita a um particular, ainda não nomeado para o exercício de qualquer função pública, inexiste o delito de que ora se trata. ... O fato, em si, de o sr. Paulo Cesar figurar como provedor de recursos utilizados para fazer face a pagamentos de interesse do sr. Fernando Collor não constitui prova do crime de corrupção passiva. ... Não ficou provado nos autos que Collor se beneficiou pessoalmente de recursos recebidos mediante a empresa de PC Farias; tampouco existe qualquer 'ato de ofício' em favor das empresas mencionadas na denúncia como doadoras para PC Farias."[21]

Além disso, segundo afirmou Evaristo, é impossível caracterizar corrupção passiva sem corruptores. Nenhum deles apareceu nos autos. Em suma, concluiu o advogado, não havia contra Collor nenhuma prova específica, material.

Os ministros do STF, que haviam examinado atentamente o processo, ficaram divididos, mas absolveram Collor por 5 x 3. Uma retumbante vitória profissional de Evaristo. Ele preferiu considerá-la "a grande vitória da democracia".

— O Brasil mostrou que é capaz de depor um presidente eleito, levá-lo ao banco dos réus por um processo político no Congresso e depois absolvê-lo juridicamente no STF. ... Não existiam provas nos autos contra o ex-presidente. Existia uma acusação de corrupção passiva e não conseguiram apontar os corruptores, aqueles que supostamente teriam levado vantagem ou benefício no caso.[22]

Como se previa, a absolvição de Collor foi amplamente condenada pela *vox populi*. E não se compreendia por que um advogado de causas populares, filiado a um partido de esquerda, defendera o político mais vilipendiado do país, o maior símbolo da moderna corrupção brasileira. Evaristo tinha uma resposta singela: "O dever do advogado é defender qualquer pessoa, seja quem for."[23]

Dos meios jurídicos também partiram críticas. A OAB tentou passar uma moção de censura a Evaristo, por ter aceito a causa. Evandro, membro do Conselho, discordou, apoiado pelo presidente da entidade, Marcello Lavenère Machado. A moção foi rejeitada, o que não livrou Evaristo da censura particular de colegas e de uma parte da sociedade.

— Parecia que eu tinha lepra. Perdi clientes, tive prejuízos materiais. É duro ser politicamente contra alguém e ver-se na situação profissional de salvar essa pessoa. Foi uma decisão difícil e solitária.[24]

Por isso ele considerava as causas mais difíceis de um criminalista aquelas em que "ódios e preconceitos desabam sobre a cabeça do réu, arrastando, muitas vezes, na voragem da incompreensão, a figura do próprio advogado".

Mas recebeu solidariedade de muitos amigos e dos antigos colegas que tinham estado com ele nos tribunais da ditadura militar, como Alcione Araújo:

— Não vi nada demais. Nem sempre a causa do advogado criminal é simpática. A função dele é defender, e a defesa do Evaristo foi muito bem feita, tanto que o Collor foi absolvido. O que eu critico são os advogados que andaram dando alfinetadas no Evaristo. Na minha opinião, isso foi até um problema de inveja.[25]

Outros advogados viveram situação semelhante. Para ficar em dois exemplos, Evandro foi vetado ao despontar como um bom nome para ser vice de Lula na eleição de 1994 porque tinha defendido Doca Street e isso poderia reduzir o potencial dos votos femininos. No mesmo ano Eni Moreira, uma das principais advogadas de presos políticos durante a ditadura, assistente de Sobral Pinto, foi criticada por defender um fraudador da Previdência e chegou até a ser presa numa sessão da CPI da Câmara dos Deputados, ao insistir no direito de seu cliente de permanecer calado durante o interrogatório.

A absolvição de Collor reacendeu o debate sobre a questão da impunidade e a necessidade de reforma do Código Penal. Evaristo criticou uma tese muito popular, de que a criminalidade no Brasil aumenta porque nossas leis são brandas e arcaicas, o que contribui para a impunidade. Ele manifestou-se contrário à inclusão de leis mais rigorosas, afirmando que o Código Penal brasileiro é um dos mais severos do mundo.

— Mudar a lei não vai melhorar o sistema. A impunidade não é permitida pela lei, mas pela incompetência e pela corrupção da polícia.

George apoiou a inclusão de novas leis no Código Penal e a modificação de outras:

— É preciso criminalizar alguns atos que não são considerados delitos e descriminalizar fatos que já caíram em desuso e que muita gente pratica sem saber que é crime. O costume gera erro de proibição. O combate ao crime está na repressão policial, não na penal.[26]

Despedida de Evaristo

Evaristo vivia um drama duplo. Além das críticas à sua defesa de Collor, ele sofria de uma doença fatal: leucemia. Descobrira em 1988 num exame de sangue, mas só contara a um filho médico e à ex-mulher, Marlene. Não podia se submeter a transplante da medula, por ter mais de 50 anos de idade. Mas queria manter o equilíbrio emocional e o ânimo para continuar trabalhando, sem ser encarado pelos demais filhos e por amigos com piedade ou preocupação.

George, de quem Evaristo continuou parceiro em diversas causas depois da queda de Collor, tampouco sabia da doença, mas começou a ficar intrigado com as mudanças físicas e o comportamento de seu amigo. Evaristo deixou de lecionar Direito Penal na Universidade Estadual do Rio de Janeiro (algo que sempre gostara de fazer), estava engordando, substituíra o uísque pelo vinho. Tudo poderia ser interpretado como parte da natural mudança de um homem de meia-idade e que estava disposto a trabalhar menos. Mas George notava especialmente o distanciamento afetivo do amigo e parceiro de tantos anos. Evaristo diminuía os contatos, sem que tivesse havido divergências profissionais, políticas ou pessoais entre os dois.

Eles costumavam se falar diariamente, no mínimo por telefone, quando não estavam juntos trabalhando. Também freqüentavam às sextas-feiras o bar do Jóquei Clube, na avenida Rio Branco, participavam dos congressos da OAB em diferentes cidades e até iam juntos em férias para a Europa com as esposas. Na última dessas viagens Evaristo, com Marcia Parente, evitou passeios com George e Denise. E numa conferência da OAB em Fortaleza os dois raramente

Evaristo, já doente, com os amigos Ivan Muniz e Gustavo Vilela.

se encontraram, ao contrário das conferências anteriores, em que eles aproveitavam para fazer também turismo nas cidades.

Conforme a doença avançava, o corpo inchava, efeito colateral do medicamento à base de cortisona que ele tomava. Hospitalizado, ainda atendeu a um pedido do colega Carlos Eduardo Machado, que substituíra o pai Ronaldo na defesa de Paula Tomas, e preparou-lhe um habeas corpus.

Em fevereiro de 1997, teve febre alta e foi internado. Dias depois voltou para casa. Mas no final do mês seguinte sua situação piorou e ele foi internado no Hospital Samaritano, com agravamento dos problemas renais, uma das conseqüências da leucemia. Uma parada respiratória o levou ao CTI, onde morreu, no dia 28 de março.

Em volta do caixão coberto com a bandeira do Fluminense, no cemitério São Francisco Xavier, Evandro Lins e Silva fez o principal discurso em sua homenagem. George ficou muito triste:

— Perdi um irmão, um amigo, um companheiro de muitas batalhas na vida e nos tribunais.

Epílogo

Dia 4 de junho de 1998 o busto em bronze de Evaristo, com a frase "Advogado da Liberdade", foi inaugurado no Salão dos Passos Perdidos, no I Tribunal do Júri. À cerimônia compareceram o governador Marcello Alencar, o ministro Sepúlveda Pertence, do STF, Evandro Lins e Silva, os presidentes do Tribunal de Justiça e do Tribunal Regional do Trabalho, respectivamente Thiago Ribas Filho e Luiz Carlos de Brit, entre outros.

Evandro falou:

— Evaristo tinha vocação genética, herdada do pai, o grande Evaristo de Moraes. Mas nosso Evaristinho firmou-se como um dos principais criminalistas de sua época. Eu o via como uma espécie de pupilo, como eu fora de seu pai.[1]

Sepúlveda Pertence, representando a Magistratura, destacou os atributos profissionais:

— Evaristo foi o mais notável advogado criminal de minha geração. Extrema simpatia humana, combatividade, liderança, inteligência aguda e compromisso com a justiça social eram apenas algumas de suas características.

George fez o discurso mais emocionado. Falando em nome dos amigos de Evaristo, lembrou o longo período em que os dois tinham sido professores da Faculdade de Direito da Universidade do Estado do Rio de Janeiro.

— As suas aulas ficavam repletas não só dos seus alunos, como outros de diversas turmas que iam assisti-las. O advogado inspirava o mestre, dedicado e estudioso. E suas lições eram magníficas. ... Além da dedicação ao magistério, corria o país, nos meios jurídicos e acadêmicos, a proferir conferências ou palestras, não só sobre temas de direito penal financeiro, como de criminologia, ciência que apreciava e da qual era profundo conhecedor. Cada viagem que fazia ao exterior, adquiria livros e compêndios, sendo nessas matérias atualizadíssimo. ... Jamais recuou diante da pressão da mídia, que, em determinadas causas, tenta exigir da Justiça um justiçamento contra réus que são diabolizados. ... Evaristo levou consigo parte de minha vida. Evaristo deixou comigo parte de sua vida. Eu tenho um imenso orgulho de guardá-lo na memória para todo o sempre!"[2]

GLOSSÁRIO

ALEGAÇÕES FINAIS • Última oportunidade que a defesa e a acusação têm para debater os autos e expor suas teses. No Tribunal do Júri as alegações finais são apresentadas perante o juiz, que decide se pronuncia ou não o réu.

APELAÇÃO • Recurso a uma instância superior, podendo ser impetrado pela acusação ou pela defesa, num prazo de até cinco dias após a sentença.

AUTOS • Designa todas as peças integrantes do processo judicial ou administrativo — libelo acusatório, pronúncia do juiz, petição, termos de diligências e de audiências, relatório da perícia, certidões —, com tudo que foi apurado contra ou a favor do réu. A prova dos autos é fundamental tanto para a defesa quanto para a promotoria.

CITAÇÃO • Ato pelo qual o réu é chamado a juízo para se iniciar o processo.

CONFISSÃO • Já foi chamada "a rainha das provas", mesmo quando era obtida sob tortura. Mas modernamente não tem validade quando obtida mediante coação física ou moral. Para ter validade precisa ser livre e espontânea, confirmada de modo persistente e realizada ou confirmada em juízo. A confissão extrajudicial não tem validade sem outros elementos de prova.

CONTRADITÓRIO • É a possibilidade de o indiciado contestar as acusações, com a refutação escrita da defesa, incluindo requerimento de diligências e testemunhas.

CORPO DE DELITO • Comprovação física do crime, como autópsia ou exame de lesões corporais, com todas as circunstâncias da ocorrência, sendo assim a base para o procedimento penal. É direto quando promovido sobre o próprio objeto ou pessoa em que incidiu a ação ou omissão criminosa, isto é, mediante exames ou vistorias. É indireto, quando constituído por informações de testemunhas, por terem desaparecido os sinais do crime.

CRIME • "Ação ou omissão com a qual o agente se põe em contraste com as exigências da ordem jurídica, transgredindo norma penalmente sancionada" (Heleno Fragoso). "O delito é um ente jurídico constituído pela relação de contradição entre um fato e a lei. Não pode haver contradição entre aquilo que se faz e uma lei ainda inexistente." (Carrara)

DEFENSOR DATIVO • Nomeado pelo juiz quando o acusado não tem, por qualquer motivo, advogado próprio, ou, em certos casos, quando o advogado falta a um julgamento. Atualmente há um órgão de defensoria pública.

DEFESA PRÉVIA • São alegações preliminares feitas pelo advogado após a qualificação e o interrogatório do acusado pelo juiz. É uma peça sucinta usada no rito comum, na qual a defesa requer, se achar necessário ou conveniente, novas diligências, convocação de testemunhas e anexação de outros documentos ao processo.

DENÚNCIA • O Estado, via representante do Ministério Público, oferece denúncia a uma autoridade judicial competente, formulando acusação de um crime alegadamente praticado por determinada pessoa, a fim de que se inicie a ação penal, geralmente anexando os autos do inquérito policial, e pedindo o enquadramento penal correspondente. A denúncia descreve o corpo de delito, com dados pessoais do acusado, detalhes e circunstâncias de sua participação no crime cometido, sua classificação penal, relação de testemunhas. O juiz pode acatar ou rejeitar a denúncia. Em caso positivo, inicia-se a ação penal.

EFEITO SUSPENSIVO • Se o réu for condenado a uma pena igual ao tempo já passado na prisão, ele é posto em liberdade.

EXCESSO CULPOSO • Quando o crime é cometido sem intenção, por imprudência, negligência ou imperícia, por ter o acusado utilizado meios que seriam prescindíveis ou desnecessários no ato criminoso, excedendo os limites da necessidade. O júri reconhece a ocorrência de legítima defesa, mas que o réu se excedeu culposamente, devido ao estado emocional.

EXCESSO DOLOSO • O crime tem dolo quando o réu se excedeu com intenção premeditada, "quis o resultado ou assumiu o risco de produzi-lo". *(Código Penal, artigo 15, I)*.

HOMICÍDIO QUALIFICADO • Tipo mais grave de crime contra a vida. Cometido por motivo torpe ou fútil, de forma cruel, sem dar à vítima chance de se defender.

INDICIADO • Indivíduo sobre o qual há indícios de culpa pelo crime investigado.

JURADOS • Conjunto de pessoas escolhidas por sua conduta regular em sociedade, para funcionar no Tribunal do Júri. Ao plenário do tribunal comparecem 21 jurados e sete são sorteados, formando o corpo de sentença. Recebem cópias da pronúncia, do libelo, do contraditório e de outras peças do processo. Durante o julgamento ficam incomunicáveis. Após ouvirem as exposições da acusação e da defesa, decidem numa sala privada respondendo a quesitos da cédula entregue pelo juiz, que lavra a sentença ou absolve.

LAUDO • Relatório completo da ocorrência feito pela perícia, redigido e assinado pelo perito, quando laudo técnico, ou pelo médico, quando laudo médico.

LIBELO ACUSATÓRIO • Resumo escrito da tese que a promotoria apresenta no julgamento, com exposição detalhada sobre o crime, concluindo com o pedido de pena. Pode requerer novas diligências e arrolar testemunhas. Uma cópia é entregue à defesa para apresentar o contraditório.

PERÍCIA • Exame feito por perito (técnico de qualquer área — médico, químico, grafólogo etc.) que confirma a ocorrência de um fato. Tem como objetivo esclarecer a verdade ou elucidar um fato controvertido ou contestado que motiva o litígio.

PRISÃO PREVENTIVA • Decretada pelo juiz em qualquer fase do inquérito ou da instrução criminal, de ofício, a pedido do órgão acusador ou por representação da autoridade policial. É imprescindível que haja prova da existência do crime ou pelo menos indícios suficientes de autoria. Os requisitos são garantia da ordem pública, conveniência da instrução criminal ou da efetiva aplicação da lei penal. Pode ser revogada mediante habeas corpus.

PRISÃO PROVISÓRIA • Prisão pedida quando há flagrante.

PROCESSO CRIMINAL • Um inquérito só se torna processo criminal depois que os representantes do Ministério Público oferecem denúncia contra o(s) acusado(s) a um magistrado, que pode recebê-la ou não. Recebendo, o investigado passa a réu. Se puder responder ao processo em liberdade, é obrigado a comparecer às audiências, não pode viajar para o exterior sem autorização e deve informar mudança de endereço. A defesa faz as alegações preliminares na primeira audiência, na qual o juiz interroga as testemunhas de acusação e de defesa, começando o sumário de culpa.

PRONÚNCIA • Apreciação preliminar das provas pelo juiz, encerrando assim a fase processual, seguida ou não do julgamento. A pronúncia deve conter indícios claros e inquestionáveis de autoria, para que o juiz avalie a existência do crime, a acusação e os indícios contra o acusado. Caso o juiz julgue procedente a denúncia/queixa, o réu é pronunciado e o processo continua, encerrando a formação de culpa.

PROVAS • Meio pelo qual se demonstra a autoria do crime. Não há provas infalíveis e definitivas, segundo o moderno Código de Processo Penal. Todas são relativas, até a confissão. Não se exige que uma pessoa prove sua inocência, porque isso só é possível nos casos de álibi. O Direito moderno sustenta que não existe verdade absoluta.

QUALIFICAÇÃO • Identificação e interrogatório preliminar do acusado em juízo, com seus dados pessoais registrados pelo escrivão. O interrogatório é feito pelo juiz, na presença do advogado e do promotor. O acusado não tem obrigação de dizer a verdade, inclusive nem presta juramento, e pode negar a confissão feita durante a fase do inquérito.

RECURSO • Petição com que se tenta reverter uma decisão, despacho ou sentença.

REVEL • Quando o réu citado numa ação civil ou penal não apresenta defesa no prazo fixado e não comparece em juízo, o processo pode continuar e haver julgamento à sua revelia.

QUEIXA • Notificação de uma pessoa que entra com ação penal privada junto a uma autoridade judicial competente, relatando a prática de um crime de que tenha sido vítima.

REPRESENTAÇÃO • Pedido de investigação preliminar ou de ação penal, dirigido ao juiz, ao Ministério Público ou à autoridade policial, para que seja instaurada a persecução criminal.

RITO SUMÁRIO • Procedimento com que se visa a dar maior rapidez ao andamento do processo, com a designação, após o interrogatório do réu, de audiência de instrução e julgamento, onde será decidida a sentença. Utilizado em infrações menos graves, como contravenção ou homicídio culposo.

SAÚDE MENTAL • Sempre que houver dúvida sobre a integridade mental do acusado, um exame médico legal pode ser pedido pelo Ministério Público, pelo juiz, defesa, curador, um descendente, irmão ou cônjuge do acusado. Hélio Tornaghi distingue três capacidades: a penal (art. 22, parágrafo único do Código Penal) qualifica o indivíduo de irresponsável ou semi-responsável; a processual, referindo-se à persistência ou superveniência da doença mental; e a capacidade de sujeitar-se à execução, se a insanidade surgir após a sentença condenatória.

SENTENÇA • Decisão que encerra o processo no primeiro grau de jurisdição. Deve conter os nomes das partes, a exposição sucinta da acusação e da defesa, a indicação dos motivos de fato e de direito em que se fundar a decisão, a indicação dos artigos de lei aplicados, o dispositivo, a data e assinatura do juiz.

SUMÁRIO DE CULPA • O mesmo que qualificação ou instrução criminal.

SURSIS • Suspensão condicional da pena. A execução da pena, não superior a dois anos, pode ser suspensa por dois a quatro anos, desde que o condenado não seja reincidente em crime doloso e tenha bons antecedentes. Existe no Brasil desde 1924.

TESTEMUNHA • Já foi chamada "a prostituta das provas" (Mittermayer) e "os olhos e os ouvidos da Justiça" (Bentham). Seu depoimento pode ser decisivo num julgamento. No Brasil é o juiz que transmite à testemunha as perguntas da defesa e da acusação, censurando as que considerar incabíveis. Nos Estados Unidos a testemunha é inquirida diretamente.

TRANSITAR EM JULGADO • Quando a decisão judicial não admite recurso ela transitou em julgado, ou porque esgotou-se o prazo de recurso ou porque a instância superior negou o pedido.

NOTAS

1. A Escalada

1. *O Estado de S. Paulo*, 1.11.1970.
2. *O Dia*, 1-2.11.1970.
3. Cf. J. Gorender, *Combate nas trevas*, p.194; A. Sirkis, *Os carbonários*, p.228; *Correio da Manhã*, 26.10.1970; e *O Estado de S. Paulo*, 4.11.1970.
4. *O Estado de S. Paulo*, 4.11.1970.
5. "Ouvir estrilos", *A Aspiração*, 1952.
6. N.W. Sodré, *Memórias de um soldado*, p.13.
7. E. de Moraes Filho, "Recordando meu irmão", in L.G. Vieira e R.P. Lira (orgs.), *Antonio Evaristo de Moraes Filho, por seus amigos*, p.138.
8. *A Aspiração*, 1954, p.142, 143 e 194.
9. *O Globo*, 4.2.1979.
10. Apud W.P. Acosta, *O processo penal*, p.452.
11. E. Lins e Silva, *O salão dos passos perdidos*, p.208.
12. L. Barreto, "Vida urbana", apud M. Corrêa, *Os crimes da paixão*, p.31.
13. Conferência no Centro dos Comissários de Polícia do Distrito Federal. Apud W.P. Acosta, op.cit., p.221.
14. *Diário de Notícias*, 22.6.1956.
15. *Direito penal*, apud D. Delmanto, *Defesas que fiz no júri*, p.38.
16. Cf. M. Corrêa, op.cit., p.49.
17. *O Mundo*, 11.5.1957.
18. Diário pessoal de George Tavares, jan de 1958.

19. Ibid., abr de 1958.
20. *Última Hora*, 15.2.1962.
21. Ibid., 16.2.1962.
22. Diálogos no Ministério da Marinha e no navio reproduzidos por Alcione Barreto em entrevista ao autor.
23. Apud Araújo Neto, "A paisagem", in A. Dines (org.), *Os idos de março*, p.53.

2. O Direito e a Direita

1. U. Melotti, *Revolución y sociedad*, p.21.
2. *Correio da Manhã*, 14.4.1964.
3. Cf. M.H.M. Alves, *Estado e oposição no Brasil*, p.209-12.
4. Arquidioceses de São Paulo, *Brasil: nunca mais*, p.61.
5. Idem. O ato também suspendeu garantias constitucionais de estabilidade e vitaliciedade.
6. H.C. Fragoso, *Advocacia da liberdade*, p.68.
7. *Jornal do Brasil*, 18.4.1964.
8. Para detalhes sobre a doutrina de Segurança Nacional, ver G. Couto e Silva, *Conjuntura política nacional*, especialmente p.95-138. Nesse livro Golbery defende o alinhamento automático do Brasil aos Estados Unidos, para enfrentar o comunismo da União Soviética, e equipara segurança externa e interna.
9. J.W.F. Dulles, *Carlos Lacerda: a vida de um lutador*, p.315. Ver também M.H.M. Alves, op.cit., p.92.
10. Aristóteles, *Politics*, p.513.
11. J. Locke, *Concerning Civil Government*, p.78.
12. *Correio da Manhã*, 20.11.1965.
13. Idem.
14. *Diário de Notícias*, 27.11.1965.
15. *Última Hora* e *Jornal do Brasil*, 21.12.1965.
16. *Correio da Manhã*, 1.6.1966.
17. Ibid., 15.4.1966.
18. Ibid., 22.7.1966.
19. Apud H. Gaspari, "Lembranças de Evaristo", in L.G. Vieira e R.P. Lira (orgs.), *Antonio Evaristo de Moraes Filho, por seus amigos*, p.128.
20. *Correio da Manhã*, 3.9.1966.
21. Ibid., 29.9.1966.
22. *O Globo* e *Correio da Manhã*, 7.10.1966.
23. *Correio da Manhã*, 16.12.1966.
24. Diálogo conforme depoimento de George Tavares.
25. *Última Hora*, 13.1.1967.
26. *Correio da Manhã*, 17.1.1967.
27. *Última Hora*, 22.2.1967.

28. *Última Hora*, 24.2.1967.
29. *Correio da Manhã*, 3.3.1967.
30. *Última Hora*, 28.12.1966.
31. *Jornal doBrasil*, 25.2.1967.
32. *Correio da Manhã*, 15.3.1967.
33. Idem.
34. Cf. E. Castello Branco, *Dos crimes contra a segurança nacional*, p.134.
35. *Tribuna da Imprensa*, 17.3.1967.
36. Ibid., 20.4.1967.
37. Ibid., 18-19.3.1967.
38. Cf. Arquidiocese de São Paulo, op.cit., p.66.
39. *Última Hora*, 20.5.1967.
40. *Correio da Manhã* e *Última Hora*, 27.6.1967.
41. Idem.
42. *Última Hora*, 10.7.1967.
43. Jornal da Associação Scholem Aleichem, arquivo pessoal de George Tavares.
44. *Tribuna da Imprensa*, 13.5.1967, e *A Notícia*, 24.5.1967.
45. Autos do processo.
46. Diálogo conforme *Tribuna da Imprensa*, 10.11.1970.
47. *Jornal do Brasil*, 12.3.1967.
48. "A morte do sr. Humberto de Alencar Castello Branco", in H. Fernandes, *Recordações de um desterrado em Fernando de Noronha*, p.21-2.
49. *Tribuna da Imprensa*, 11,12, 13 e 17.4.1964.
50. *Jornal do Brasil* e *Última Hora*, 21.7.1967.
51. "O meu artigo de ontem e algumas provocações encomendadas", in H. Fernandes, op.cit., p.28.
52. *Diário de Notícias*, 21.7.1967.
53. *Última Hora*, 24.8.1967.
54. "O esforço, o risco e o prêmio", in H. Fernandes, op.cit., p.201.
55. F. Tavares, *Memórias do esquecimento*, p.211.
56. *Correio da Manhã* e *O Estado de S. Paulo*, 23.11.1967.
57. *Última Hora*, 23.11.1967.
58. *Correio da Manhã*, 23.11.1967.
59. Segundo Sérgio Ribeiro da Costa em entrevista ao autor, 1.9.1999.
60. *Jornal do Comércio* e *O Globo*, 31.1.1968.
61. Idem.
62. *Tribuna da Imprensa*, 23.3.1968.
63. *Jornal do Brasil*, 20.6.1968.
64. Ibid., 3.7.1968.
65. A. Sirkis, *Os carbonários*, p.80.
66. *Jornal do Brasil*, 5.7.1968.
67. Idem.
68. *Última Hora* e *Tribuna da Imprensa*, 12.7.1968.

3. Confrontos nas Ruas e nas Tribunas

1. E. Lins e Silva, *O salão dos passos perdidos*, p.155.
2. A.E. de Moraes Filho, *Um atentado à liberdade*, p.12.
3. "Oração aos pombos da Cinelândia", in *Diário da patetocracia*, p.166.
4. *Tribuna da Imprensa*, 7.8.1970.
5. *O Estado de S. Paulo*, 27.8.1970.
6. Idem.
7. *O Estado de S. Paulo*, 6.11.1970.
8. Idem.
9. *Jornal do Brasil*, 3.11.1970.
10. *O Estado de S. Paulo*, 5.11.1970.
11. Ibid., 8.11.1970.
12. Ibid., 13.11.1970.
13. *Tribuna da Imprensa*, 25.11.1970.
14. Esta e as demais declarações desta seção constam dos autos do processo.
15. *Tribuna da Imprensa*, 22.3.1972.
16. H.C. Fragoso, *Advocacia da liberdade*, p.196.
17. Arquidiocese de São Paulo, *Brasil: nunca mais*, p.187.

4. A Indiscreta Crise da Nova Burguesia

1. *O Globo*, 5.8.1974.
2. Ibid., 14.10.1979.
3. *Jornal do Brasil*, 28.9.1978.
4. Ibid., 29.9.1978.
5. Idem.
6. *Jornal do Brasil*, 22.11.1978.
7. *Tribuna da Imprensa*, 21.10.1978.
8. *Jornal do Brasil*, 21.10.1978.
9. *Última Hora*, 21.9.1979.
10. Idem.
11. *O Globo* e *Última Hora*, 21.9.1979.
12. *O Globo*, 2.12.1978.
13. Idem.
14. *O Globo*, 13.5.1979.
15. *Fatos & Fotos*, 15.10.1979.
16. *O Globo*, 17.10.1979.
17. Idem.
18. C.H. Cony, *Manchete*, 28.12.1996.
19. *Folha de Sao Paulo*, 19.10.1979.
20. *Comentários ao Código Penal*, apud L. Pellegrino, *Vitimologia*, p.12.

21. *Veja*, 24.10.1979.
22. *Folha de São Paulo*, 19.10.1979.
23. Idem.
24. Idem.
25. H.C. Fragoso, *Advocacia da liberdade*, p.22.
26. *O Globo*, 3.10.1999.
27. *Jornal do Commercio*, 11.5.1981.
28. *Jornal do Brasil*, 1.7.1981.
29. *Última Hora*, 2.7.1981.
30. *O Globo*, 1.7.1981.
31. *Última Hora*, 2.7.1981.
32. *Comentários ao Código Penal*, apud W.P. Acosta, *O processo penal*, p.20.
33. *O Globo*, 23.10.1981.
34. *O Globo* e *Jornal do Brasil*, 30.10.1981.
35. *O Globo*, 5.11.1981.
36. *Jornal do Brasil*, 25.11.1981.
37. Ibid., 13.4.1982.
38. *O Globo* e *O Dia*, 20.10.1982.
39. *Jornal do Brasil*, 23.4.1982.
40. *Voz do Jornalista* n.11, jul/ago 1984.
41. *O Globo*, 5.10.1982.
42. *Jornal do Brasil*, 18.6.1984.
43. Gravação do julgamento, e ainda *Gazeta de Alagoas*, *Jornal de Alagoas* e *Tribuna de Alagoas*, todos de 23.8.1984.
44. *Jornal do Brasil*, 23.1.1985.
45. Segundo H. Fernandes, *Tribuna da Imprensa*, 30.12.1985.
46. *Tribuna da Imprensa*, 11.4.1985.
47. Esta fala e a anterior foram reproduzidas de *O Globo*, 7.6.1985.
48. *O Fluminense*, 8.6.1985.
49. *O Globo*, 8.6.1985.
50. Idem.
51. "O caso da polícia", *O Globo*, 9.6.1985.
52. Carta de Sobral Pinto ao presidente José Sarney, 16.8.1985. Arquivo pessoal de George Tavares.
53. *Correio Braziliense*, 2.10.1985,
54. *O Globo*, 2.10.1985.
55. "Garantias da lei", *Jornal do Brasil*, 3.10.1985.
56. "Nova Constituição deve seguir Carta de 46", *Folha de São Paulo*, 3.10.1985.
57. *Última Hora*, 3.10.1985.
58. Alegações finais, p.13.
59. *Correio Brasiliense*, 9.10.1985.
60. *Veja*, 16.10.1985.
61. *Jornal de Brasília*, 30.10.1985.

62. Idem.
63. *O Estado de S. Paulo* e *Jornal do Brasil*, 13.11.1985.
64. *Jornal de Brasília*, 13.11.1985.

5. Colarinhos Brancos, Mãos Sujas

1. "Réquiem", *O Globo*, 3.1.1989.
2. *Jornal do Brasil*, 7.1.1989.
3. *O Globo*, 11.1.1989.
4. *Jornal do Brasil*, 12.1.1989.
5. *O Globo*, 17.1.1989.
6. *Jornal do Brasil*, 22.1.1989.
7. *O Dia*, 25.1.1989.
8. *Jornal do Brasil*, *O Globo* e *O Dia*, 1.2.1989.
9. *O Globo*, 1.2.1989.
10. Idem.
11. *O Globo*, 17.11.1990.
12. *Jornal do Brasil*, 17.11.1990.
13. N.H. Jacoby, P. Nehemkis e R. Eels, "Bribery and Extorsion in World Business", apud E. Mandel, *Delícias do crime*, p.171-2.
14. *O Globo*, 30.5.1992.
15. E. Lins e Silva, *O salão dos passos perdidos*, p.101.
16. *O Globo*, 29.3.1997.
17. *Jornal do Brasil*, 22.12.1992.
18. Ibid., 6.1.1993.
19. Ibid., 3.1.1993.
20. Ibid., 8.11.1993.
21. Caso Collor no Supremo Tribunal Federal – Alegações finais da defesa, p.15.
22. *Folha de São Paulo*, 13.12.1994. Entrevista ao repórter Xico Sá.
23. Idem.
24. *O Globo* e *Jornal do Brasil*, 29.3.1997.
25. Em entrevista concedida ao autor em fevereiro de 2000.
26. *Tribuna da Imprensa*, 26.6.1995.

Epílogo

1. *Tribuna do Advogado*, OAB-RJ, jun 1998.
2. *Revista da Faculdade de Direito* n.5, p.35.

BIBLIOGRAFIA

ACOSTA, Walter P. *O processo penal*. Rio de Janeiro, Editora do Autor, 1967.

ALVES, Maria Helena Moreira. *Estado e oposição no Brasil (1964-1984)*. Petrópolis, Vozes, 1987.

AMORIM, Carlos. *Comando Vermelho: a história secreta do crime organizado*. Rio de Janeiro, Record, 1993.

ARISTÓTELES. *Politics*. Coleção Great Books of the Western World. Vol.8. Chicago: Encyclopaedia Britannica, 1977.

ARQUIDIOCESE de São Paulo. *Brasil: nunca mais*, 20ª edição. Petrópolis: Vozes, 1985.

BARANDIER, Antonio Carlos. *Relatos: um advogado na ditadura*. Rio de Janeiro, Editora Di Giorgio, 1994.

BIERREMBACH, Júlio de Sá. *Riocentro: quais os responsáveis pela impunidade?* Rio de Janeiro, Domínio Público, 1996.

CALDAS, Álvaro. *Tirando o capuz*. Rio de Janeiro, Codecri, 1981.

CASTELLO BRANCO, Eurico. *Dos crimes contra a segurança nacional*. Rio de Janeiro, José Konfino Editor, 1971.

CESÁRIO ALVIM, Thereza. *O golpe de 64: a imprensa disse não*. Rio de Janeiro, Civilização Brasileira, 1979.

CORRÊA, Mariza. *Os crimes da paixão*. São Paulo, Brasiliense, 1981.

COUTO E SILVA, Golbery. *Conjuntura política nacional. O poder executivo & geopolítica do Brasil*. Rio de Janeiro, José Olympio, 1981.

DELMANTO, Dante. *Defesas que fiz no júri*. Rio de Janeiro, Freitas Bastos, 1986.

DINES, Alberto (org.). *Os idos de março*. Rio de Janeiro, José Álvaro Editor, 1964.

DIRCEU, José e Vladimir PALMEIRA. *Abaixo a ditadura.* Rio de Janeiro, Garamond, 1998.

DULLES, John W.F. *Carlos Lacerda: a vida de um lutador. Vol.2: 1967-1977.* Rio de Janeiro, Nova Fronteira, 2000.

FERNANDES, Hélio. *Recordações de um desterrado em Fernando de Noronha.* Rio de Janeiro, Editora Tribuna da Imprensa, 1967.

FINAMOUR, Jurema. *A mulher que virou bode.* Rio de Janeiro, Edições Alternativas, 1994.

FON, Antonio Carlos. *Tortura. A história da repressão política no Brasil.* São Paulo, Comitê Brasileiro pela Anistia, 1979.

FONTANA, Henrique. *Crise, decadência e corrupção.* Brasília, Senado Federal, 2000.

FRAGOSO, Heleno Cláudio. *Advocacia da liberdade.* Rio de Janeiro, Forense, 1984.

GORENDER, Jacob. *Combate nas trevas.* São Paulo, Ática, 1987.

LIMA, Carlos de Araújo. *Os grandes processos do júri.* Vol.2. Rio de Janeiro, Livraria Freitas Bastos, 1957.

LINS E SILVA, Evandro. *O salão dos passos perdidos.* Rio de Janeiro, Nova Fronteira, 1997.

LOCKE, John. *Concerning Civil Government.* Coleção Great Books of the Western World, vol.35. Chicago: Encyclopaedia Britannica, 1977.

MANDEL. Ernest. *Delícias do crime.* São Paulo, Busca Vida, 1988.

MELOTTI, Umberto. *Revolución y sociedad.* México: Fondo de Cultura Económica, 1971.

MIRANDA, Nilmário e Carlos Tibúrcio. *Dos filhos deste solo.* São Paulo, Boitempo Editorial, 1999.

MORAES FILHO. Antonio Evaristo de. *Um atentado à liberdade.* Rio de Janeiro, Zahar Editores, 1982.

MOURÃO FILHO. Olympio. *Memórias: a verdade de um revolucionário.* Porto Alegre, L&PM, 1978.

NOVA, Cristiane e Jorge Nóvoa (org.). *Carlos Marighella: o homem por trás do mito.* São Paulo, Unesp, 1999.

OLIVEIRA, José Carlos. *Diário da patetocracia.* Rio de Janeiro, Graphia Editorial, 1995.

PELLEGRINO, Laércio. *Vitimologia.* Rio de Janeiro, Forense, 1987.

SCHWARCZ, Lilia Moritz (org.) *História da vida privada no Brasil.* Vol.4. São Paulo, Companhia das Letras, 1998.

SODRÉ, Nelson Werneck. *Memórias de um soldado.* Rio de Janeiro, Civilização Brasileira, 1967.

SYRKIS, Alfredo. *Os carbonários.* São Paulo, Global, 1980.

TAVARES, Flávio. *Memórias do esquecimento.* São Paulo, Globo, 1999.

TAVARES, George. *Telhados de zinco.* Rio de Janeiro, Irmãos Pongetti, 1956.

TRANJAN, Alfredo. *A beca surrada.* Rio de Janeiro, Civilização Brasileira, 1994.

VIEIRA, Luís Guilherme e Ricardo Pereira Lira (orgs.) *Antonio Evaristo de Moraes Filho, por seus amigos.* Rio de Janeiro, Renovar, 2000.

Periódicos

Jornais

A Notícia; A Província do Pará; Correio Braziliense; Correio da Manhã; Folha de São Paulo; Gazeta de Alagoas; Diário de Notícias; Gazeta Mercantil; Jornal de Alagoas; Jornal de Brasília; Jornal do Brasil; Jornal do Commercio; O Dia; O Estado de S. Paulo; O Fluminense; O Globo; O Jornal; O Mundo; O Povo; Tribuna da Imprensa; Tribuna de Alagoas; Última Hora.

Revistas

A Aspiração (edições de 1948, 1949, 1950, 1952, 1953 e 1954); *A Voz do Jornalista* (n.11, jul/ago 1984); *Fatos e Fotos*; *IstoÉ*; *Manchete*; *O Malho* (n. 165, outubro de 1955); *Revista AACM* (Associação dos Ex-Alunos dos Colégios Militares, 1989); *Revista da Faculdade de Direito,* UERJ (n. 5, 1997); *Revista do Exército Brasileiro* (jan/mar 1989); *Tribuna do Advogado* (junho de 1998); *Veja.*

ÍNDICE DOS PRINCIPAIS PROCESSOS

Este livro foi composto pela TopTextos Edições Gráficas, em Bembo e Peignot Demi e impresso pela Cromosete Gráfica e Editora em maio de 2002.